컴퓨터
활용 (Windows 11)

이 책의 구성

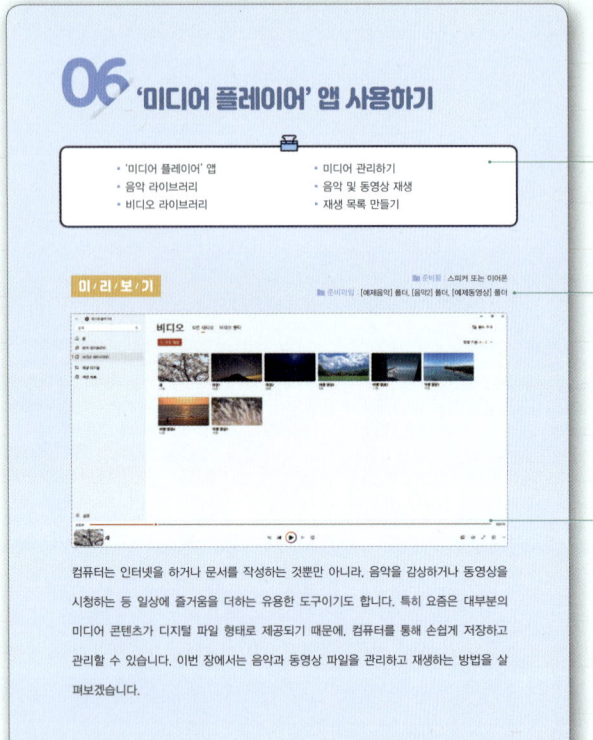

학습 포인트
이번 장에서 학습할 핵심 내용을 소개합니다.

준비파일
본문 실습에 필요한 파일명입니다.
시대인 게시판에서 다운로드받아 사용하세요.

미리보기
학습 결과물을 미리 살펴봅니다.

예제 따라 하기
실생활에서 필요한 예제를 순서대로 따라 할 수 있도록 구성하여 누구나 쉽게 이해할 수 있습니다.

참고
윈도우나 앱의 업데이트에 따라 화면 구성이나 메뉴명이 교재와 다를 수 있습니다.

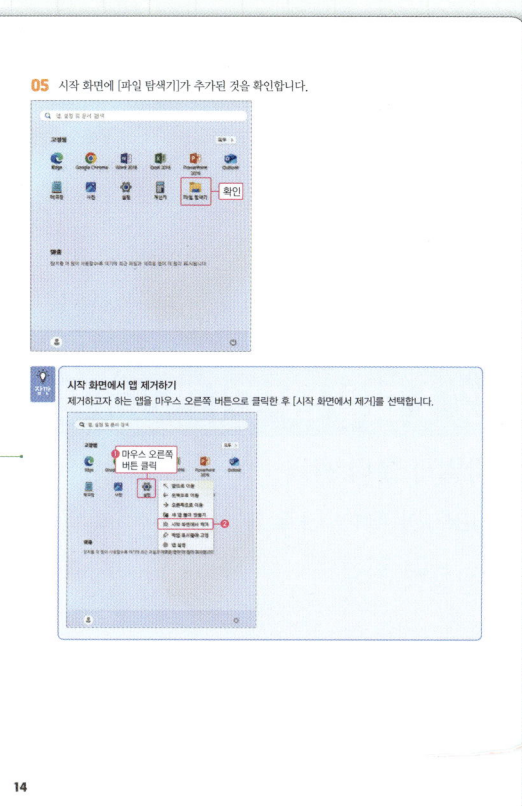

잠깐
본문에서 다루지 못한 내용이나 알아두면 유용한 내용을 설명합니다.

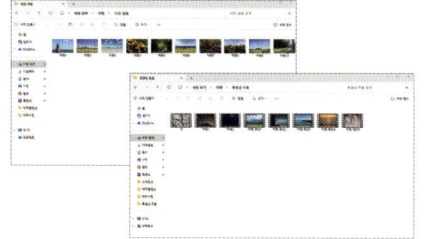

응용력 키우기
응용문제를 통해 본문에서 학습한 내용을 정리하고 복습합니다.

힌트
응용문제를 푸는데 필요한 정보 또는 방법을 안내합니다.

이 책의 목차

01 | 윈도우 11 알아보기　9
1. 운영체제와 윈도우　10
2. 윈도우 11 다루기　12
3. 응용력 키우기　23

02 | 파일 탐색기 관리하기　25
1. 파일과 폴더 관리　26
2. 파일과 폴더 다루기　28
3. 응용력 키우기　49

03 | 바이러스와 보안 점검하기　51
1. 컴퓨터의 문제 원인 분석 및 예방법　52
2. 컴퓨터 안전하게 지키기　55
3. 응용력 키우기　70

04 | 네이버 클라우드 사용하기　72
1. 클라우드 서비스　73
2. 네이버 MYBOX 다루기　74
3. 응용력 키우기　92

05 | 컴퓨터 최적화하기　93
1. 윈도우 저장소　94
2. 저장 공간 관리하기　96
3. 응용력 키우기　103

06 | '미디어 플레이어' 앱 사용하기   104
1. '미디어 플레이어' 앱 살펴보기   105
2. 미디어 다루기   109
3. 응용력 키우기   123

07 | '사진' 앱 사용하기   125
1. '사진' 앱 살펴보기   126
2. 사진 정리하고 관리하기   127
3. 사진 보정하기   133
4. 응용력 키우기   146

08 | '사진 레거시' 앱 사용하기   148
1. '사진 레거시' 앱 살펴보기   149
2. 동영상 편집하기   150
3. 응용력 키우기   171

09 | '스티커 메모'와 '날씨' 앱 사용하기   172
1. '스티커 메모'와 '날씨' 앱 살펴보기   173
2. 스티커 메모 붙이기   175
3. 날씨 알아보기   181
4. 응용력 키우기   185

10 | 다양한 기능 활용하기   186
1. 다양한 지원 기능 살펴보기   187
2. 다양한 지원 기능 다루기   189
3. 응용력 키우기   198

예제파일 다운로드

1 시대인 홈페이지(www.sded.co.kr/book)에 접속한 후 로그인합니다.
※ '시대' 회원이 아닌 경우 [회원가입]을 클릭하여 가입한 후 로그인을 합니다.

2 홈페이지 위쪽의 메뉴에서 [프로그램]을 선택합니다.

홈페이지의 리뉴얼에 따라 위치나 텍스트 표현이 변경될 수도 있습니다.

3 프로그램 자료실 화면이 나타나면 책 제목을 검색합니다. 검색된 결과 목록에서 해당 도서의 자료를 찾아 제목을 클릭합니다.

 해당 페이지가 열리면 [예제 파일 다운로드]를 클릭합니다. 파일이 다운로드 되면 파일을 저장한 폴더로 이동합니다.

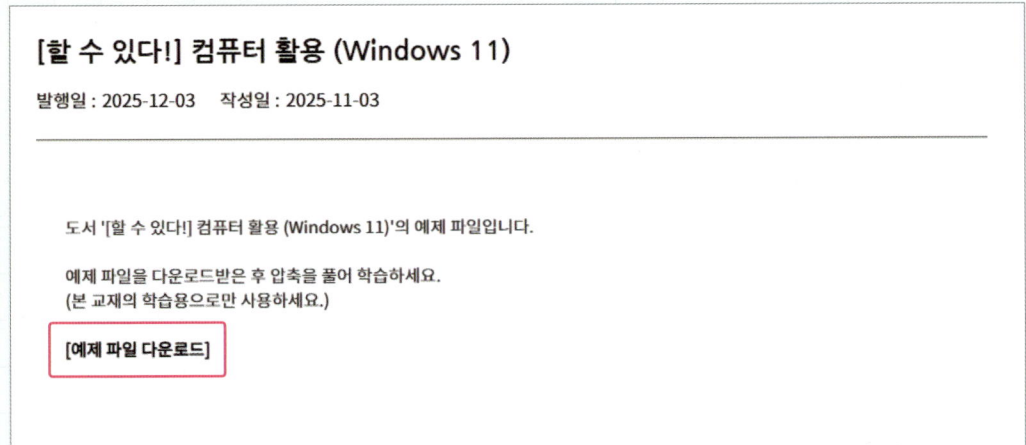

 압축 해제 프로그램으로 '할수있다_컴퓨터활용-예제파일.zip' 파일을 해제하면 교재의 준비 파일이 폴더별로 제공됩니다.

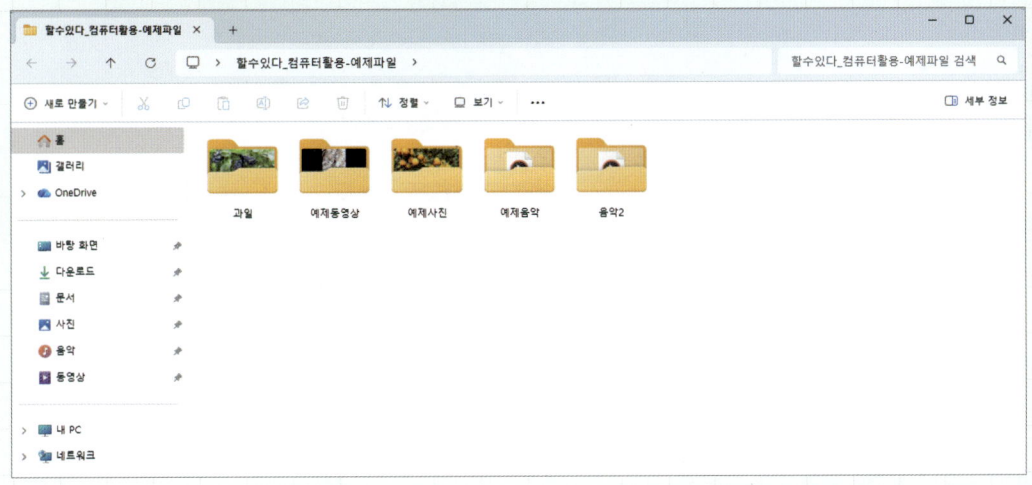

시작 전에 살펴보기

컴퓨터의 주요 구성

▲ 모니터

▲ 본체

▲ 키보드

▲ 마우스

▲ 스피커

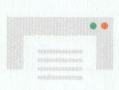
▲ 프린터

바탕 화면의 구성

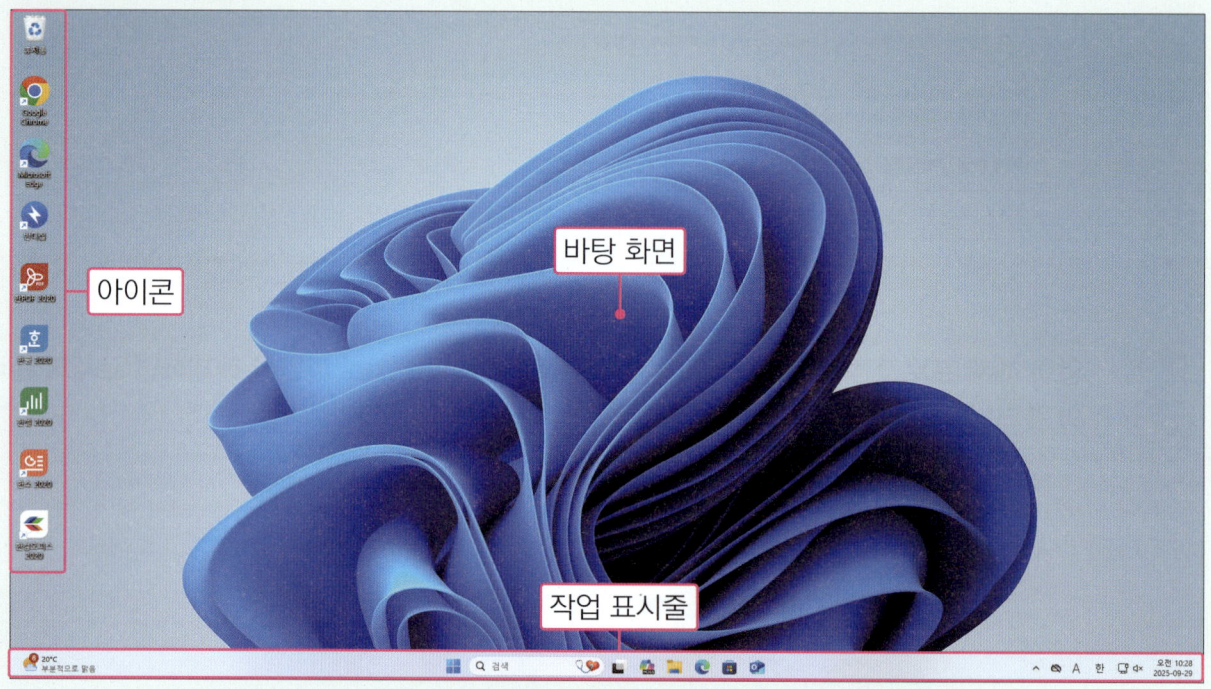

- 아이콘
- 바탕 화면
- 작업 표시줄

작업 표시줄의 구성

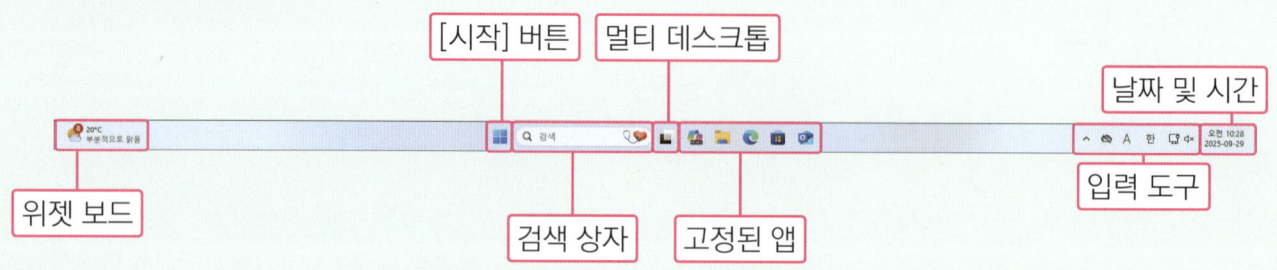

- [시작] 버튼
- 멀티 데스크톱
- 날짜 및 시간
- 위젯 보드
- 검색 상자
- 고정된 앱
- 입력 도구

윈도우 11 알아보기

- 운영체제
- 시작 화면 구성
- 시작 화면 관리
- 위젯 보드 관리
- 알림 센터 관리
- 화면 분할

미/리/보/기

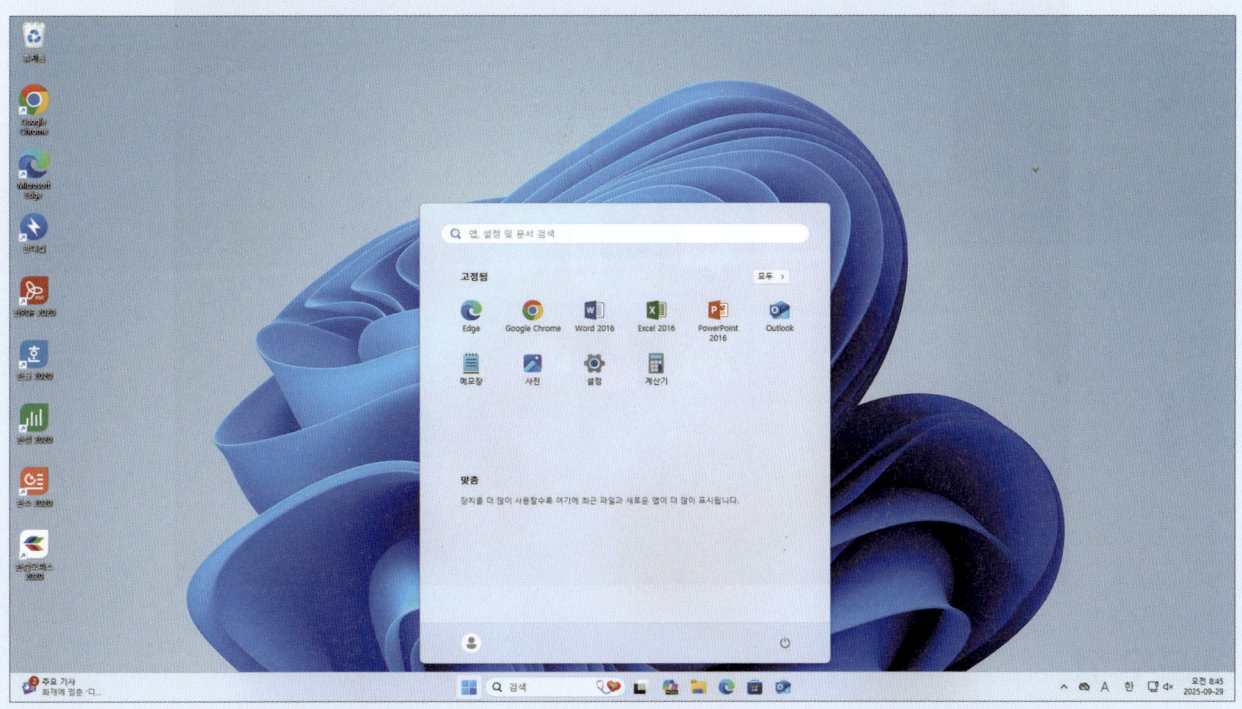

윈도우는 전 세계에서 가장 널리 사용되는 운영체제입니다. 컴퓨터를 효율적으로 활용하려면 먼저 윈도우의 기본 구조를 이해하는 것이 중요합니다. 이번 장에서는 윈도우의 핵심이자 출발점인 시작 메뉴에 대해 살펴보겠습니다.

01 운영체제와 윈도우

▶ 운영체제

운영체제는 컴퓨터의 전체적인 동작을 관리하고 사용자가 컴퓨터를 쉽게 사용할 수 있도록 도와주는 기본 시스템입니다. 사용자가 문서를 열거나 프로그램을 실행하면 운영체제는 그 명령을 받아 컴퓨터 내부 부품들이 올바르게 작동하도록 조정합니다. 또 저장 장치의 데이터를 효율적으로 관리하고 화면에 정보를 표시하며 여러 프로그램이 동시에 실행될 수 있도록 제어합니다.

즉 운영체제는 사용자가 복잡한 명령어를 입력하지 않아도 마우스와 키보드만으로 컴퓨터를 편리하게 사용하도록 도와주는 핵심 요소입니다. 우리가 이메일을 보내고, 영화를 보고, 음악을 듣는 모든 과정 뒤에는 운영체제가 작동하고 있습니다.

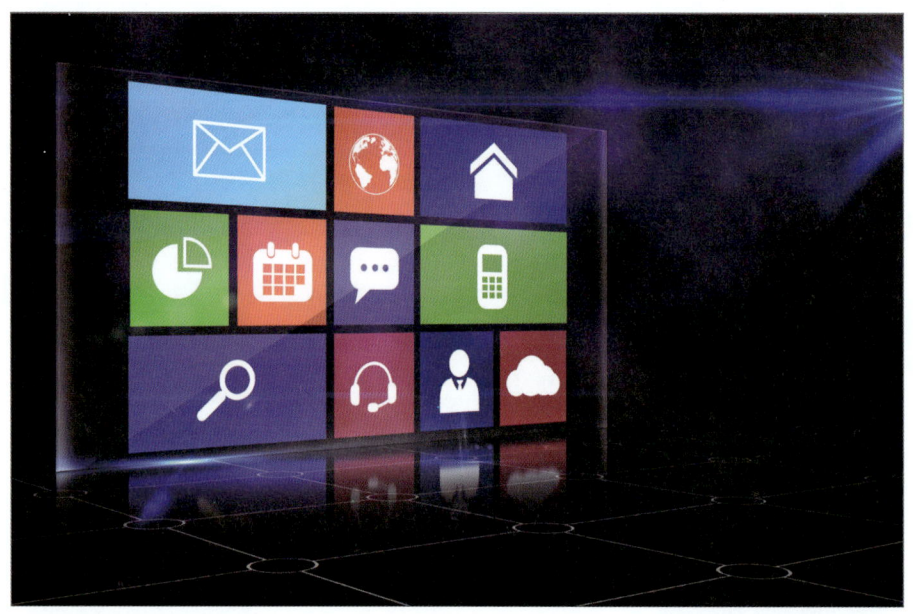

▶ 윈도우 11

운영체제에는 Windows, macOS, Linux, Unix 등 다양한 종류가 있습니다. 그중에서도 윈도우(Windows)는 마이크로소프트(Microsoft)에서 개발한 운영체제로, 전 세계에서 가장 널리 사용되고 있습니다. 윈도우는 오랜 기간에 걸쳐 지속적으로 업데이트됐으며 현재 가장 최신 버전은 윈도우 11입니다. 이 책에서는 윈도우 11을 기준으로 설명합니다.

▶ 윈도우 11의 시작 화면 살펴보기

작업 표시줄의 [시작(■)] 버튼을 클릭하면 나타나는 메뉴는 다섯 구역으로 나뉩니다. 위에서부터 '검색', '고정됨', '맞춤', '사용자 계정', '전원'으로 구성되어 있습니다.

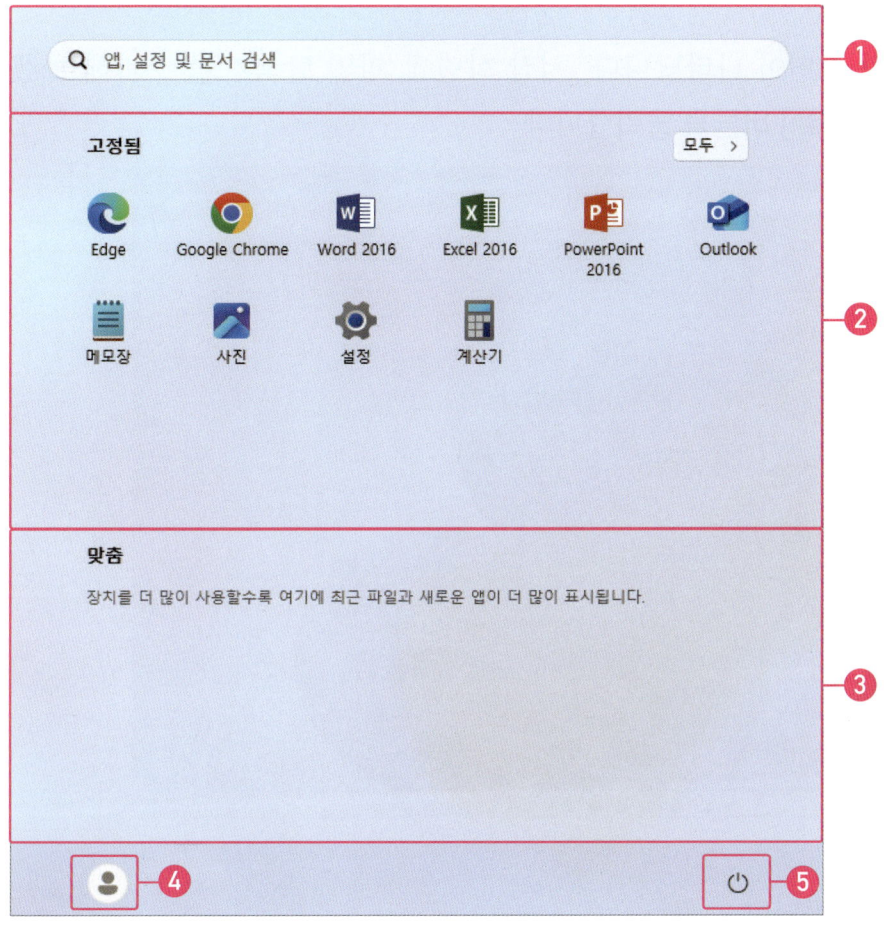

❶ **검색** : 사용자가 원하는 앱이나 파일을 빠르게 찾고 실행할 수 있는 기능입니다. 검색어를 입력하면 관련된 앱, 설정, 문서 등이 목록으로 표시되어 접근할 수 있습니다.

❷ **고정됨** : 자주 사용하는 앱을 모아 두고 쉽게 실행할 수 있도록 해 주는 영역입니다. 사용자가 직접 선택하여 고정할 수 있습니다. [모두]를 클릭하면 컴퓨터에 설치된 모든 앱이 표시되어 실행하거나 관리할 수 있습니다.

❸ **맞춤**: 최근에 사용한 파일과 앱을 표시하는 영역입니다.

❹ **사용자 계정** : 현재 컴퓨터에 로그인한 사용자의 계정을 보여주는 영역입니다. 윈도우는 여러 사용자가 한 컴퓨터를 사용할 수 있도록 계정을 만들고 설정할 수 있으며, 계정마다 개인화된 환경과 접근 권한이 적용됩니다.

❺ **전원** : 컴퓨터를 종료 또는 다시 시작하거나, 잠금 또는 절전 모드로 전환할 수 있는 기능입니다. 작업을 마친 후 시스템을 안전하게 끄거나, 필요에 따라 재부팅하여 변경 사항을 적용할 때 사용됩니다.

02 윈도우 11 다루기

▶ 시작 화면 관리하기

01 컴퓨터를 켜면 윈도우 바탕 화면이 나타납니다. 시작 화면에 '파일 탐색기'를 추가해 보겠습니다. 작업 표시줄의 [시작()] 버튼을 클릭합니다.

02 [고정됨]의 [모두] 버튼을 클릭합니다.

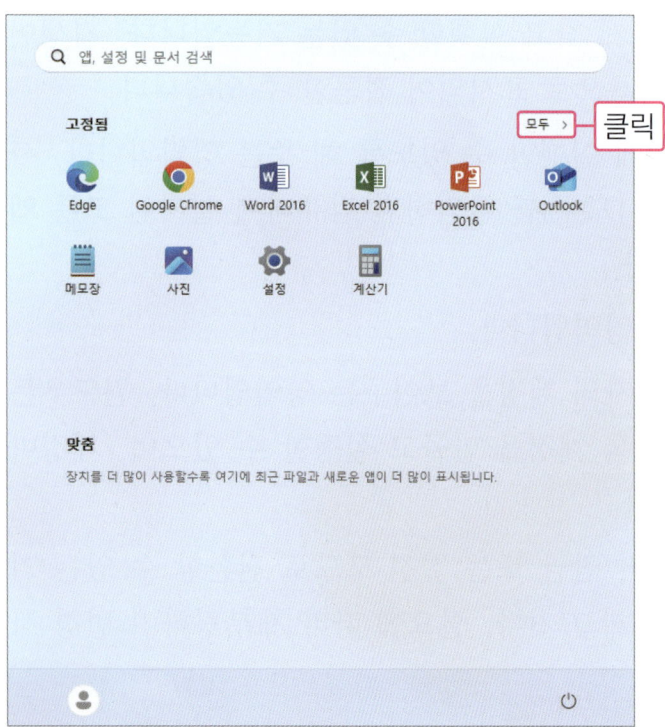

03 모든 앱이 나타나면 아래로 스크롤하여 [파일 탐색기]를 찾습니다.

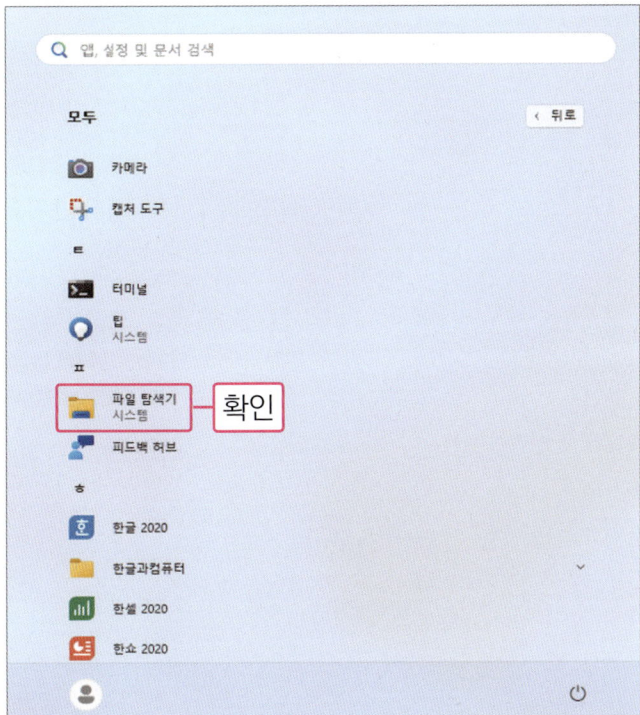

04 [파일 탐색기]를 마우스 오른쪽 버튼으로 클릭한 후 [시작 화면에 고정]을 선택합니다.

05 시작 화면에 [파일 탐색기]가 추가된 것을 확인합니다.

 시작 화면에서 앱 제거하기

제거하고자 하는 앱을 마우스 오른쪽 버튼으로 클릭한 후 [시작 화면에서 제거]를 선택합니다.

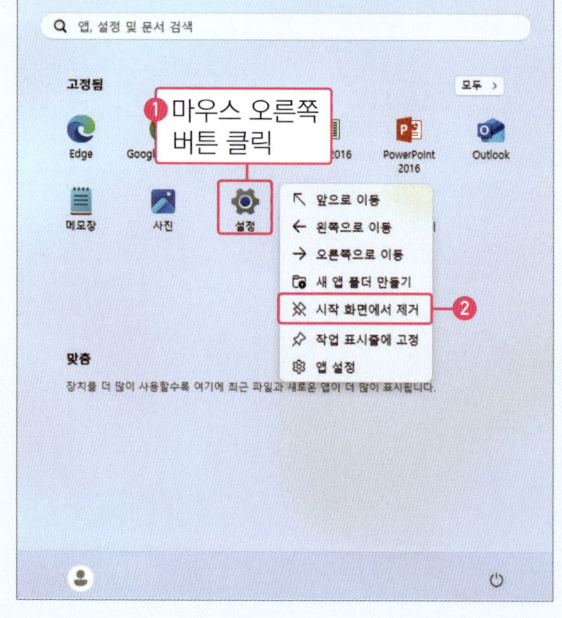

▶ 위젯 보드 관리하기

윈도우 11에는 뉴스, 날씨, 주식 등 다양한 정보를 제공하는 위젯 보드가 있습니다. 사용자는 원하는 대로 위젯을 배치할 수 있으며, 관심 없는 항목은 숨길 수도 있습니다.

01 작업 표시줄 왼쪽으로 **마우스 커서를 이동**하면 위젯 보드가 표시됩니다.

02 각 항목에서 ⋯(기타 옵션)을 클릭하면 위젯을 숨기거나 고정할 수 있습니다. 본문에서는 '날씨' 위젯을 숨겨 보겠습니다. '날씨' 위젯의 ⋯(기타 옵션)을 클릭한 후 [이 위젯 숨기기]를 선택합니다. 해당 위젯이 보드에서 사라지는 것을 확인합니다.

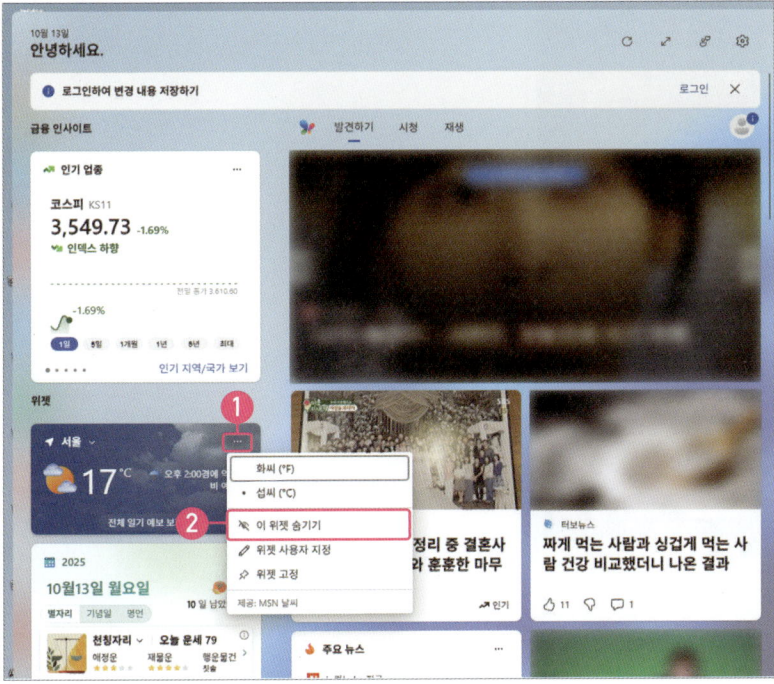

03 [위젯] 오른쪽에 ➕(위젯 추가)를 클릭합니다. [위젯 고정] 대화상자가 나타나면 설치된 앱을 위젯에 추가할 수 있습니다. 다시 '날씨' 위젯을 추가해 보겠습니다. 목록에서 [날씨]를 선택하고 [고정] 버튼을 클릭합니다.

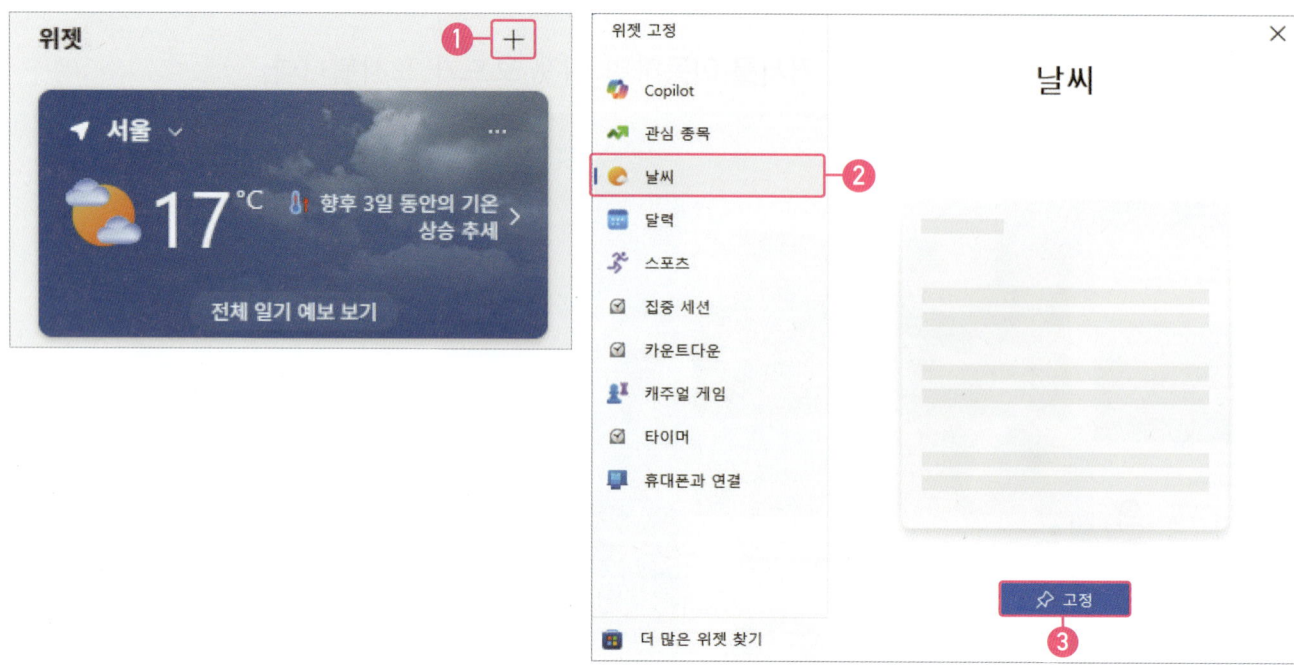

04 '날씨' 위젯이 고정된 것을 확인할 수 있습니다.

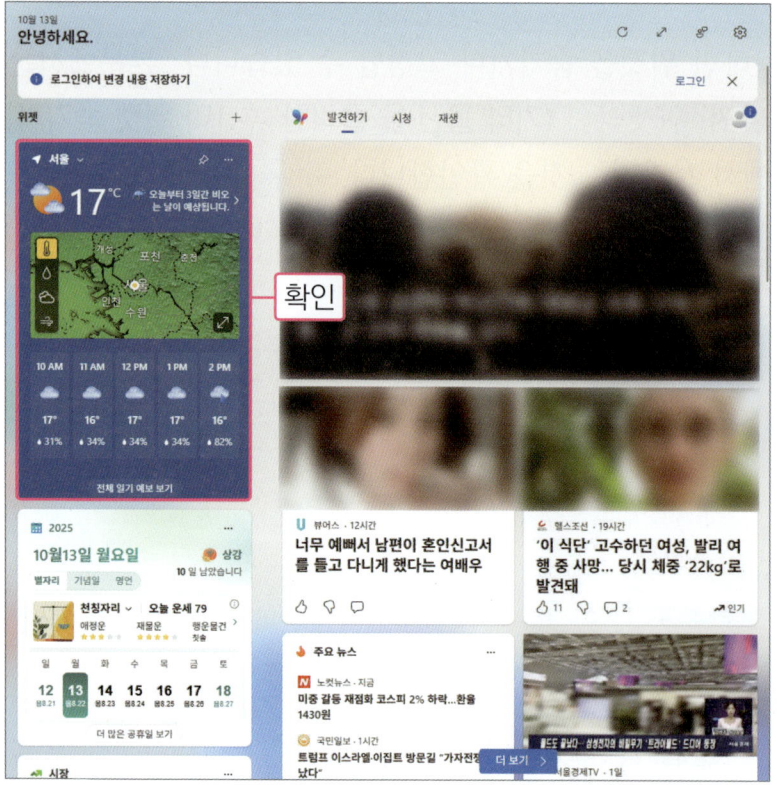

위젯 보드 숨기기

- 작업 표시줄 왼쪽으로 마우스 커서를 이동할 때마다 위젯 보드가 자동으로 열리는 것이 불편하다면 해당 기능을 비활성화할 수 있습니다.
- 위젯 보드를 열고 (설정)을 클릭한 후 [마우스로 가리키면 위젯 보드 열기]의 슬라이더를 클릭하여 '사용 안 함'으로 바꿔줍니다.
- 이렇게 설정해 두면 마우스 커서가 해당 위치로 이동하더라도 위젯 보드가 자동으로 열리지 않습니다. 대신 작업 표시줄 왼쪽을 클릭하면 필요할 때 위젯 보드를 열 수 있습니다.

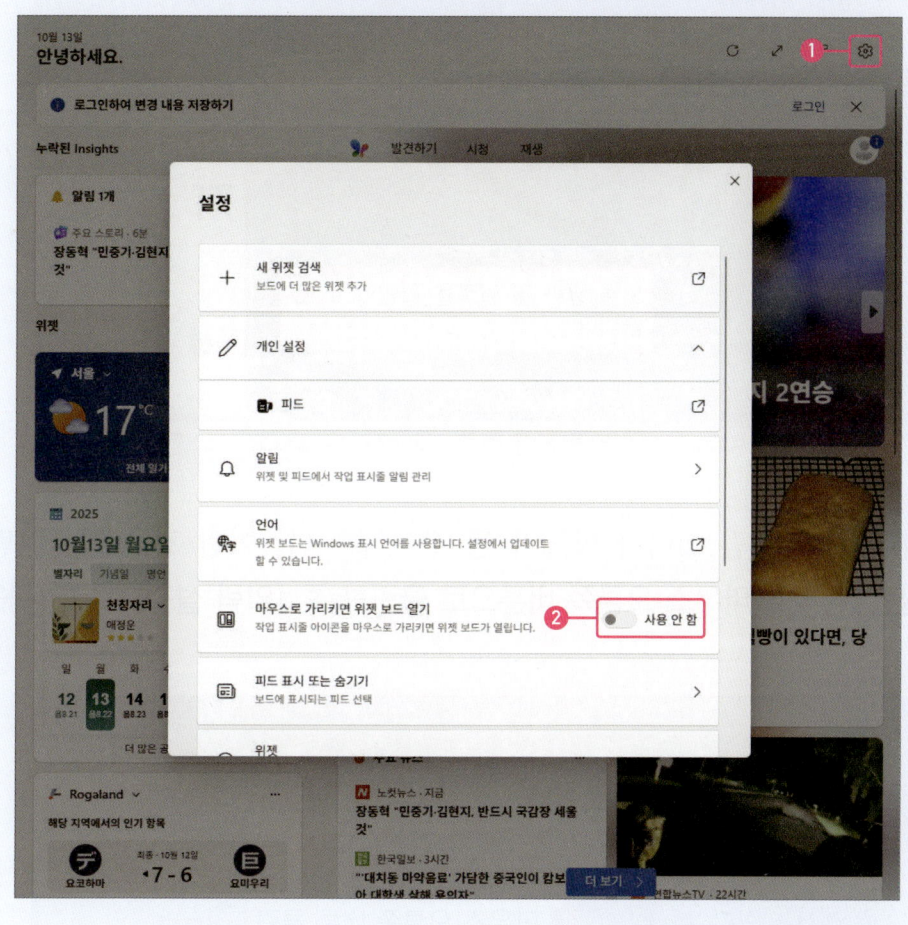

▶ 알림 센터

01 작업 표시줄 오른쪽에 [날짜 및 시간]을 클릭합니다.

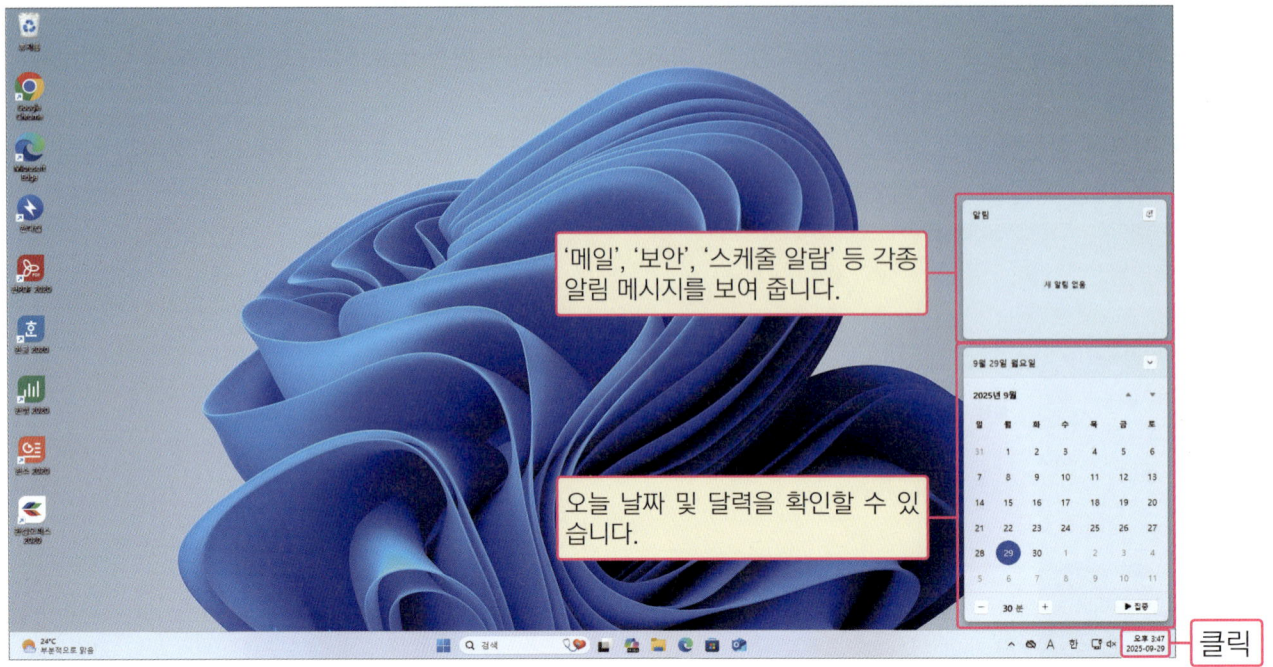

02 컴퓨터를 사용하다 보면 알림 배너가 방해가 될 수 있습니다. 이런 경우에는 알림을 끌 수 있습니다. [알림] 영역을 마우스 오른쪽 버튼으로 클릭한 후 [알림 설정으로 이동]을 클릭합니다.

03 [시스템]-[알림] 화면이 나타나면 [알림]에서 '켬'으로 설정된 **슬라이더( )를 클릭**하여 '끔'으로 바꿉니다.

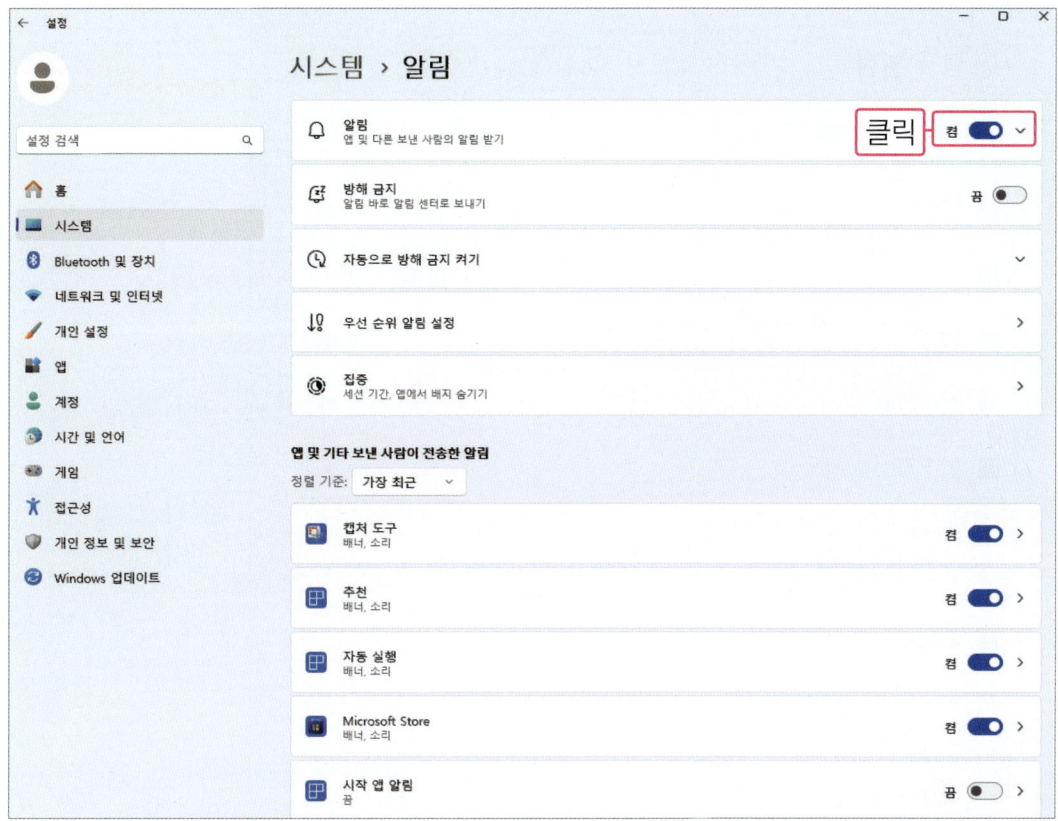

04 이제 알림이 와도 알림 메시지가 표시되지 않습니다. 다시 **슬라이더( )를 클릭**하여 '켬'으로 바꿉니다.

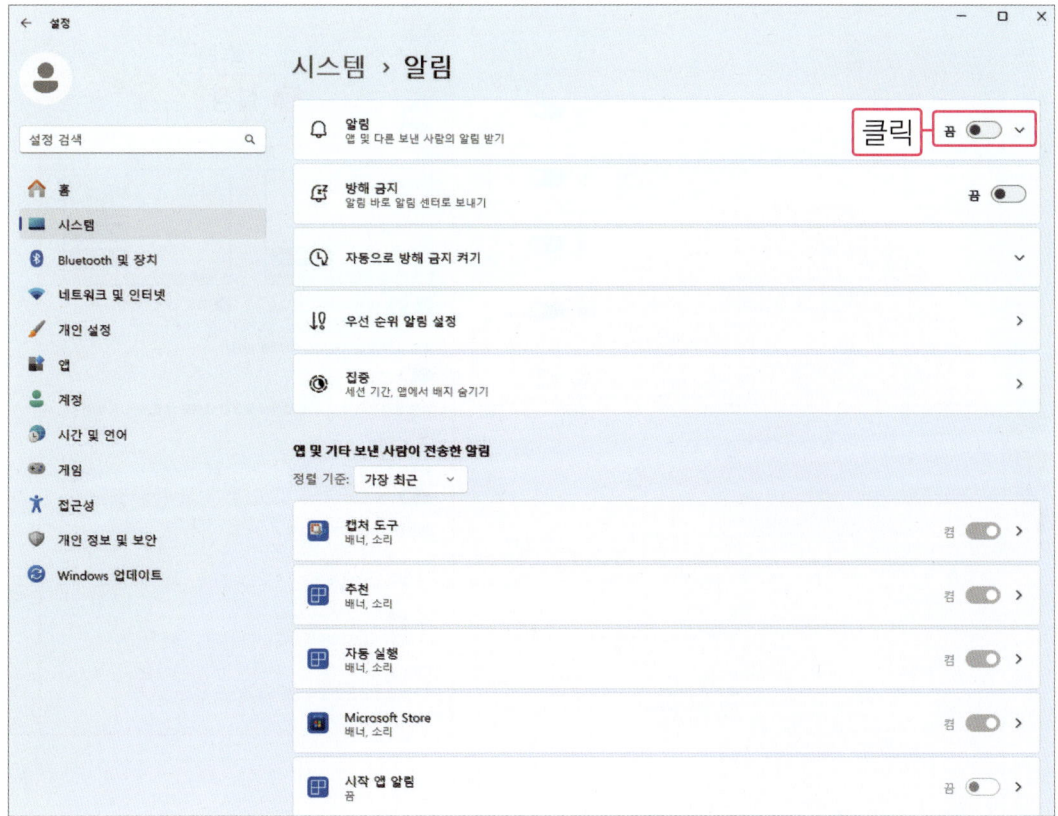

05 앱별로 알림을 설정할 수도 있습니다. [앱 및 기타 보낸 사람이 전송한 알림]에 앱 목록이 표시됩니다. 본문에서는 [추천]의 슬라이더(⬤)를 클릭해 '끔'으로 설정합니다.

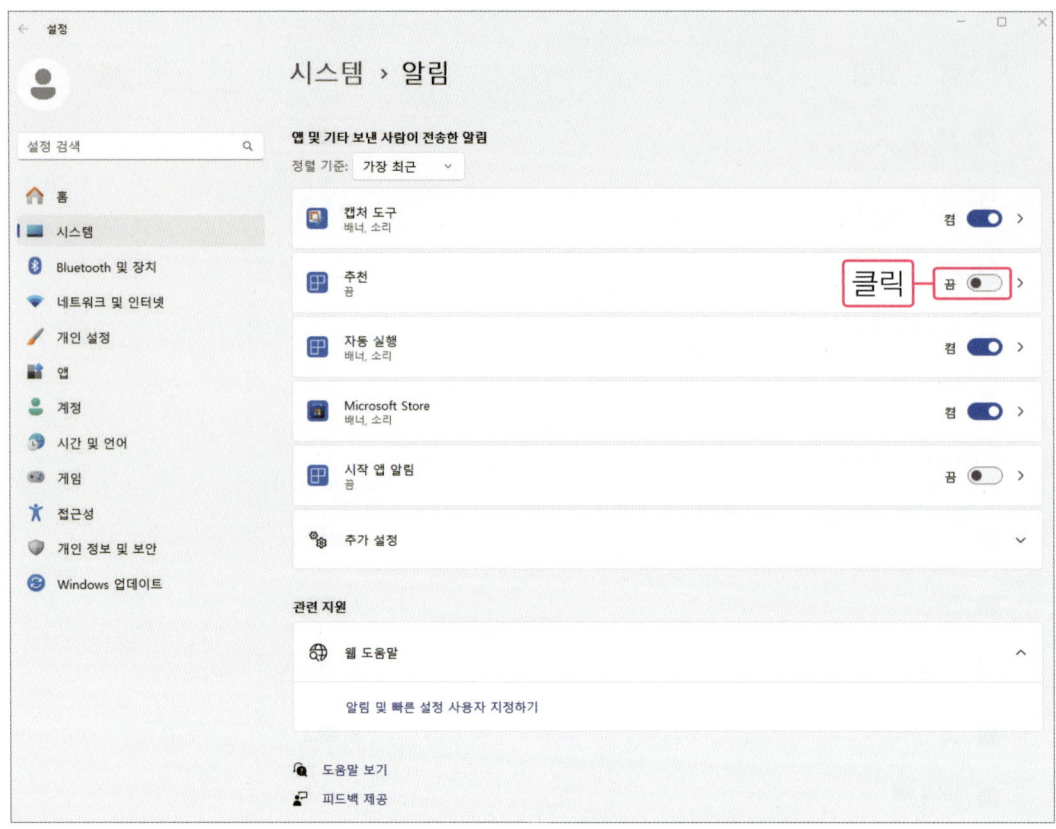

06 알림을 세부적으로 설정할 수도 있습니다. [추천]의 슬라이더(⬤)를 클릭해 다시 '켬'으로 설정하고 [추천]을 클릭합니다. 세부 설정 항목이 나타나면 원하는 항목을 설정합니다.

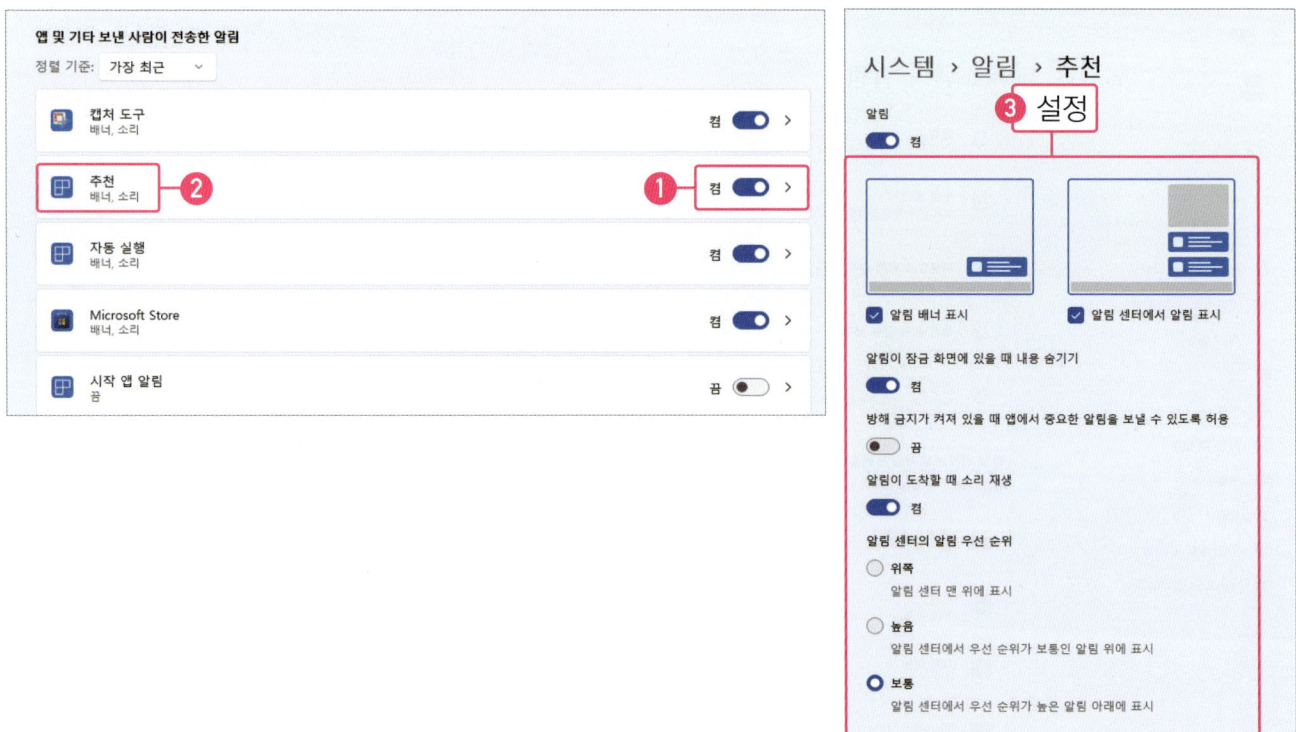

▶ 화면 분할하기

컴퓨터를 사용하다 보면 여러 개의 프로그램을 동시에 실행하고 창을 옮겨가며 작업할 때가 있습니다. 그런데 창 하나가 다른 창에 가려져 원하는 화면이 보이지 않을 때가 종종 있습니다. 이렇게 여러 창을 동시에 확인하고자 할 때 화면 분할 기능을 활용하면 편리합니다.

01 'Microsoft Edge'와 'Google Chrome', '날씨' 앱을 실행합니다. '날씨' 창의 제목 표시줄을 클릭한 채 화면 위로 끝까지 이동합니다.

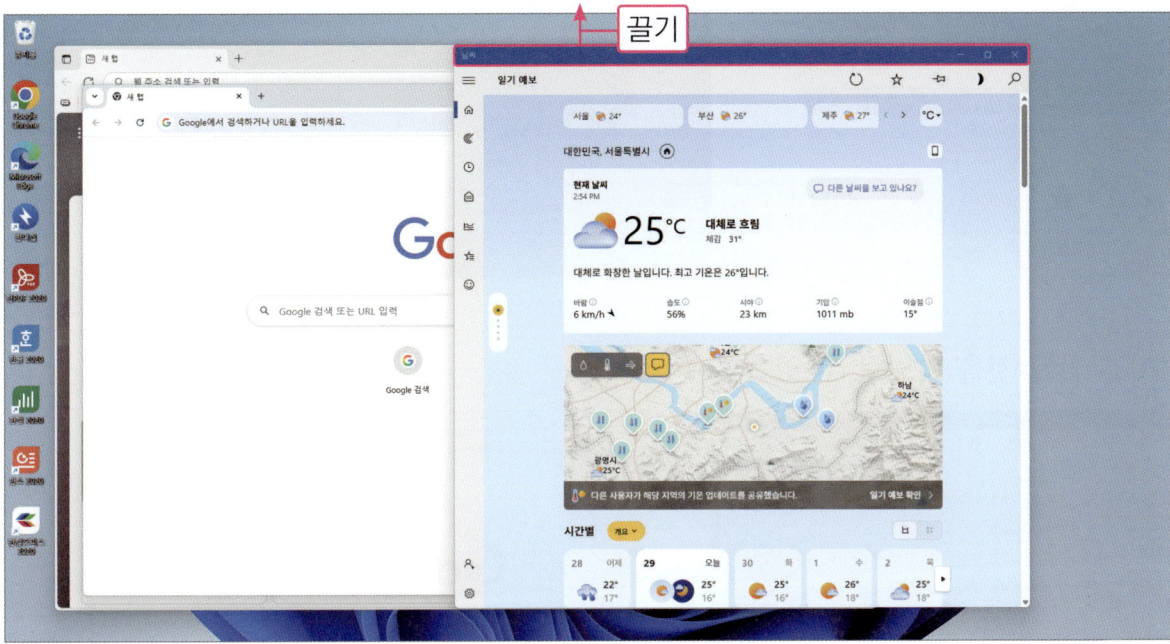

02 레이아웃이 여러 개 나타나면 원하는 곳으로 가져간 후 **마우스 버튼에서 손을 뗍니다.**

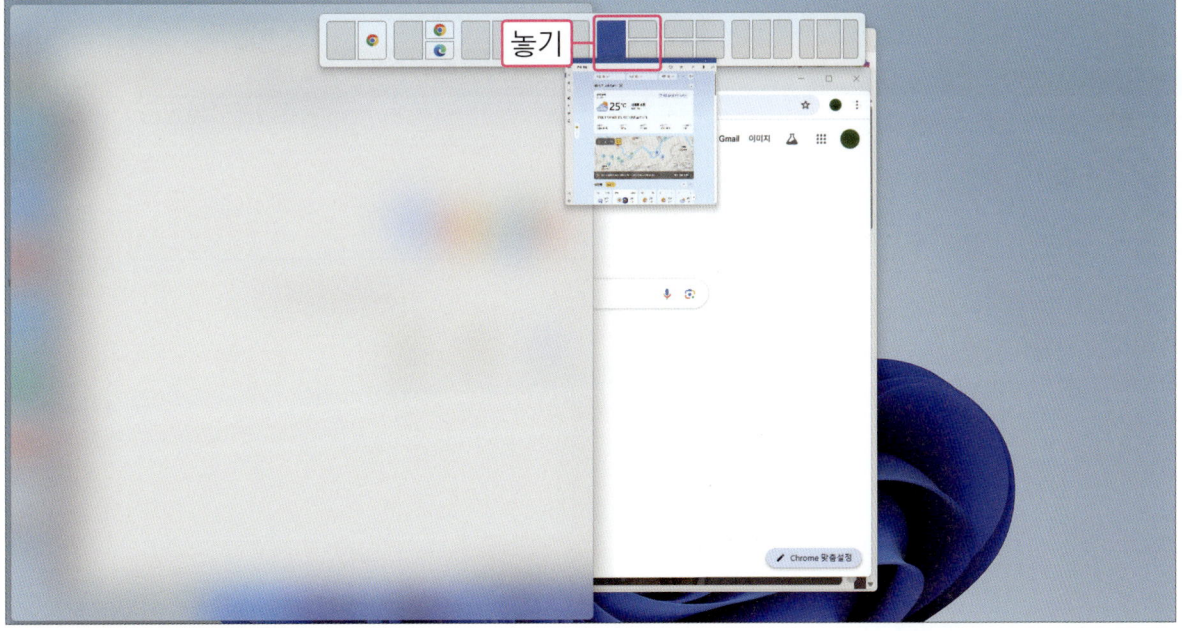

03 나머지 두 앱이 선택을 기다리고 있습니다. 'Google Chrome'을 클릭합니다.

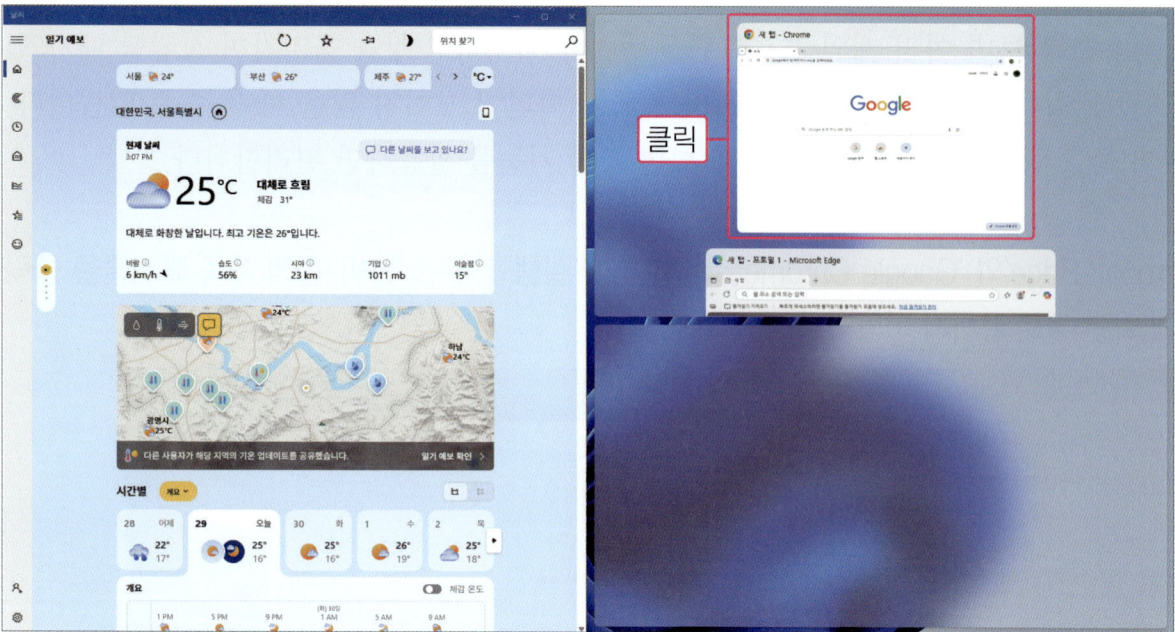

04 화면이 분할된 것을 확인할 수 있습니다.

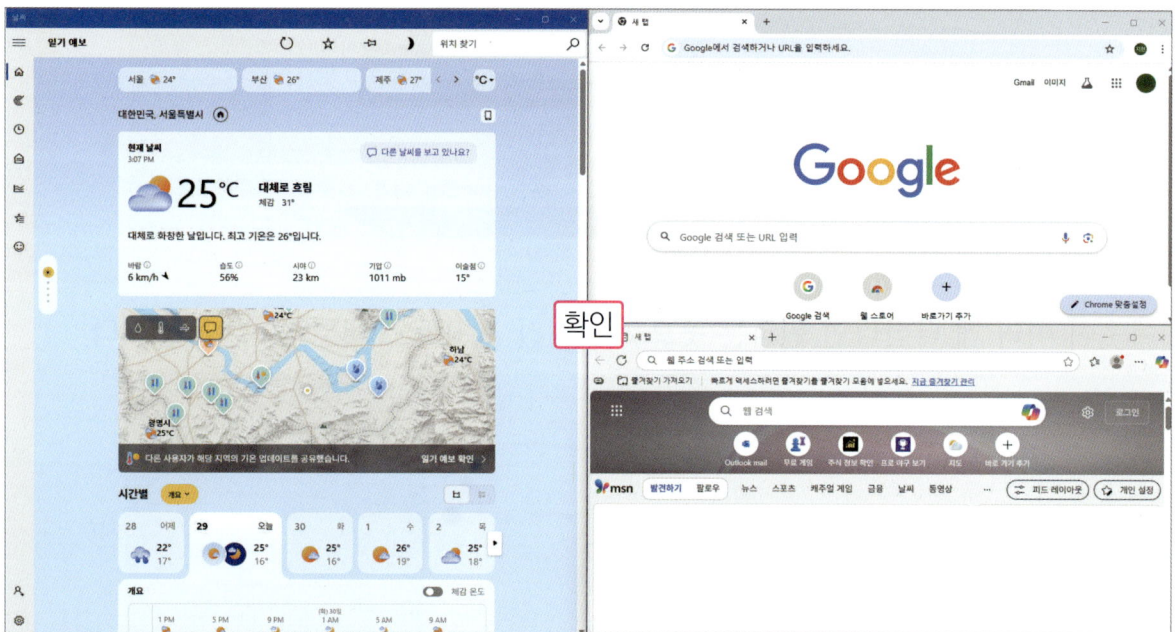

01 시작 화면에 '그림판' 항목을 표시하고, 표시되어 있는 '설정' 항목은 제거해 봅니다.

02 위젯 보드에 '달력' 위젯을 고정해 봅니다.

03 'Microsoft Store' 알림을 배너는 표시되고, 소리는 재생되지 않게 설정해 봅니다.

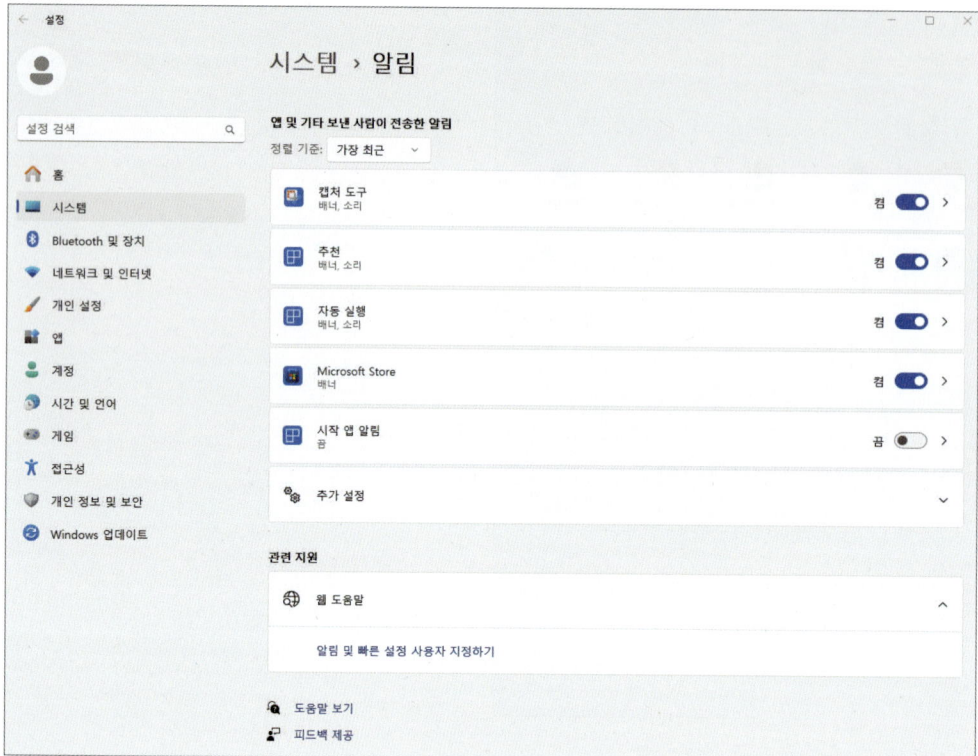

04 임의의 앱 네 개를 실행한 후 다음과 같이 배치해 봅니다.

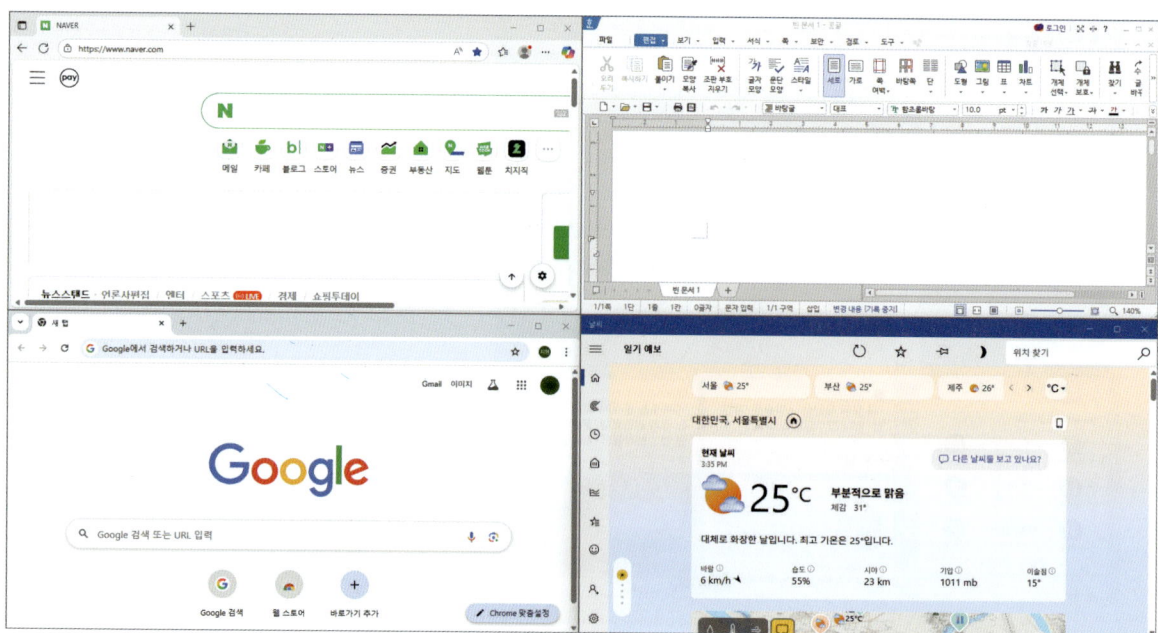

02 파일 탐색기 관리하기

- 폴더 만들기
- 복사와 이동
- 압축과 해제
- 파일 삭제
- 즐겨찾기
- 라이브러리

미/리/보/기

 준비파일 : [예제음악] 폴더

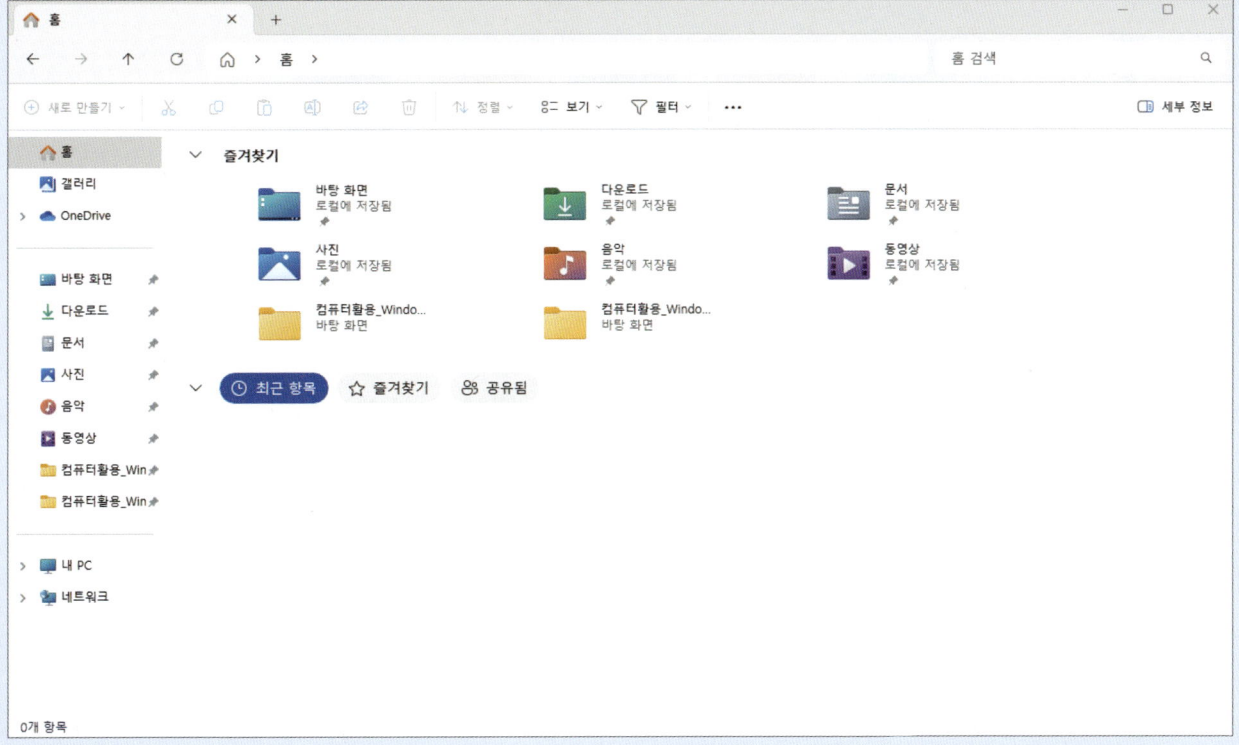

컴퓨터 작업의 핵심은 파일을 다루는 것입니다. 파일은 형태와 용도에 따라 문서 파일, 음악 파일, 동영상 파일, 응용 소프트웨어 설치 파일 등으로 구분됩니다. 이번 장에서는 이러한 다양한 파일을 어떻게 다루고 활용하는지 함께 살펴보겠습니다.

01 파일과 폴더 관리

▶ 파일 탐색기

파일 탐색기는 컴퓨터 안에 저장된 모든 파일과 폴더를 체계적으로 관리할 수 있도록 하는 기본 도구입니다. 사용자는 파일 탐색기를 사용해 문서, 사진, 음악, 동영상 등 다양한 파일을 한눈에 확인할 수 있습니다. 새로운 폴더를 만들어 파일을 분류하고 원하는 위치로 파일을 이동하거나 복사하는 일도 모두 파일 탐색기에서 간편하게 할 수 있습니다.

또한 파일 탐색기는 파일을 이름, 수정한 날짜, 유형 등 다양한 기준으로 정렬할 수 있습니다. 보기 방식을 아이콘, 목록, 세부 정보 등으로 바꾸면 작업 목적에 따라 파일을 더욱 효율적으로 정리할 수 있습니다. 외장 하드, USB 메모리와 같은 외부 저장 장치도 동일한 화면에서 관리할 수 있기 때문에 여러 저장 공간을 동시에 다루는 데에도 유용합니다.

▶ 파일과 폴더

파일은 컴퓨터에서 특정한 기능이나 정보를 담고 있는 데이터 단위입니다. 문서를 작성하는 문서 파일, 음악을 재생하는 음악 파일, 동영상을 감상하는 동영상 파일이 있습니다. 이 외에도 엑셀, 파워포인트 등 다양한 형식의 파일이 존재합니다.

이러한 파일들을 목적에 따라 묶어 관리할 수 있도록 하는 것이 바로 폴더입니다. 폴더는 자유롭게 생성하거나 삭제할 수 있으며 폴더 안에 또 다른 폴더를 만들어 체계적으로 정리할 수도 있습니다.

▶ 파일 압축

압축이란 말 그대로 데이터의 크기를 줄이는 것을 의미합니다. 컴퓨터에서는 파일의 용량을 줄여 저장 공간을 절약하거나 전송 속도를 높이는 데 사용됩니다. 압축된 파일은 필요할 때 다시 '압축 해제'를 통해 원래 상태로 되돌릴 수 있습니다.

▶ 파일 탐색기 살펴보기

작업 표시줄의 [파일 탐색기(📁)]를 클릭하면 다음과 같은 창이 나타납니다.

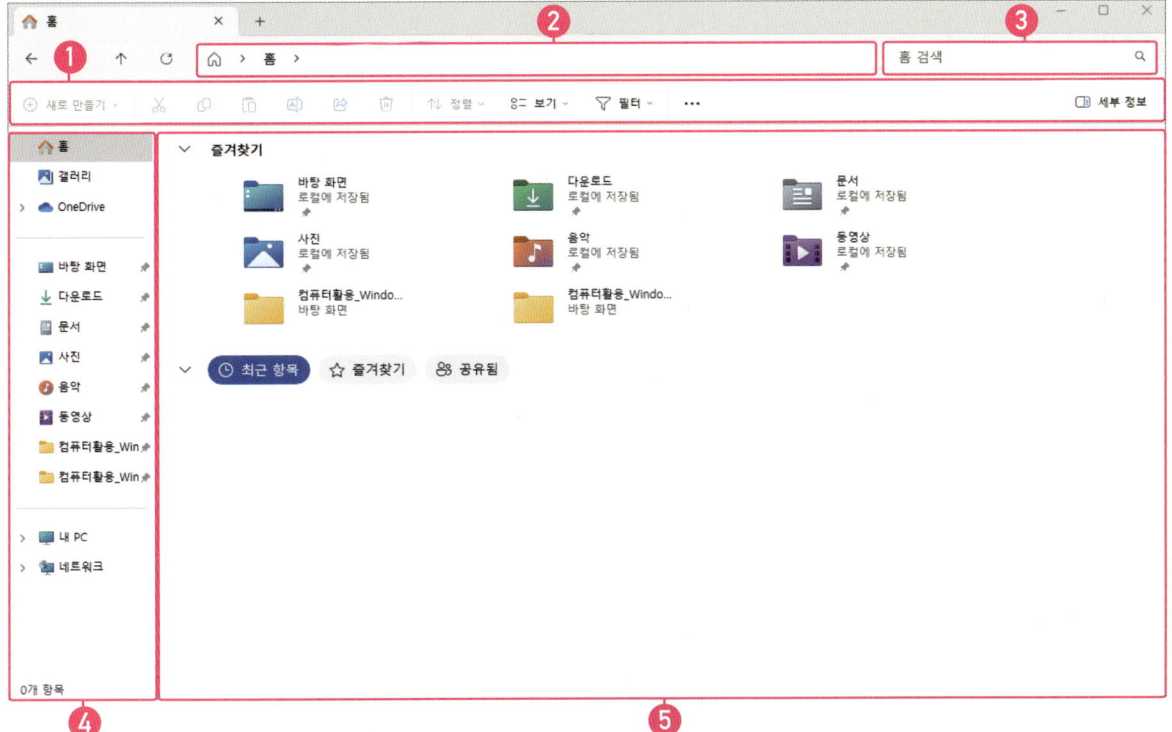

❶ **리본 메뉴** : 파일 탐색기에서 제공하는 다양한 기능들을 한 곳에 모아 놓은 영역입니다. 파일이나 폴더를 새로 만들고 복사, 이동, 삭제하거나 정렬 방식을 바꾸는 등 주요 작업을 쉽게 수행할 수 있도록 도와줍니다.

❷ **주소 표시줄** : 현재 사용자가 위치한 폴더의 주소를 표시하는 곳입니다. 다른 폴더로 이동할 때도 주소를 직접 입력하거나 클릭하여 접근할 수 있습니다.

❸ **검색** : 특정 파일이나 폴더를 빠르게 찾을 수 있도록 돕는 기능입니다. 이름, 확장자 등 다양한 조건으로 검색할 수 있습니다.

❹ **탐색 창** : 컴퓨터에 저장된 모든 폴더와 드라이브를 트리 구조로 보여 주는 영역입니다.

❺ **파일 영역** : 폴더의 내용을 표시하는 공간입니다. 해당 폴더 안의 하위 파일과 폴더 들을 확인하고 필요에 따라 열기, 복사, 이동, 삭제 등 다양한 작업을 수행할 수 있습니다.

파일과 폴더 다루기

▶ 파일 탐색기 다루기

01 작업 표시줄의 [파일 탐색기(📁)]를 클릭합니다.

02 [파일 탐색기]가 실행됩니다. 기본적으로 왼쪽 탐색 창에 [홈]이 선택되어 있습니다.

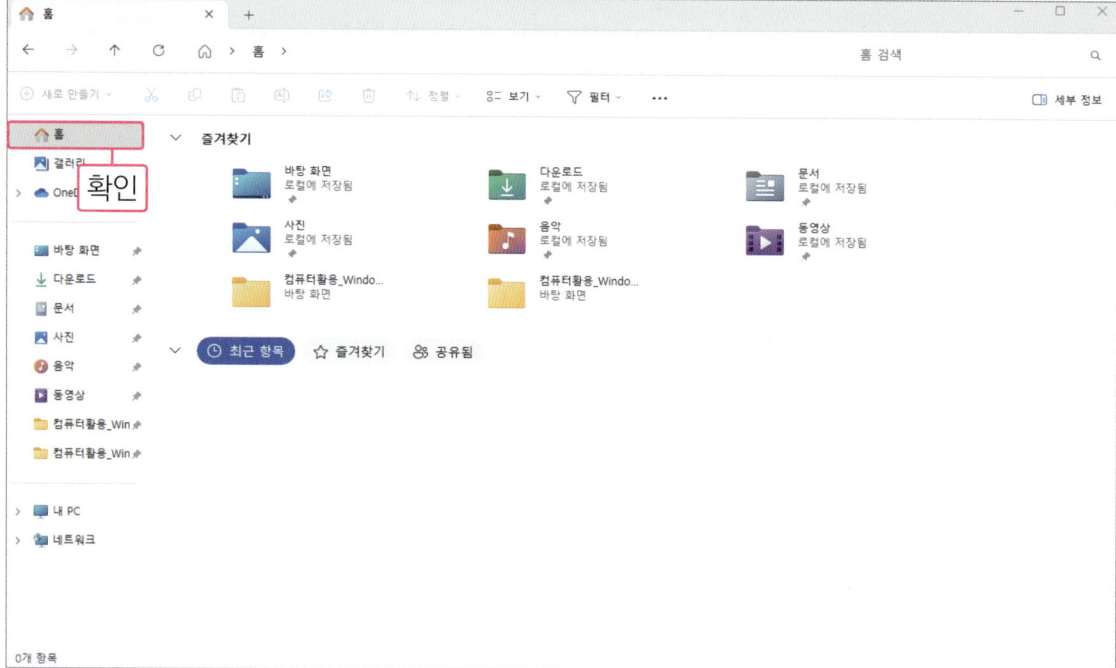

03 탐색 창의 빈 공간을 **마우스 오른쪽 버튼으로 클릭**한 후 **[라이브러리 표시]**를 클릭합니다.

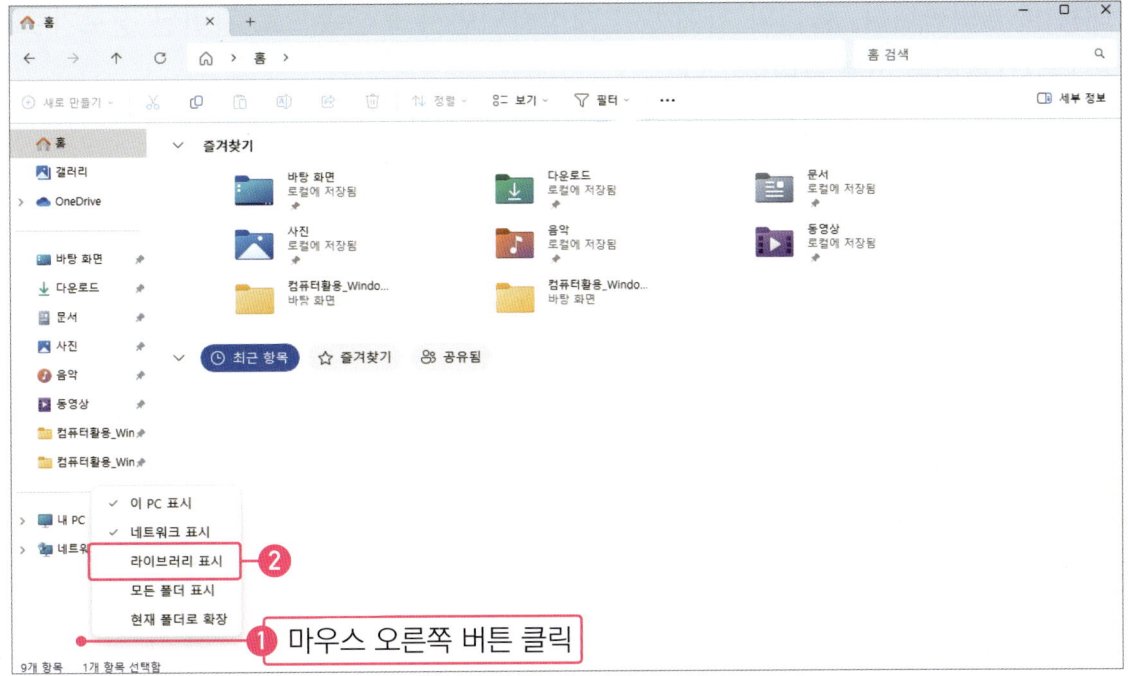

04 탐색 창에 [라이브러리] 항목이 표시된 것을 확인합니다.

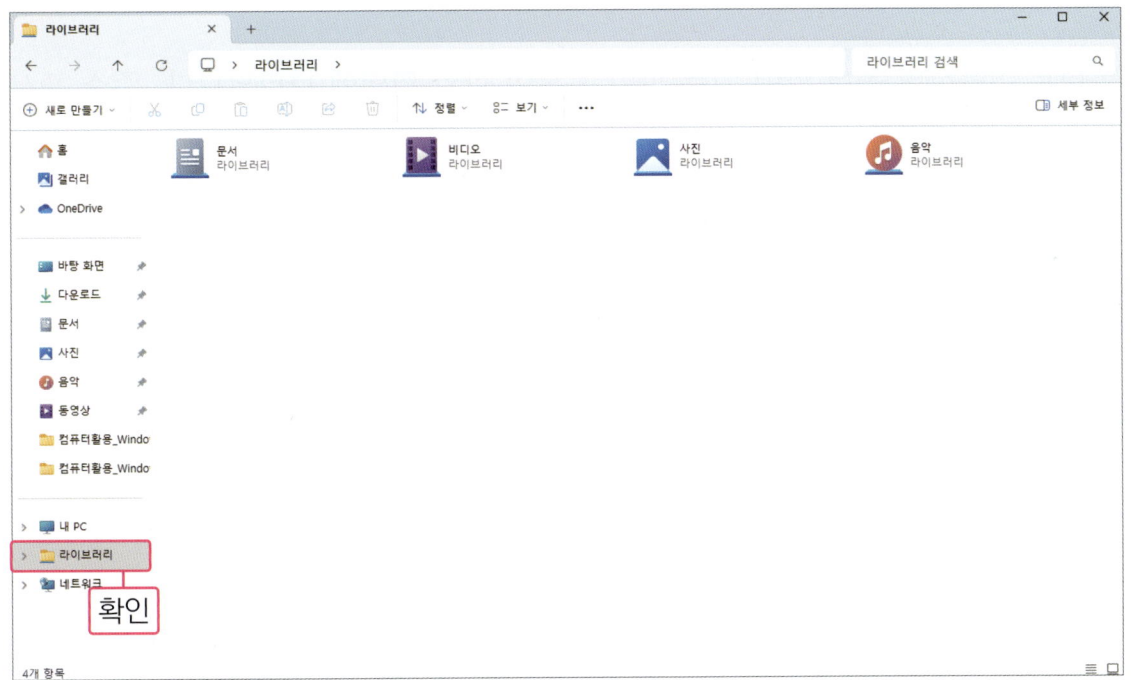

 잠깐

컴퓨터에 주소가 있어요?

컴퓨터에도 주소라는 개념이 있습니다. 여기서 말하는 주소는 파일이 저장된 위치를 뜻하며, 흔히 경로라고 부릅니다. 예를 들어 문서를 작성해 저장하거나 인터넷에서 음악을 다운로드할 때 파일을 저장할 위치를 지정하게 됩니다. 이때 위치가 바로 컴퓨터에서의 주소입니다.

> 🖥 > 내 PC > 로컬 디스크 (C:) > Windows >

05 리본 메뉴의 [보기]에서는 파일 영역에 보이는 폴더 및 파일의 보기 방식을 설정합니다. [보기]-[내용]을 클릭합니다. 폴더와 아이콘이 재정렬되면서 오른쪽으로 관련된 정보가 표시됩니다. [문서] 폴더를 더블 클릭합니다.

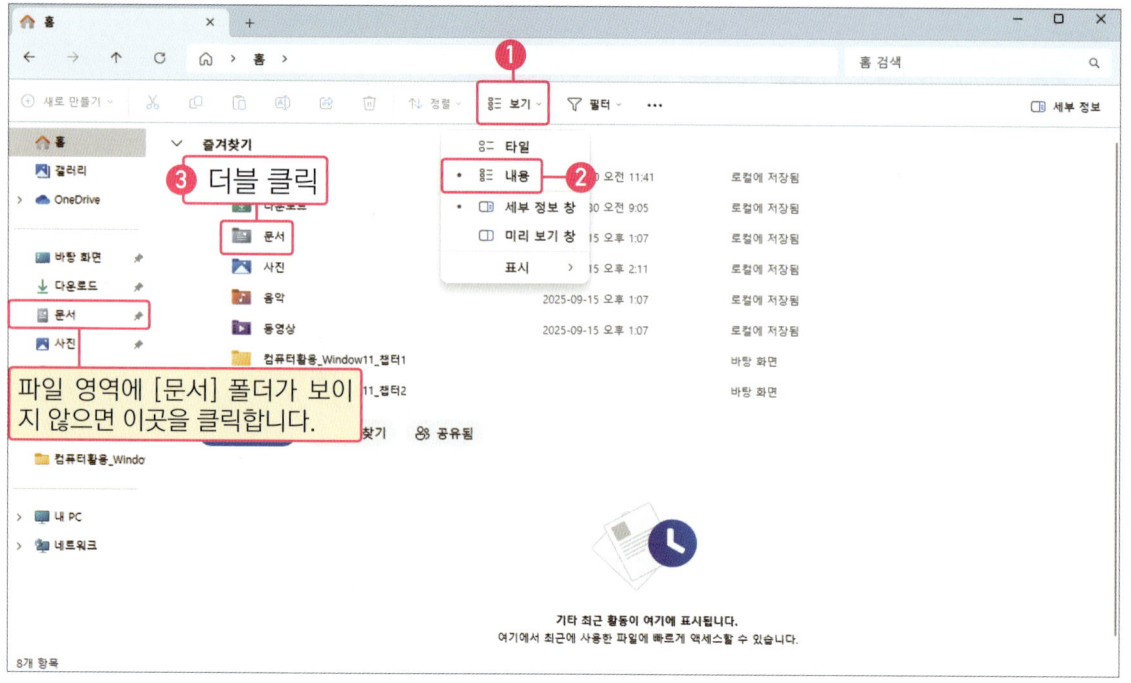

06 선택한 폴더로 이동하며 폴더 안에 있는 파일 목록이 파일 영역에 나타납니다. 주소 표시줄에 선택한 폴더의 경로가 표시됩니다.

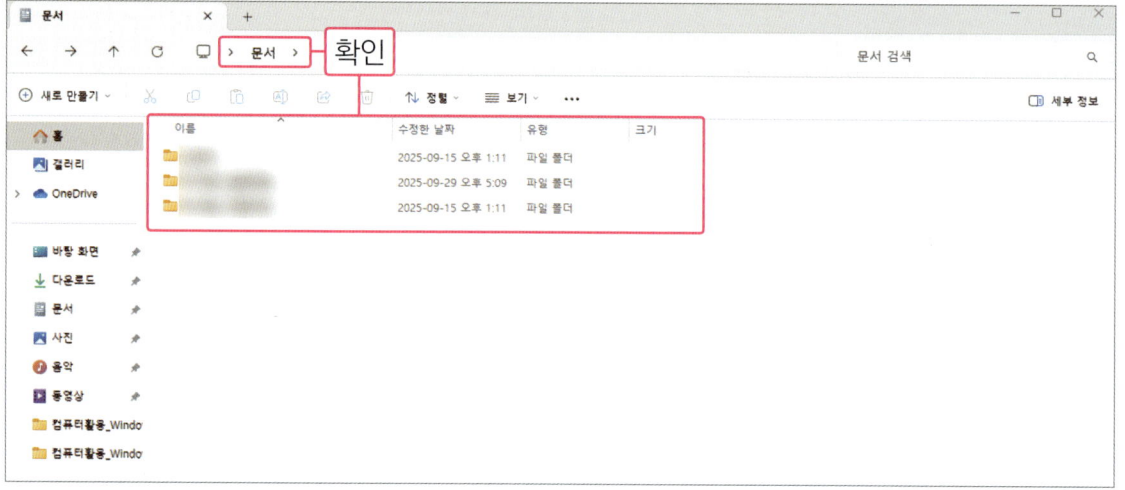

 위를 가리키는 화살표(↑)는 뭔가요?
←는 출발한 곳으로 돌아가는 것이고, ↑은 출발한 곳과 상관없이 지금 있는 폴더의 상위 폴더로 이동하는 것을 뜻합니다.

▶ 폴더 만들기

관련된 파일들을 정리하고 분류하기 위해서는 폴더를 만들어야 합니다.

01 폴더를 만들 위치로 이동하기 위해 탐색 창의 [바탕 화면]을 클릭합니다. 리본 메뉴의 [새로 만들기]-[폴더]를 클릭합니다.

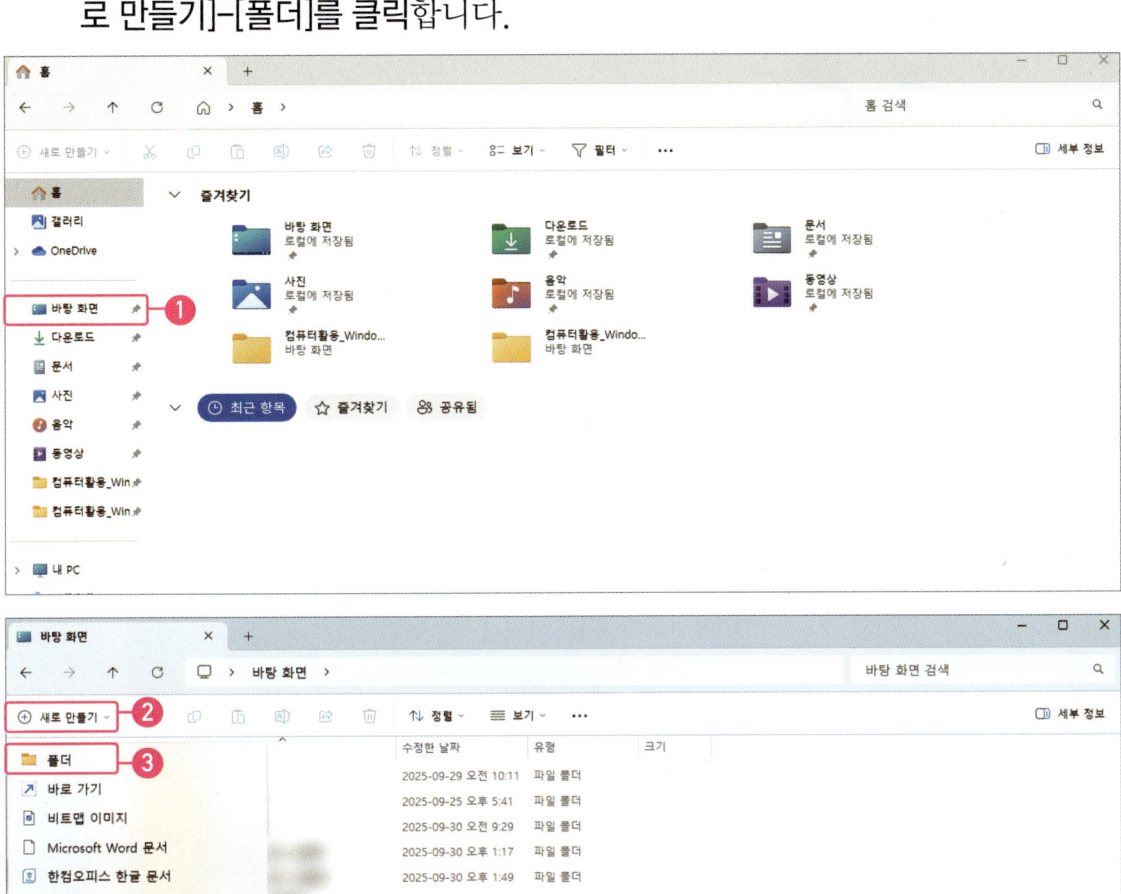

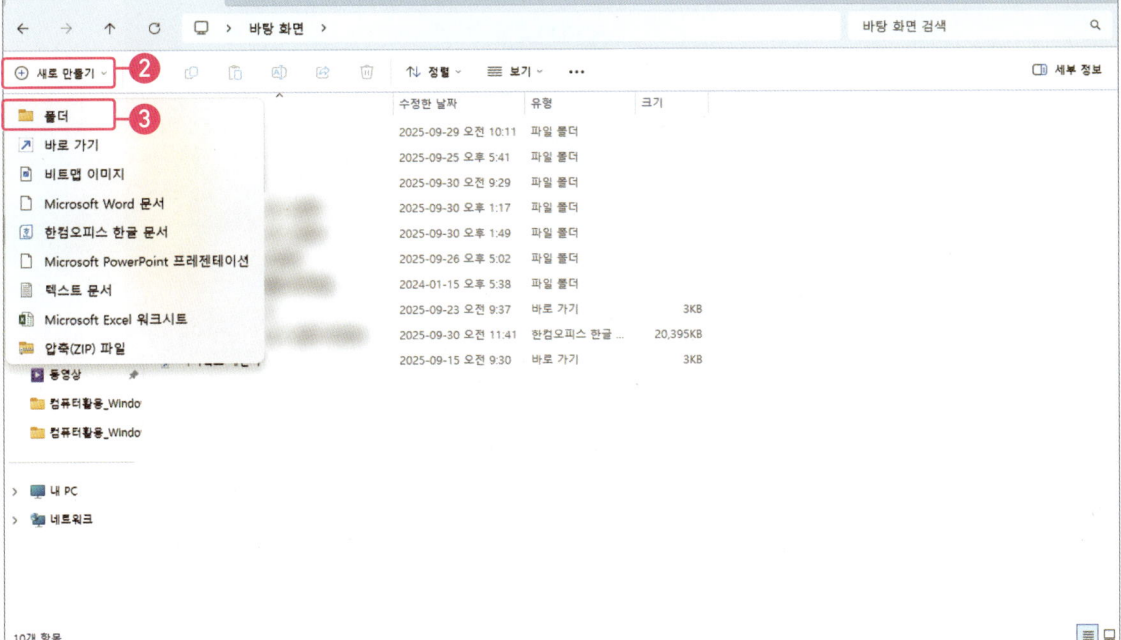

02 새 폴더가 생성되면 폴더를 **마우스 오른쪽 버튼으로 클릭**해 (이름 바꾸기)를 클릭하고 폴더의 이름을 '음악'으로 입력합니다.

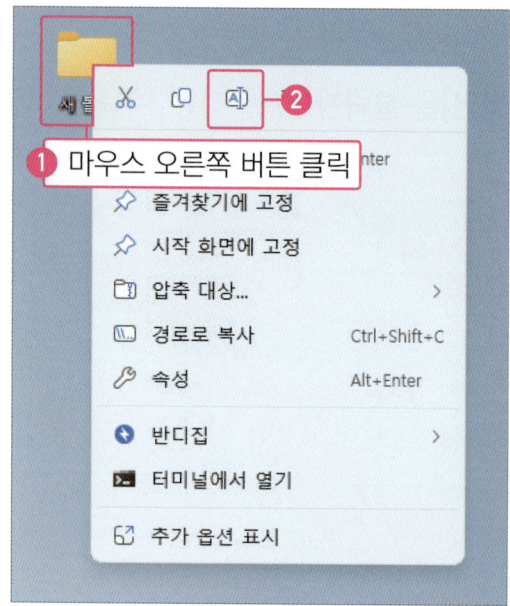

03 바탕 화면에 [음악] 폴더가 만들어진 것을 확인할 수 있습니다.

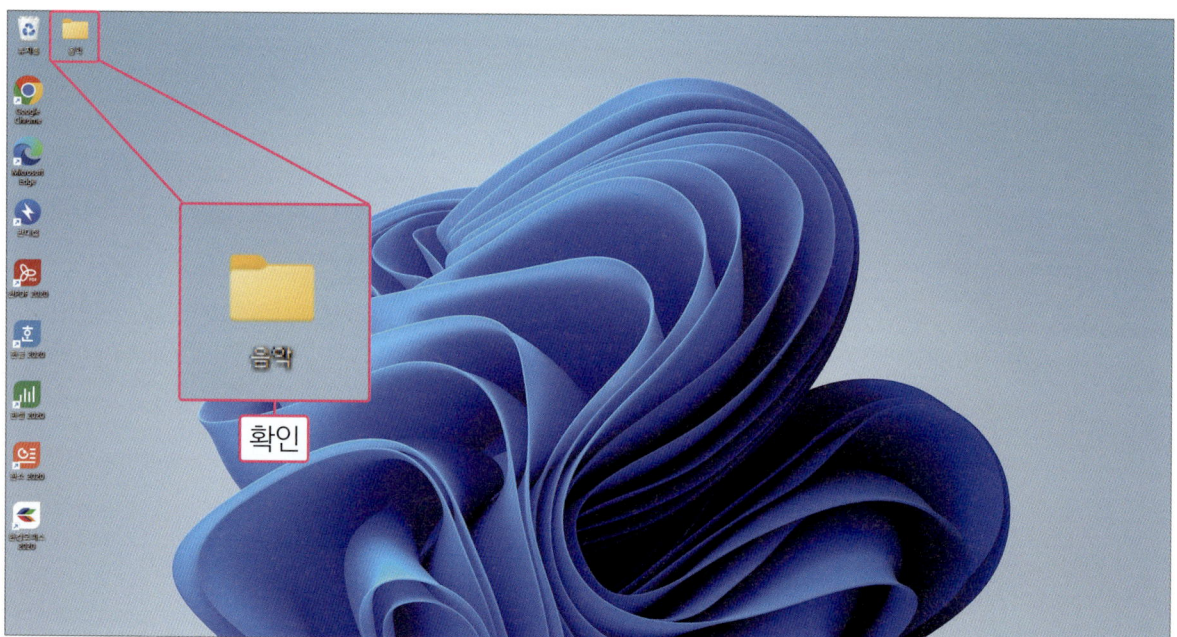

04 이번에는 바탕 화면에서 마우스만을 이용해 폴더를 만들어 보겠습니다. **바탕 화면의 빈 곳을 마우스 오른쪽 버튼으로 클릭합니다.** 바로 가기 메뉴가 나타나면 [새로 만들기]-[폴더]를 클릭합니다.

05 새 폴더가 생성되면 **폴더의 이름을 '여행'으로 입력합니다.**

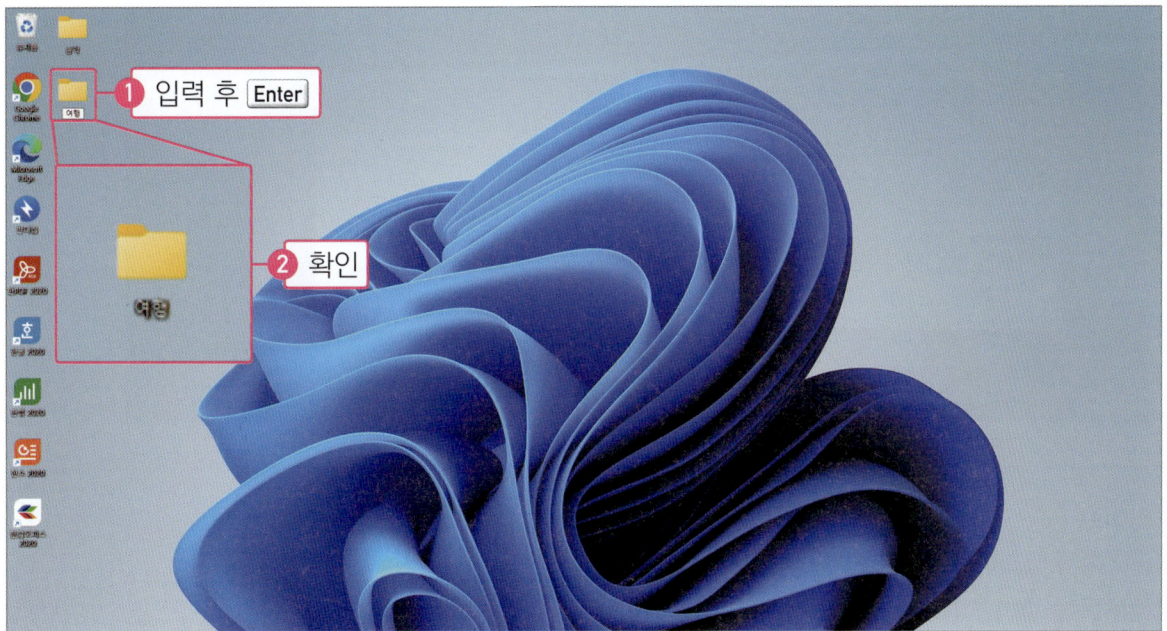

▶ 복사 및 이동하기

파일과 폴더는 필요에 따라 복사, 이동할 수 있습니다. 예제 파일을 활용하여 복사 및 이동하는 방법을 살펴보겠습니다.

01 [파일 탐색기]를 열고, **복사할 파일이 있는 폴더(본문에서는 [예제음악] 폴더)로 이동**합니다.

 실습을 위해 'www.edusd.co.kr'의 자료실에서 교재에 사용한 파일이 들어 있는 폴더를 제공하고 있습니다. 준비 파일은 **예제파일 다운로드**(p.6)를 참조하여 컴퓨터에 저장한 후 **파일 압축 풀기**(p.41)를 참조하여 압축을 해제해 활용합니다.

02 바탕 화면으로 복사, 이동할 예정이므로 다음과 같이 **바탕 화면이 보이도록 창의 크기와 위치를 조정**합니다.

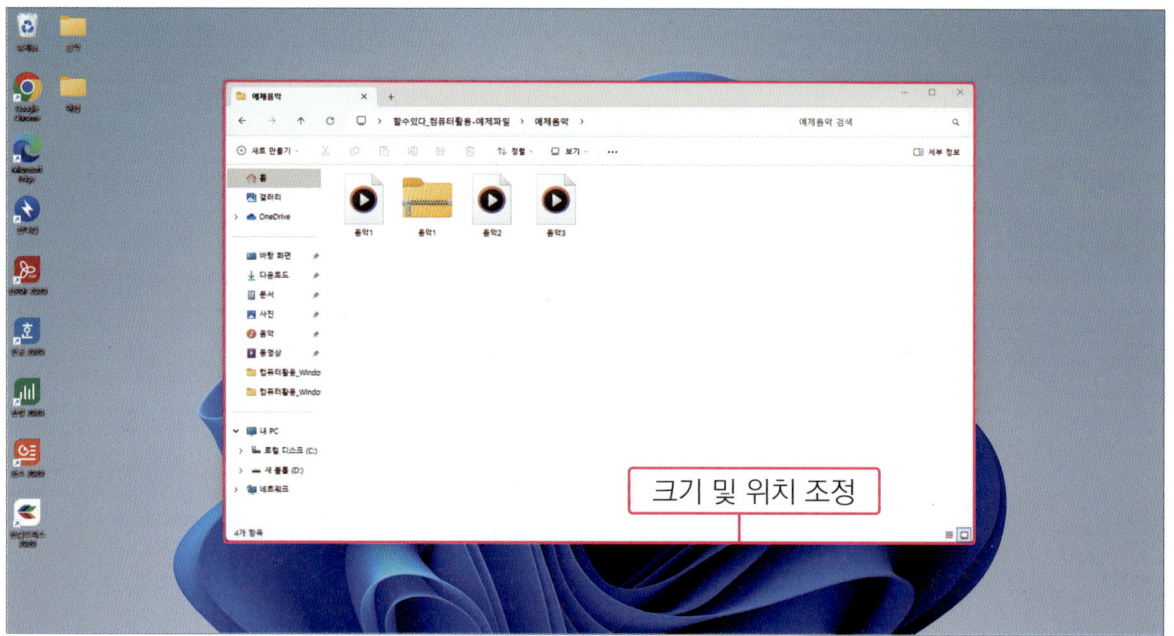

 드라이브
컴퓨터에서 드라이브는 데이터를 저장하는 물리적 장치를 의미합니다. 저장 장치로는 하드 디스크나 USB 메모리, DVD-ROM 등이 있습니다. 저장 장치를 새로 추가하면 새로운 드라이브가 생성되며, 파티션 기능을 통해 하나의 물리적 장치를 두 개 이상의 드라이브처럼 사용할 수도 있습니다.

03 임의의 폴더에 들어 있는 **파일(본문에서는 '음악1' 파일)을 클릭한 채 바탕 화면의 [음악] 폴더로 드래그**합니다. 다음과 같이 폴더 위에 파일 이미지가 올라가면 누르고 있던 마우스 버튼에서 손을 뗍니다.

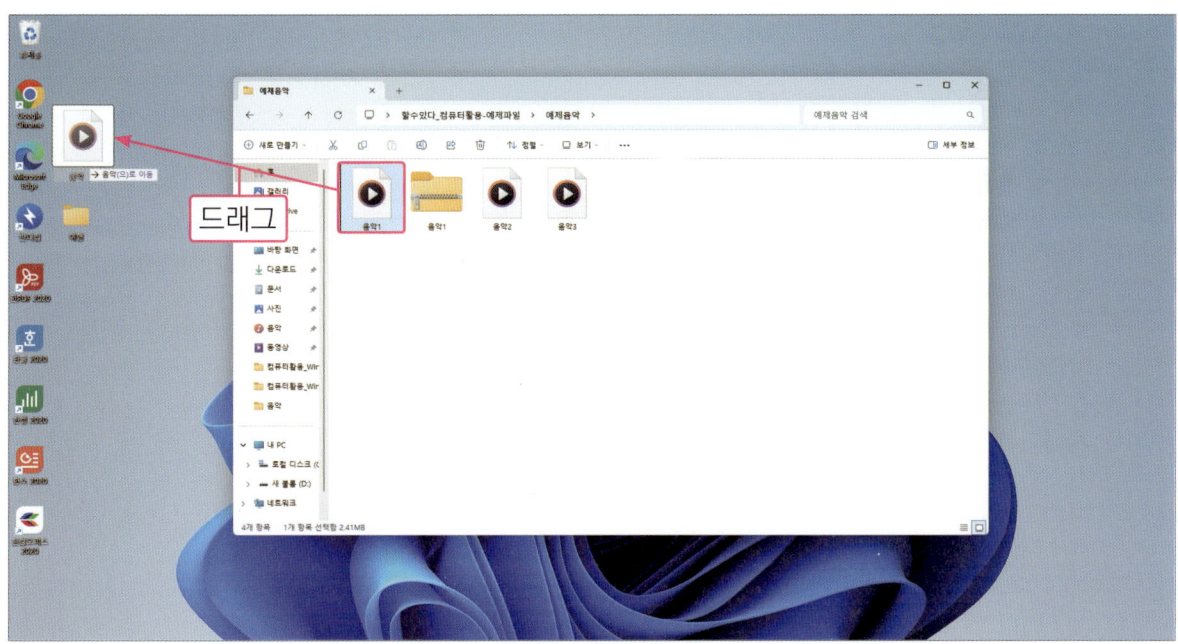

04 빈 폴더였던 [음악] 폴더의 아이콘이 바뀌면서 안에 파일이 있음을 알 수 있습니다. 기존의 폴더에는 선택한 파일이 이동한 것을 확인할 수 있습니다.

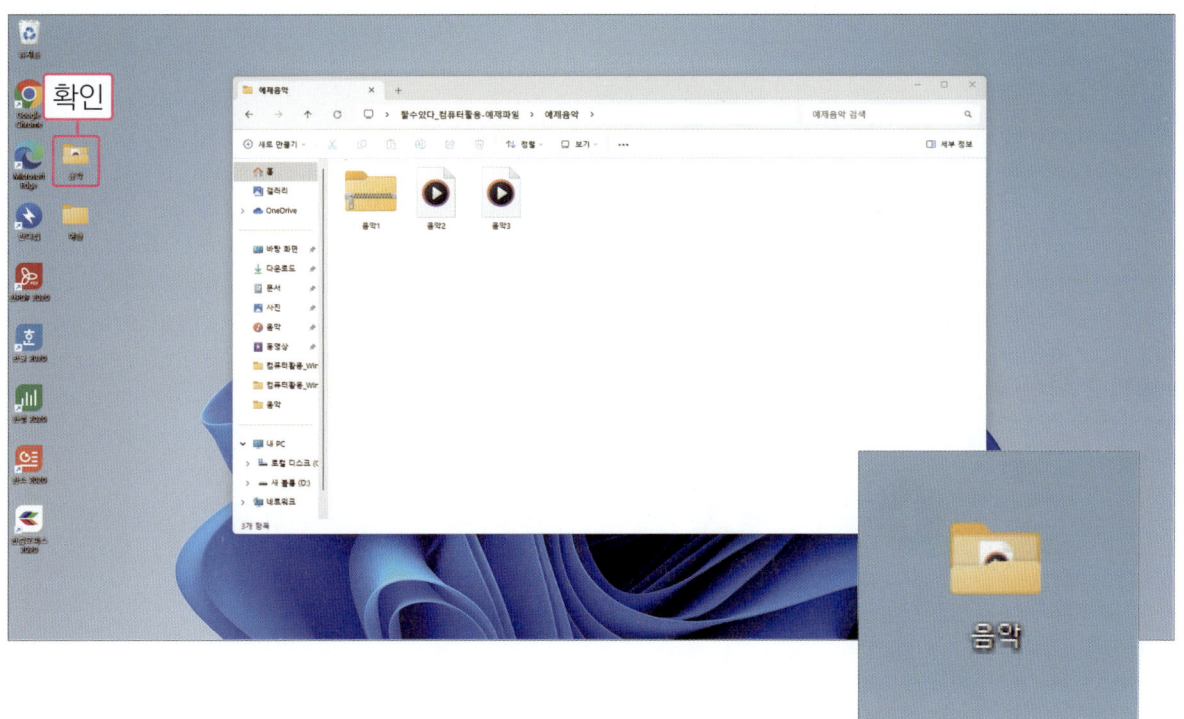

▲ 변경된 '음악' 폴더의 모습

05 이번에는 다른 방법으로 나머지 파일(본문에서는 '음악2', '음악3' 파일)을 [음악] 폴더로 복사해 보겠습니다. 다음과 같이 **나머지 파일을 선택**한 후 Ctrl + C 키를 눌러 복사합니다.

> **잠깐**
>
> **두 개 이상의 파일 또는 폴더 선택 방법**
> - 방법 1 : 파일을 드래그하여 선택합니다.
> - 방법 2 : Ctrl 키를 누른 채 파일을 하나씩 클릭하여 선택합니다.

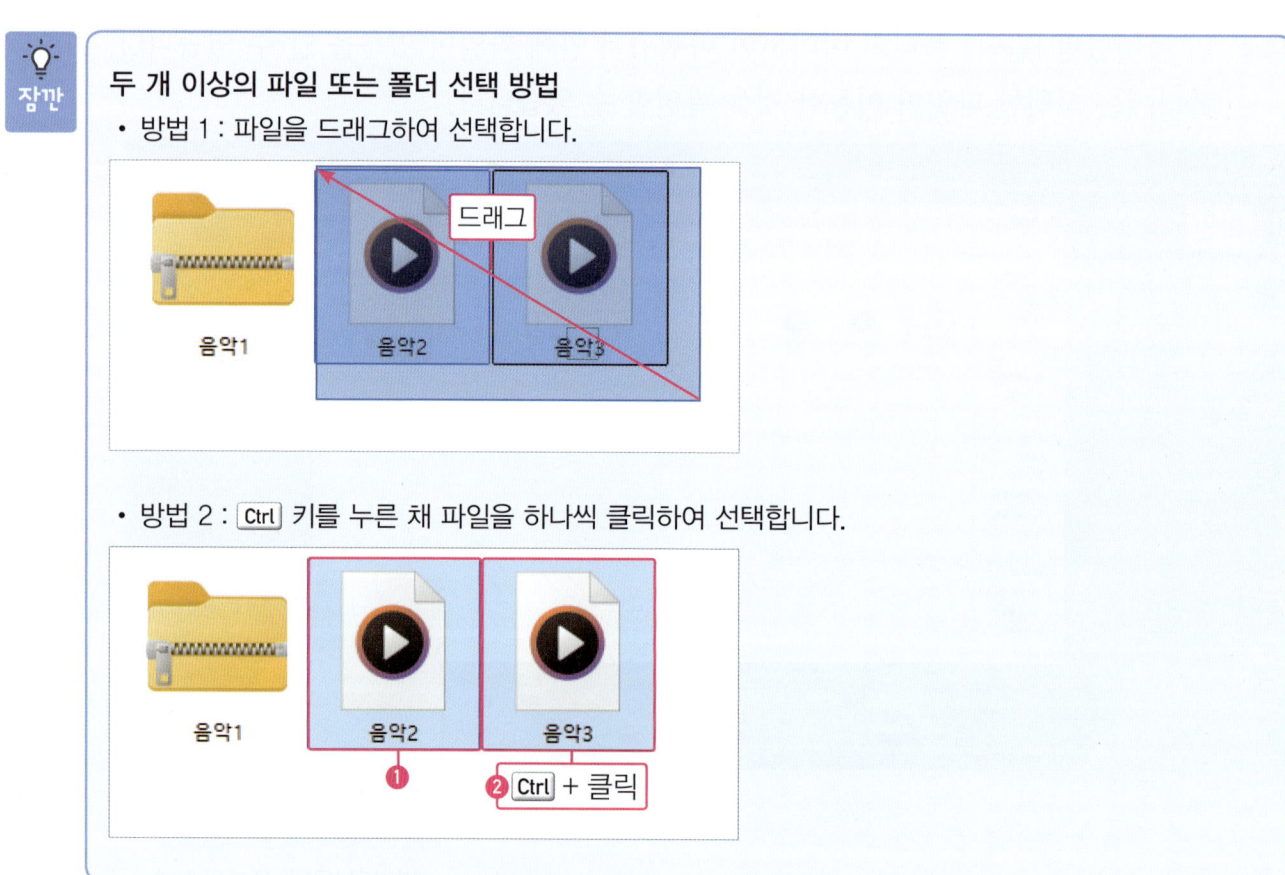

06 오른쪽 상단의 ×(닫기)를 클릭해 창을 닫습니다.

07 바탕 화면의 [음악] 폴더를 더블 클릭합니다.

08 [음악] 폴더 창이 나타나면 **빈 영역을 클릭**한 후 Ctrl + V 키를 누릅니다. **05**에서 복사한 파일이 붙여넣기 된 것을 확인합니다.

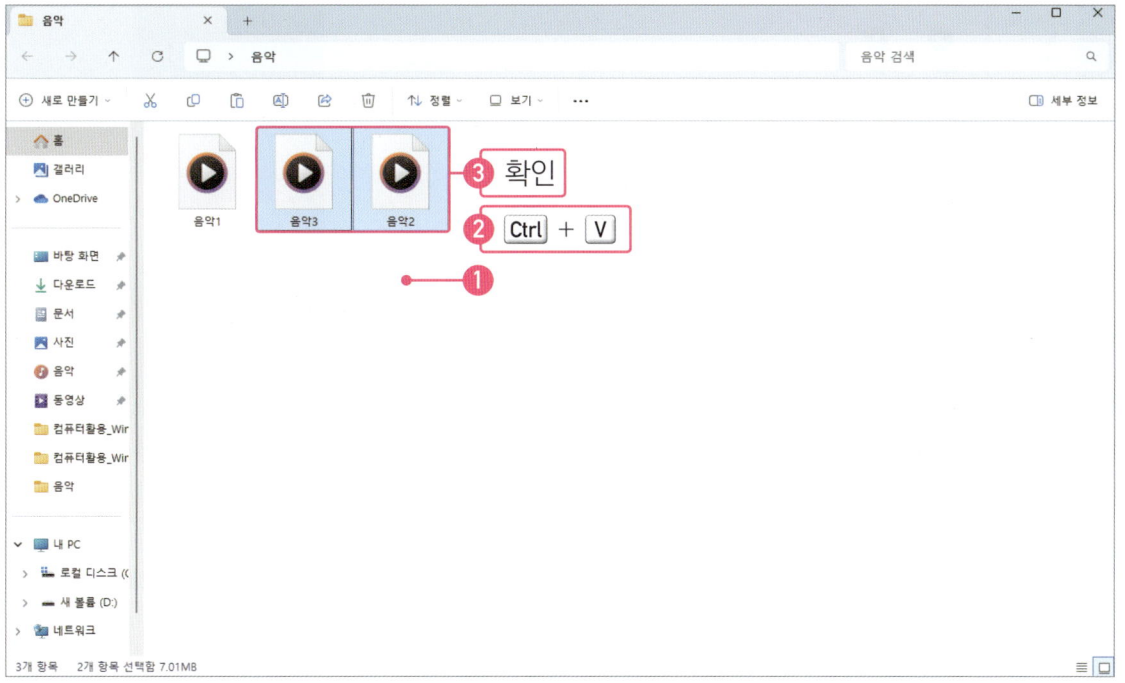

09 이번에는 [음악] 폴더에 있는 파일(본문에서는 '음악3' 파일)을 바탕 화면으로 드래그합니다.

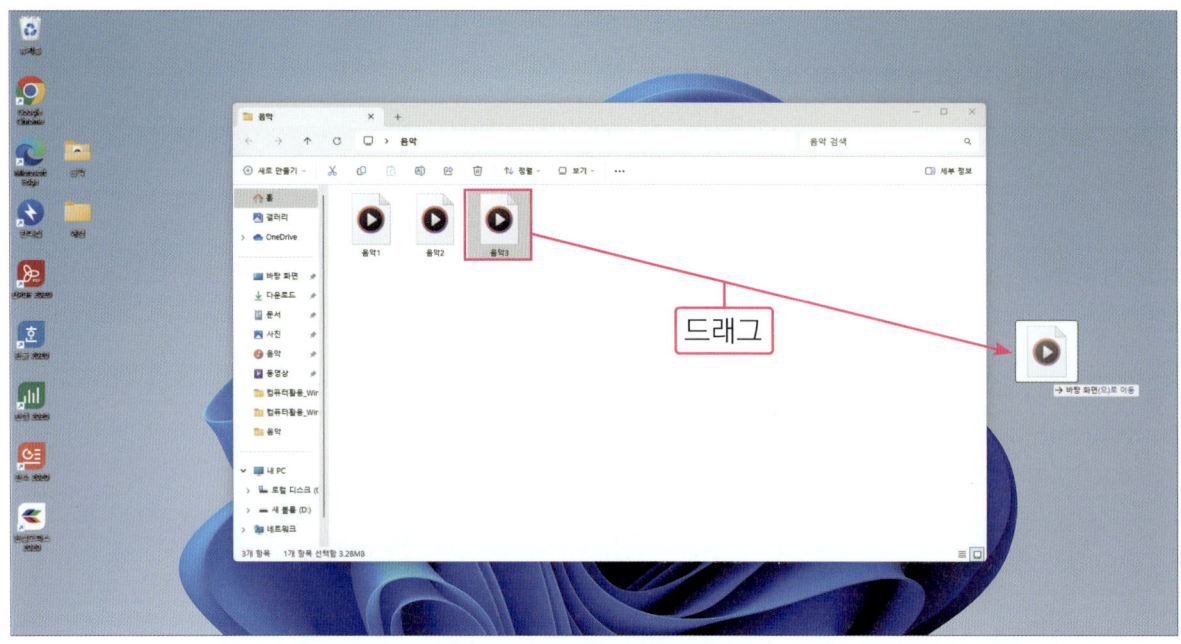

10 선택한 파일이 [음악] 폴더에서 사라지고, 바탕 화면으로 이동한 것을 확인할 수 있습니다.

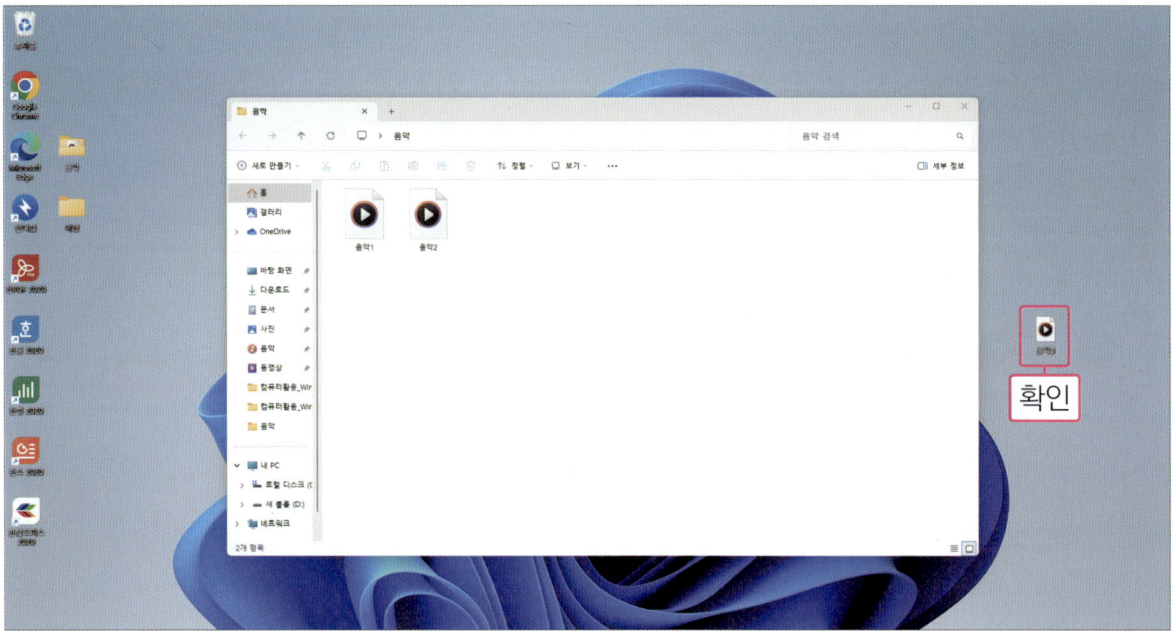

11 바탕 화면으로 이동한 파일을 클릭하고 Ctrl + X 키를 눌러 삭제 및 복사합니다. [음악] 폴더의 빈 영역을 클릭한 후 Ctrl + V 키를 눌러 붙여넣기합니다.

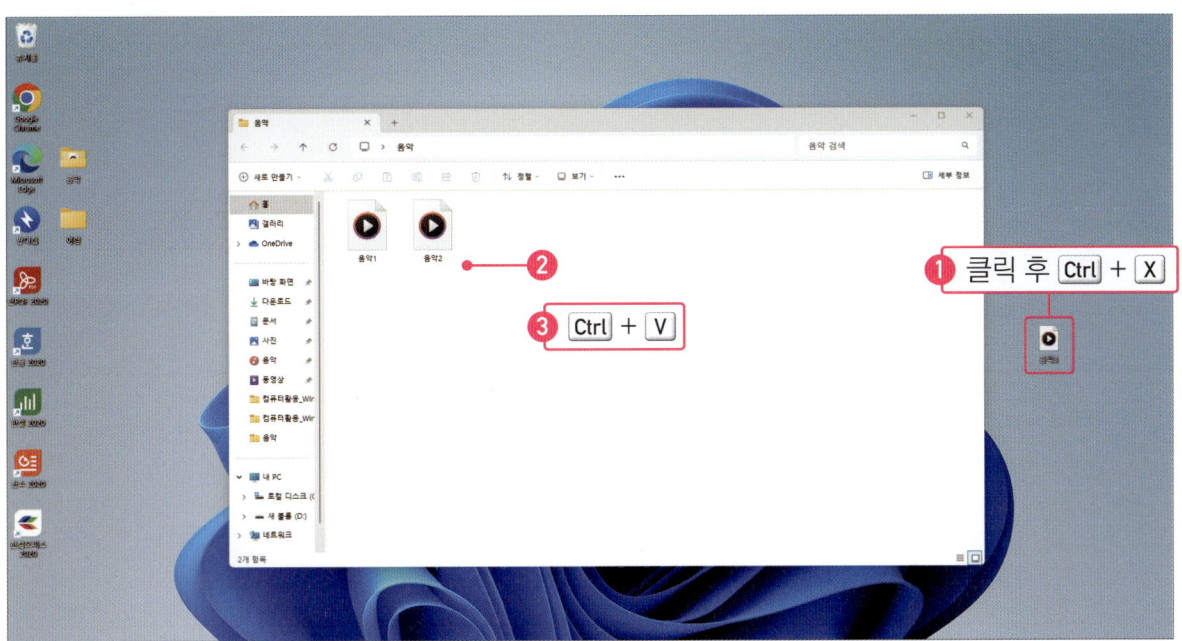

 폴더 만들기(p.31)에서 폴더를 만들 때와 같이 복사, 이동, 붙여넣기 역시 마우스 오른쪽 버튼을 클릭하면 나타나는 바로 가기 메뉴에서 수행할 수 있습니다.

12 바탕 화면에 있던 파일이 [음악] 폴더로 이동한 것을 확인할 수 있습니다.

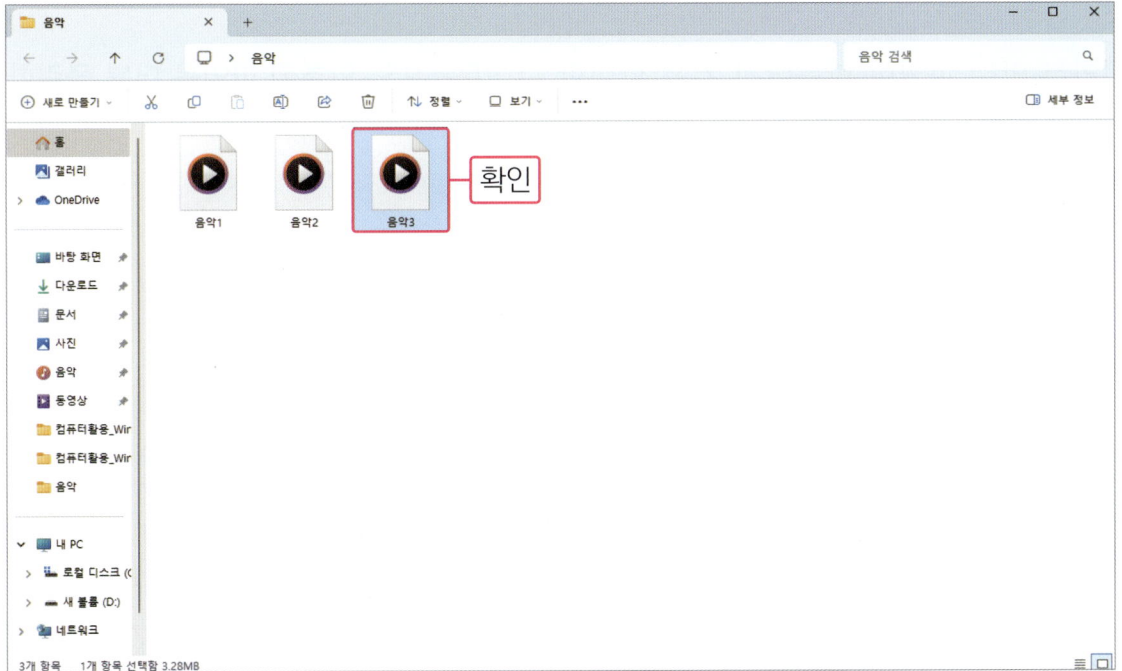

▶ **파일 압축하기**

01 [음악] 폴더 안의 '음악1'부터 '음악3'까지의 파일을 선택한 후 마우스 오른쪽 버튼을 클릭해 [압축 대상]-[Zip 파일]을 클릭합니다.

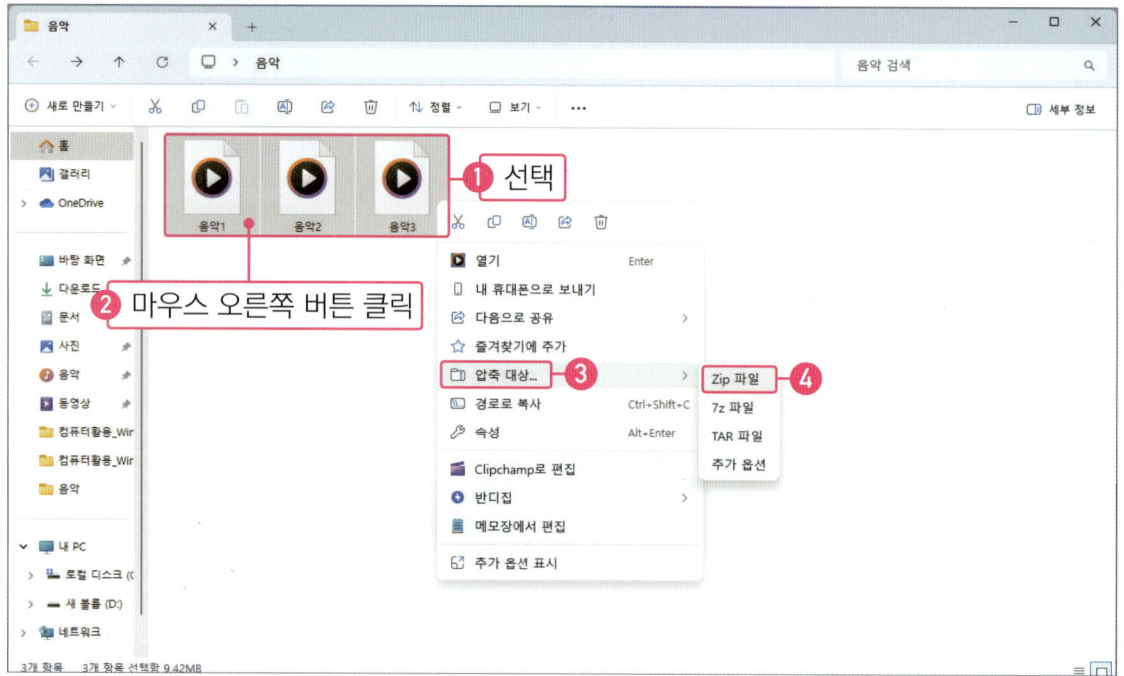

 여러 개의 파일 선택 시 떨어진 파일을 선택할 때는 Ctrl 키를 활용하고, 연속된 파일을 선택할 때는 Shift 키를 활용합니다.

02 '음악1'이라는 압축 파일이 만들어진 것을 확인할 수 있습니다. **압축된 파일을 더블 클릭합니다.**

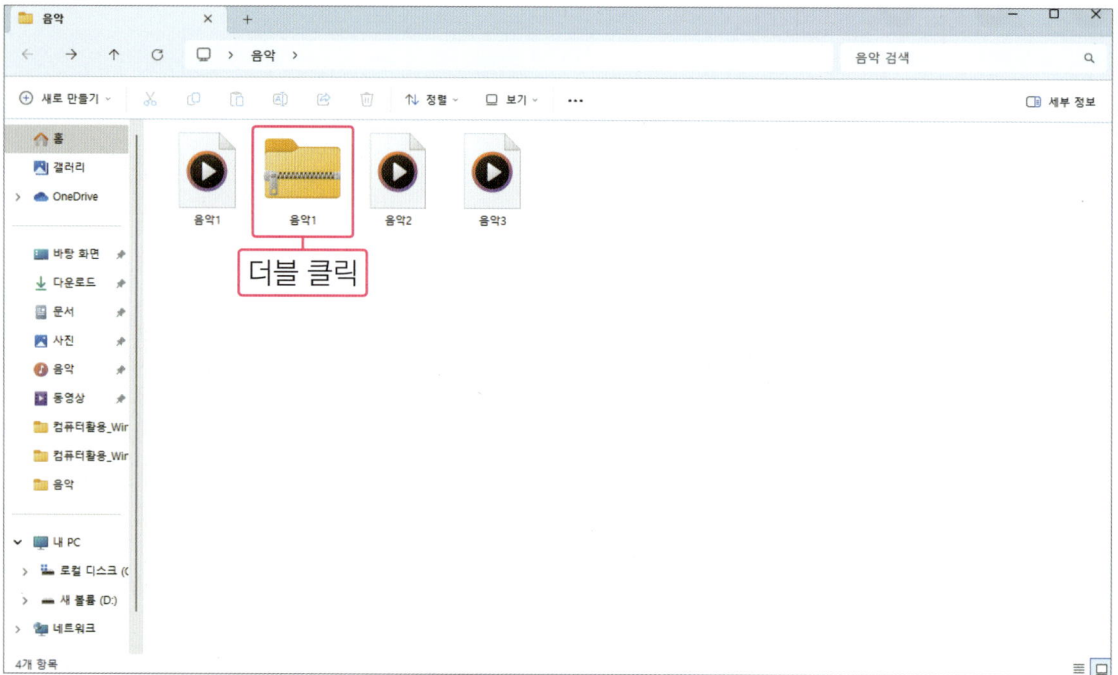

03 압축 파일 내에 음악 파일 세 개가 들어 있는 것을 확인할 수 있습니다.

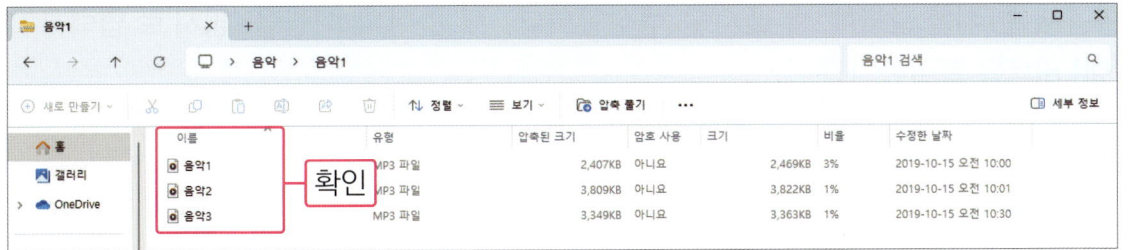

▶ 파일 압축 풀기

01 압축 파일을 선택하면 리본 메뉴에 새로운 탭인 [압축 풀기]가 나타납니다. **[압축 풀기]**를 클릭합니다.

02 [압축(Zip) 폴더 풀기] 대화상자가 나타나면 압축을 풀 위치를 지정하기 위해 **[찾아보기]** 버튼을 클릭합니다.

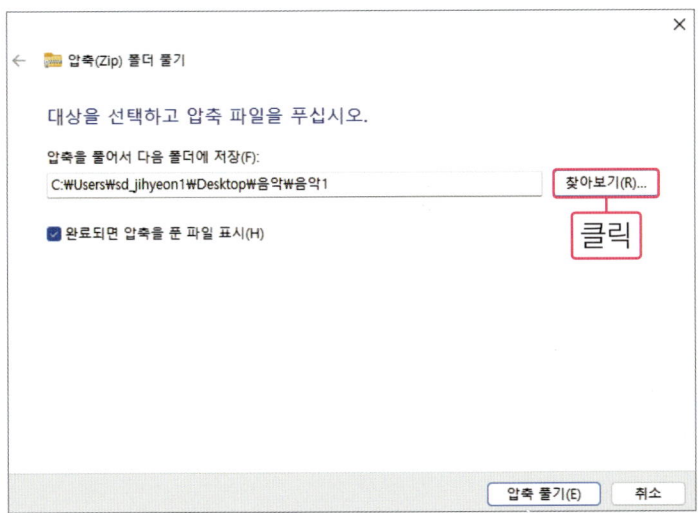

03 [대상을 선택하십시오.] 대화상자가 나타나면 **탐색 창에서 [바탕 화면]을 클릭**하여 위치를 지정한 후 **[새 폴더]를 클릭**해 새 폴더를 생성합니다. 새 폴더의 이름을 '**임시**'로 **입력**하고 **[폴더 선택] 버튼을 클릭**합니다.

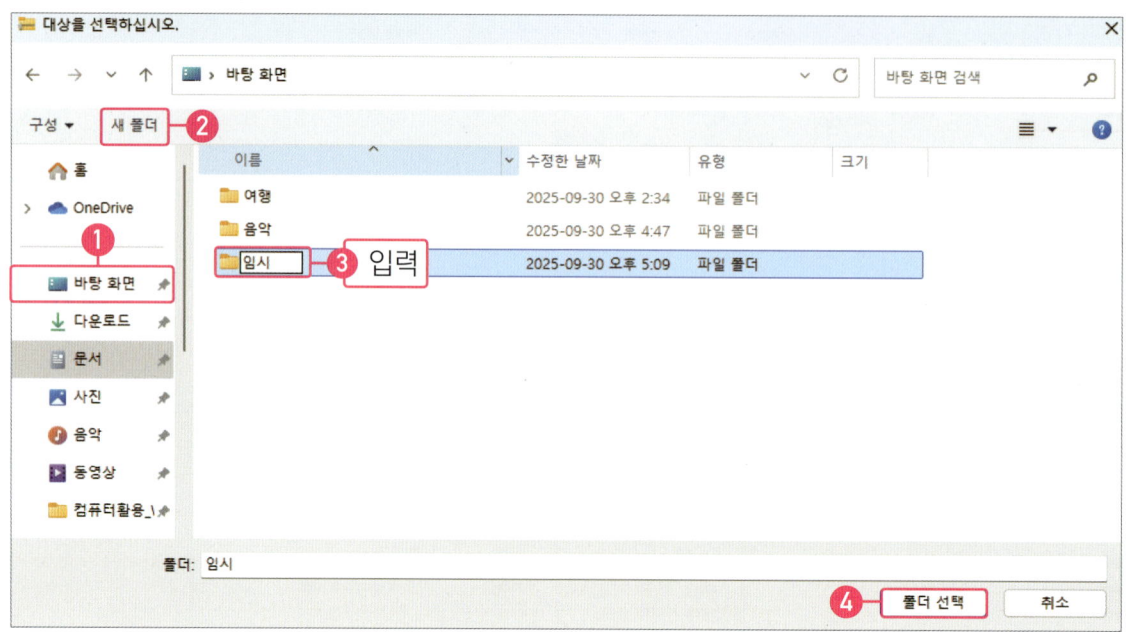

04 [압축(Zip) 폴더 풀기] 대화상자로 돌아오면 변경된 경로를 확인한 후 **[압축 풀기] 버튼을 클릭**합니다. 바탕 화면에 [임시] 폴더가 만들어지고 음악 파일 세 개가 들어 있는 것을 확인합니다.

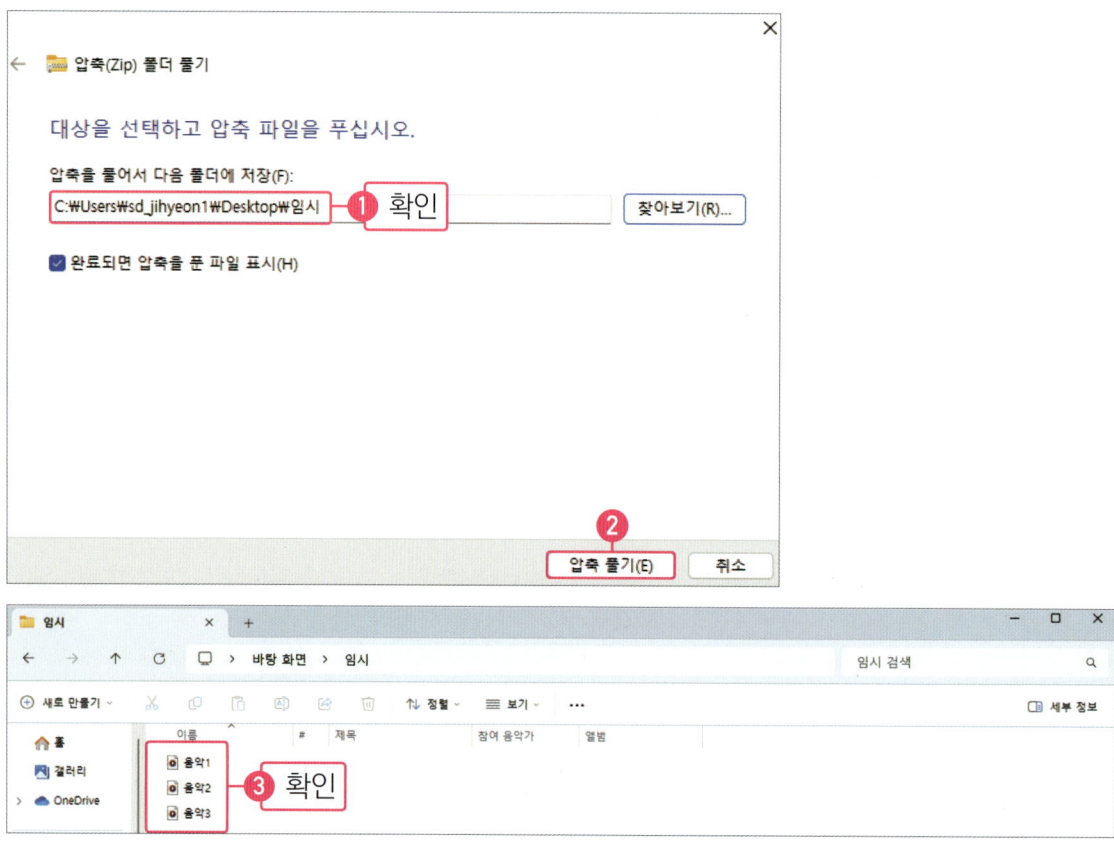

▶ 파일 완전히 삭제하기

휴지통에 들어간 파일은 완전히 삭제된 것이 아니라, 임시로 보관하는 상태입니다. 덕분에 실수로 파일을 삭제했더라도 복원할 수 있습니다. 물론 휴지통을 비워 파일을 완전히 삭제하는 것도 가능합니다.

01 앞에서 만든 [임시] 폴더를 바탕 화면의 ■(휴지통) 아이콘 위로 드래그합니다. 바탕 화면에 있던 [임시] 폴더가 삭제됐습니다. ■(휴지통) 아이콘을 더블 클릭합니다.

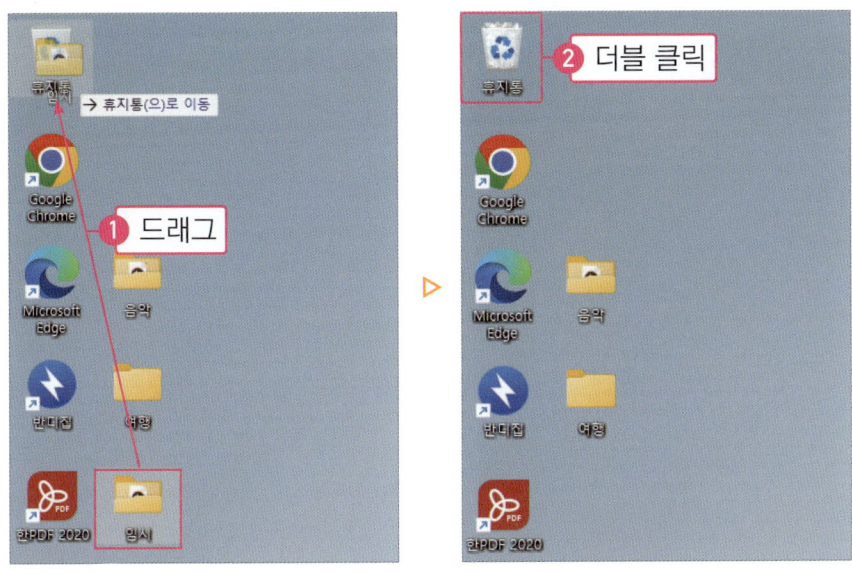

02 [휴지통] 창에 삭제한 [임시] 폴더가 보입니다. [임시] 폴더를 마우스 오른쪽 버튼으로 클릭한 후 ⬚(삭제)를 선택합니다.

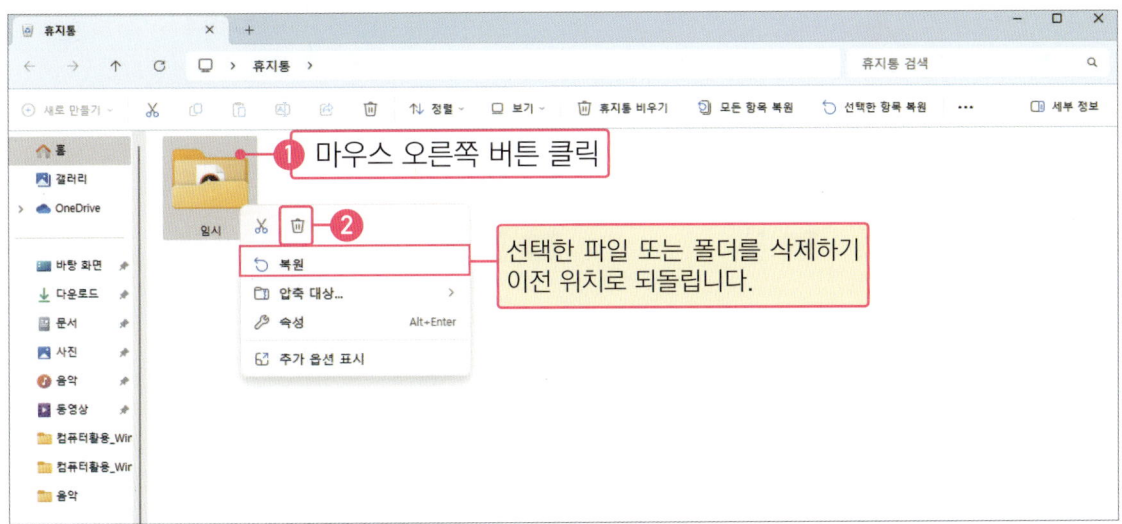

 휴지통을 사용하지 않고도 파일을 완전히 삭제할 수 있습니다. 파일을 선택한 후 Shift + Delete 키를 누르면 휴지통으로 가지 않고 한 번에 완전히 삭제됩니다.

▶ 즐겨찾기에 등록하기

01 바탕 화면에 있는 [여행] 폴더를 더블 클릭합니다. [여행] 폴더 창이 나타나면 안에 [사진 모음]과 [동영상 모음] 폴더를 만듭니다.

02 [사진 모음] 폴더를 마우스 오른쪽 버튼으로 클릭한 후 [즐겨찾기에 고정]을 클릭합니다.

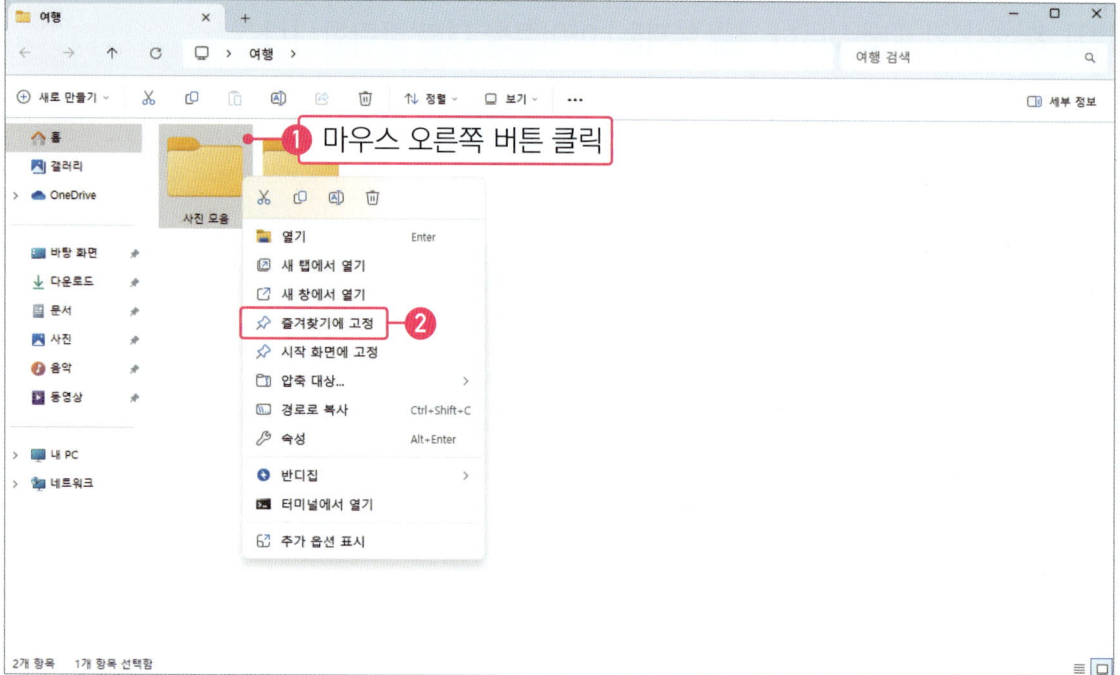

03 탐색 창과 [홈]의 즐겨찾기에 [사진 모음]이 고정된 것을 확인합니다.

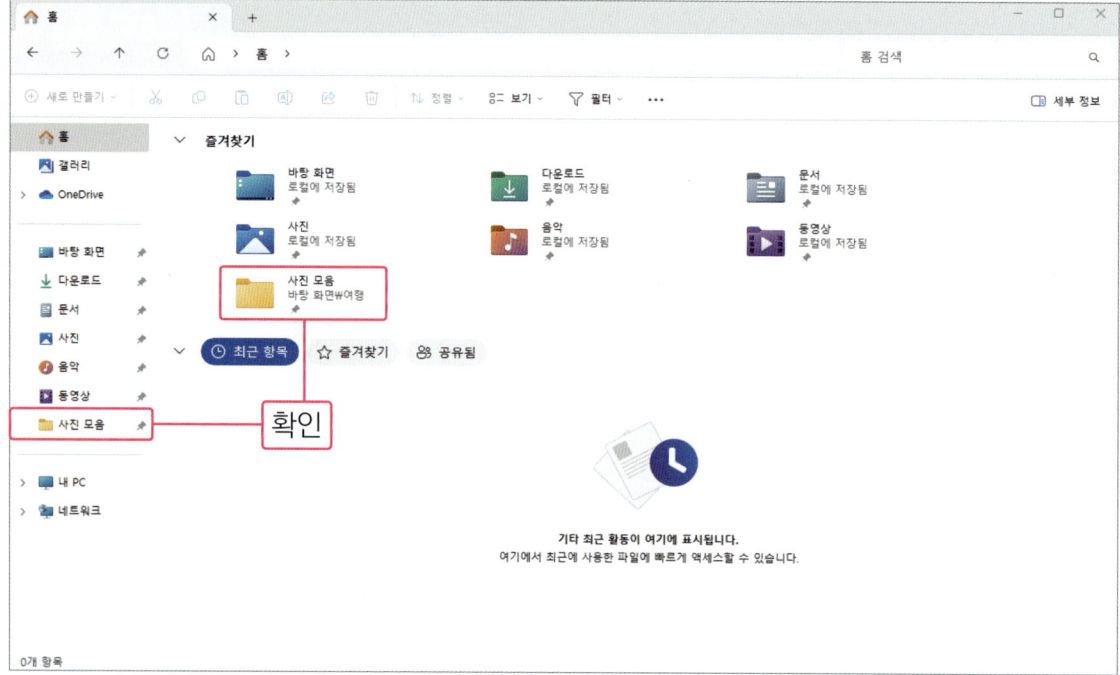

즐겨찾기에서 제거하기

같은 방법으로 제거하고자 하는 폴더를 마우스 오른쪽 버튼으로 클릭한 후 [즐겨찾기에서 제거]를 선택합니다.

▶ 라이브러리에 등록하기

01 바탕 화면의 [음악] 폴더를 마우스 오른쪽 버튼으로 클릭한 후 [추가 옵션 표시]-[라이브러리에 포함]-[음악]을 선택합니다.

02 [파일 탐색기]를 열고 탐색 창의 [라이브러리]에서 **[음악]을 클릭**합니다. **01**에서 연결한 [음악] 폴더의 음악 파일들이 보입니다. 이렇게 다른 위치의 음악 파일을 라이브러리에 연결해 두면 한 곳에서 편하게 볼 수 있습니다.

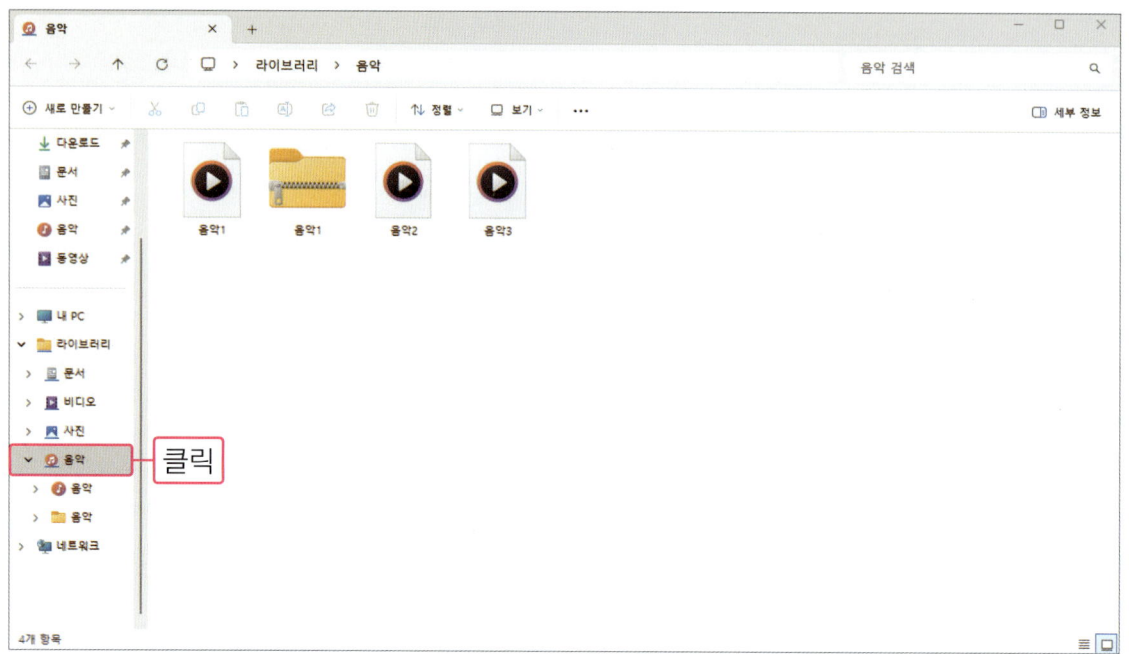

라이브러리 표시

탐색 창에 [라이브러리]가 보이지 않는다면 직접 표시해줘야 합니다. 탐색 창의 빈 공간을 마우스 오른쪽 버튼으로 클릭한 후 [라이브러리 표시]를 클릭합니다.

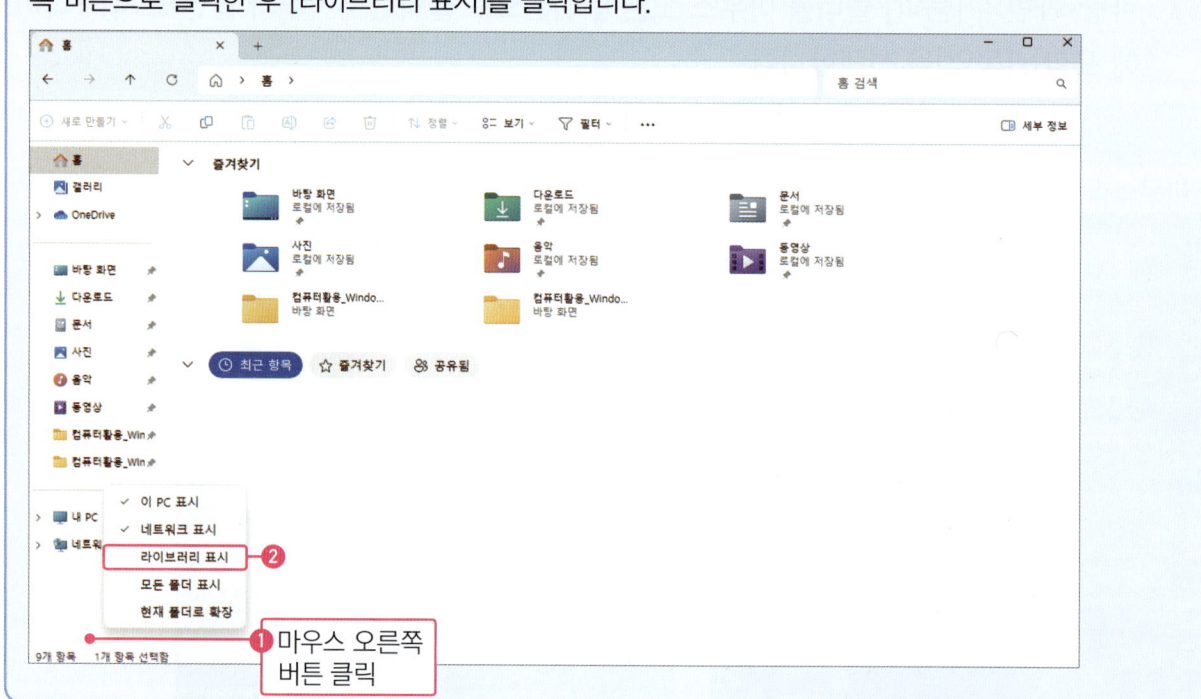

03 기본으로 제공하는 라이브러리 항목 외에도 원하는 항목을 추가로 만들 수 있습니다. 탐색 창의 [라이브러리]를 마우스 오른쪽 버튼으로 클릭한 후 [새로 만들기]-[라이브러리]를 선택합니다.

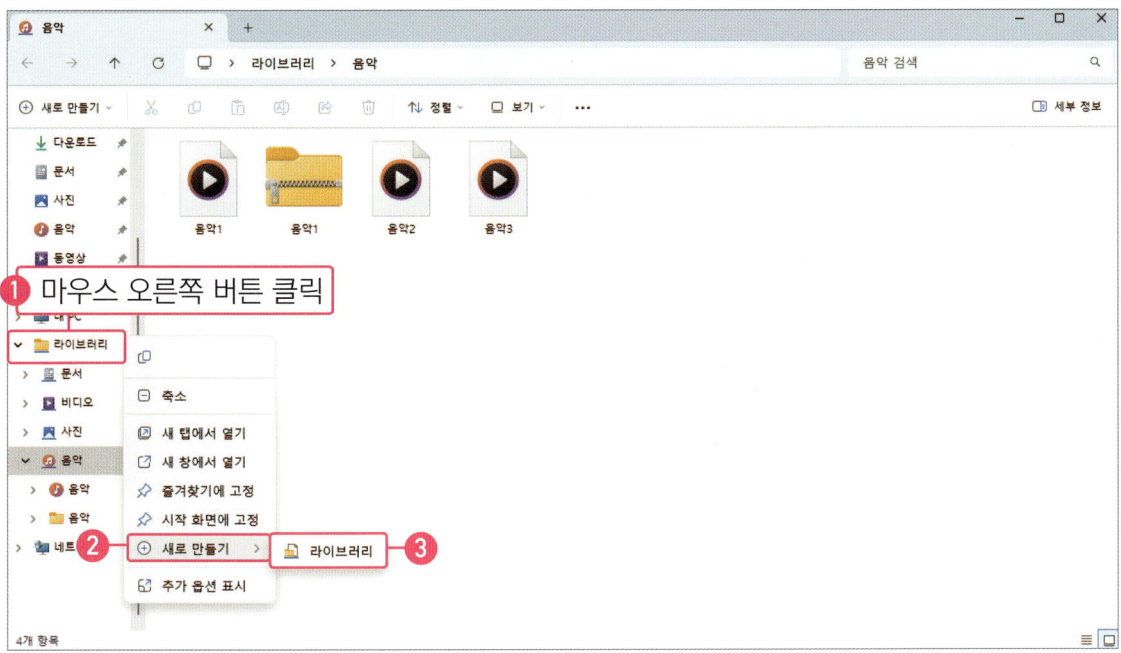

04 라이브러리에 새 항목이 추가됩니다. 이름을 'ppt 모음'으로 변경합니다.

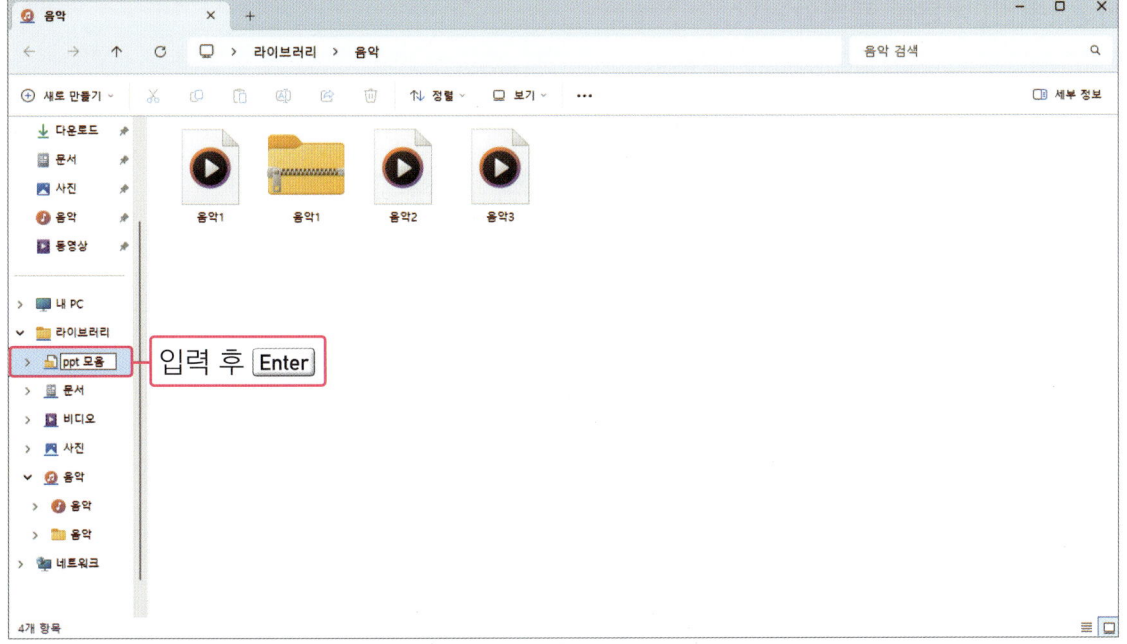

05 탐색 창에서 [라이브러리]를 클릭하면 'ppt 모음'이라는 새 라이브러리가 생긴 것을 확인할 수 있습니다. 흩어져 있는 ppt 자료들을 연결하면 한 곳에서 관리할 수 있습니다.

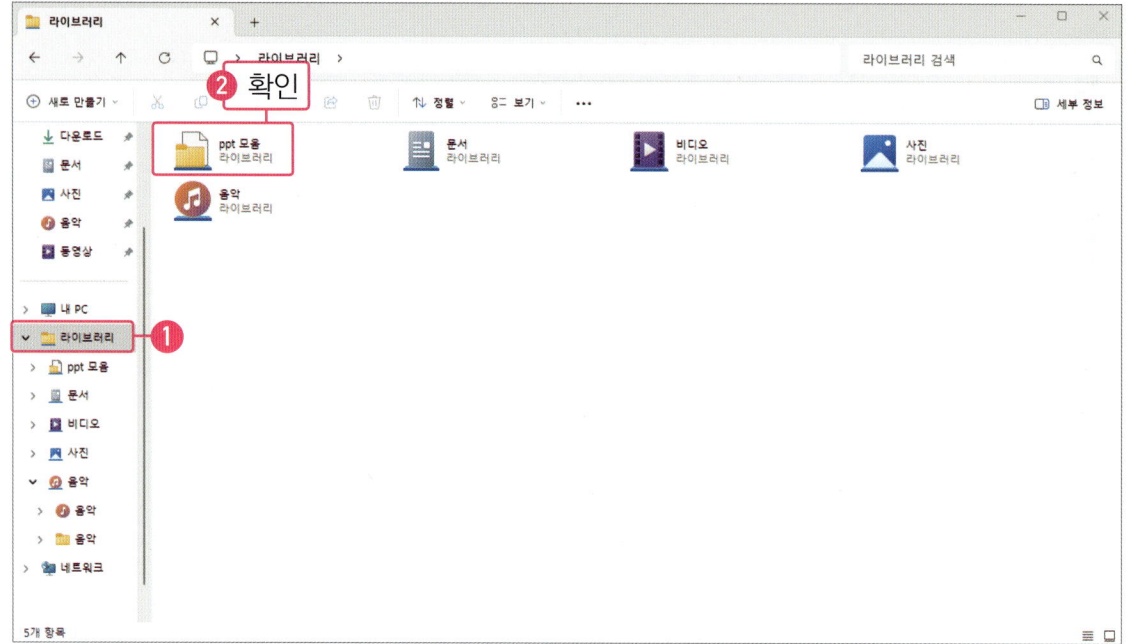

06 라이브러리에 추가한 폴더를 제거하고 싶을 때는 **상위 항목을 마우스 오른쪽 버튼으로 클릭**한 후 [속성]을 선택합니다. [속성] 대화상자에서 **삭제하고 싶은 폴더를 선택**한 후 [제거] 버튼을 클릭하고 [확인] 버튼을 클릭합니다.

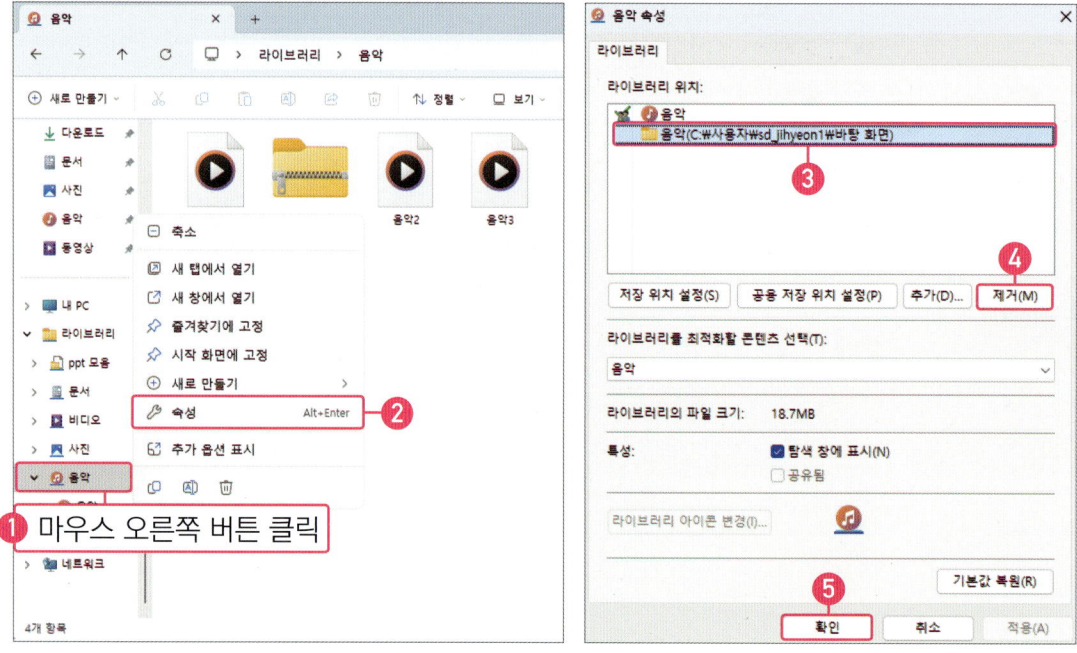

응용력 키우기

01 [예제사진] 폴더 내 사진 파일들을 바탕 화면 [여행] 폴더 내 [사진 모음] 폴더로 복사해 봅니다. [예제동영상] 폴더 내 동영상 파일들은 [동영상 모음] 폴더로 복사해 봅니다.

준비파일 [예제사진] 폴더, [예제동영상] 폴더

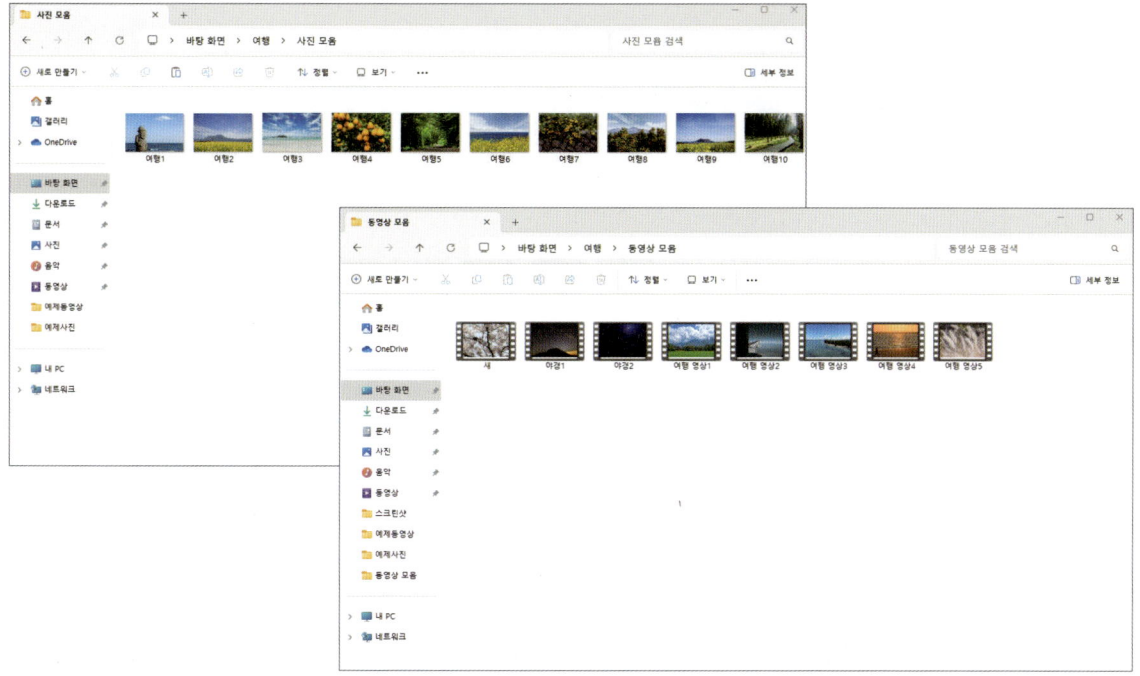

02 01에서 작업한 [사진 모음] 폴더의 사진들을 다음과 같은 작은 아이콘으로 표시하고, 사진을 클릭하여 오른쪽의 미리 보기 창으로 확인해 봅니다.

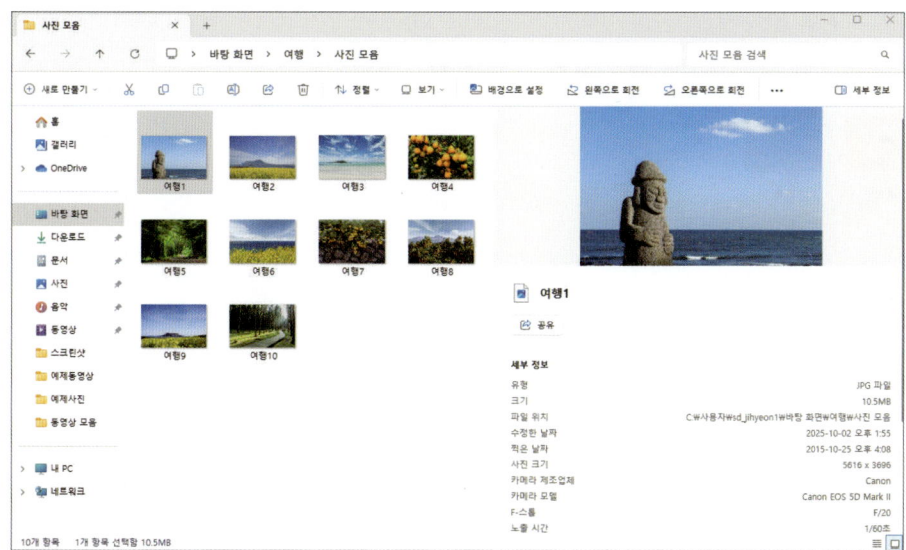

- 작은 아이콘 보기 : 리본 메뉴 [보기] 탭–[작은 아이콘] 클릭
- 미리 보기 창 표시 : 리본 메뉴 [세부 정보] 탭 클릭

03 01에서 작업한 [사진 모음]과 [동영상 모음] 폴더를 각각 라이브러리 안의 '사진'과 '비디오'에 추가해 봅니다.

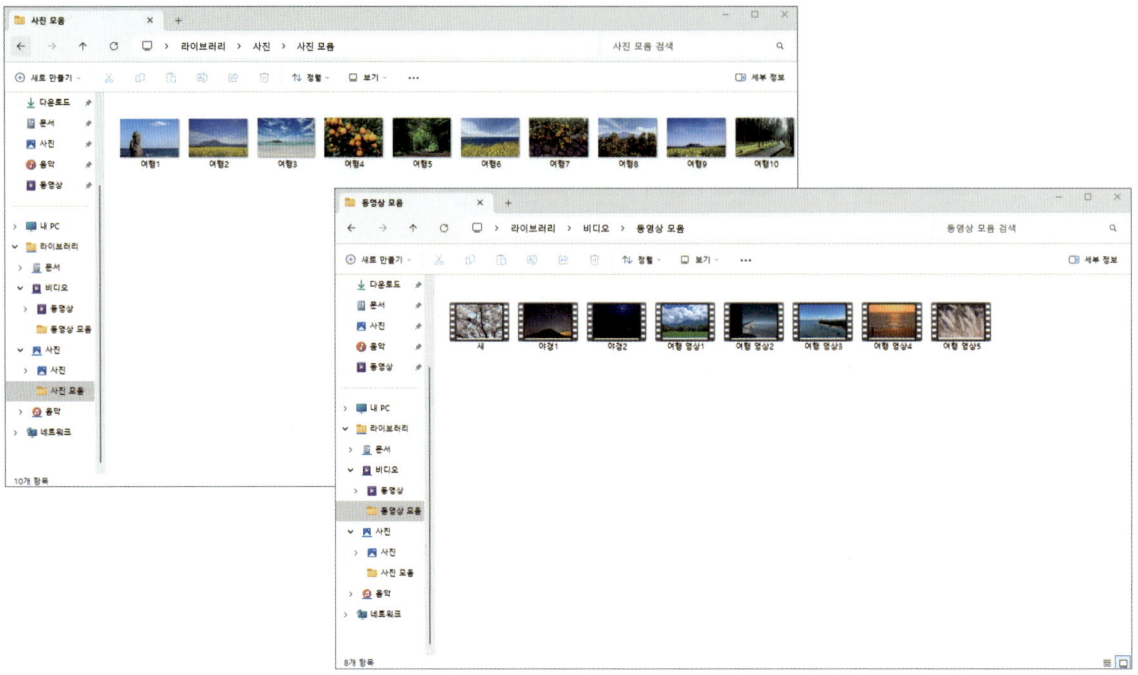

04 바탕 화면에 만든 [음악] 폴더와 [여행] 폴더를 삭제하고 '휴지통 비우기'를 실행해 봅니다.

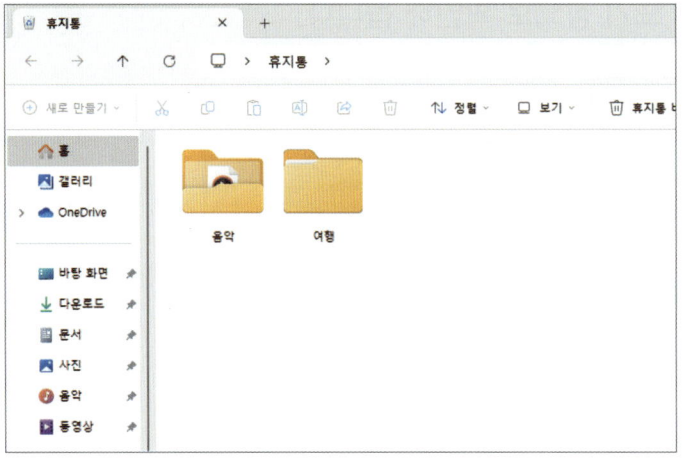

 바탕 화면의 휴지통 아이콘을 마우스 오른쪽 버튼으로 클릭한 후 [휴지통 비우기]를 선택해도 됩니다.

03 바이러스와 보안 점검하기

- 보안 설정
- Windows 업데이트
- 바이러스 검사
- 실시간 보호
- 랜섬웨어 방지
- 백업

미/리/보/기

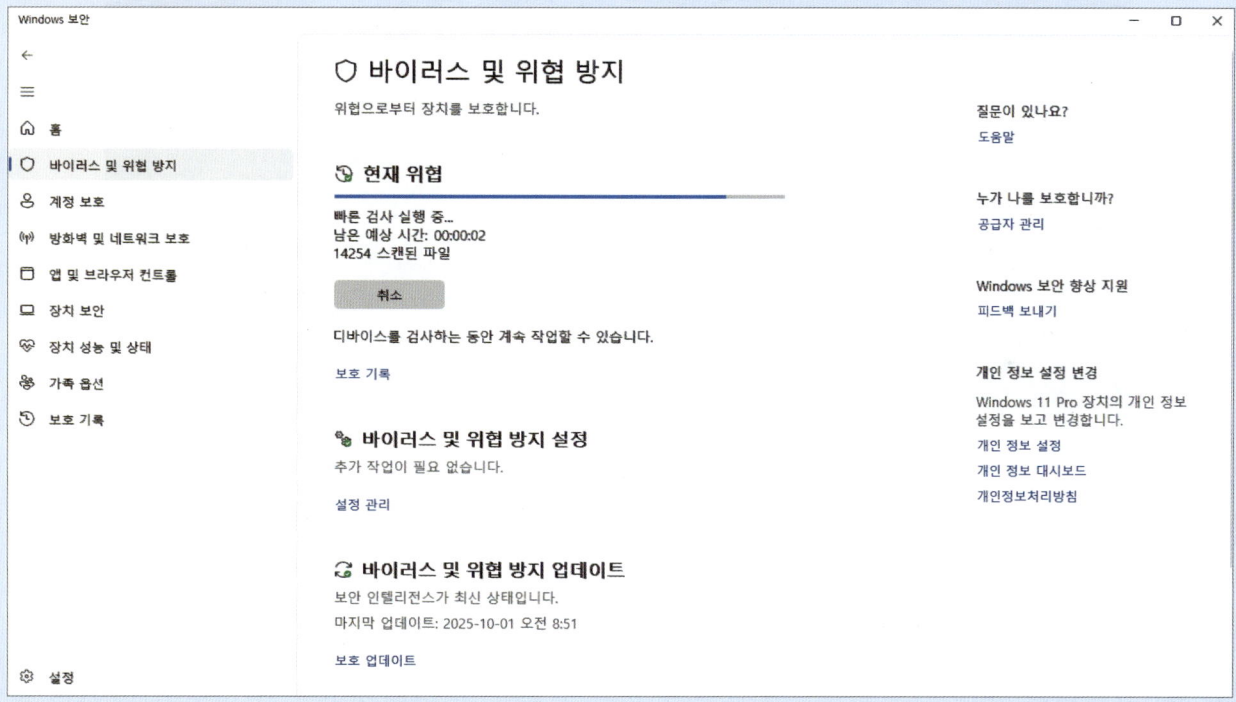

컴퓨터는 언제든 다양한 위험에 노출될 수 있습니다. 다행히 윈도우 11에는 사용자가 시스템을 보호하고 스스로 점검할 수 있는 여러 보안 도구가 내장되어 있습니다. 이번 장에서는 이러한 기능들을 활용하여 내 컴퓨터를 안전하게 관리하는 방법을 살펴보겠습니다.

01 컴퓨터의 문제 원인 분석 및 예방법

▶ 컴퓨터 보안 관리

요즘은 대부분의 사람들이 인터넷을 하기 위해 컴퓨터를 사용합니다. 인터넷은 전 세계의 컴퓨터를 서로 연결하는 네트워크이기 때문에 컴퓨터도 인터넷 사용을 통해 바이러스나 악성 프로그램에 쉽게 노출될 수 있습니다. 가벼운 경우에는 인터넷 속도가 느려지는 정도에 그치지만, 심하면 중요한 데이터가 삭제되거나 해킹 등의 문제가 발생할 수 있습니다.

컴퓨터가 위험에 노출되는 이유가 바이러스 때문만은 아닙니다. 모든 기계가 그러듯이 컴퓨터의 프로그램과 운영체제에도 결함이나 취약점이 있을 수 있습니다. 일부 소프트웨어는 시스템 자원을 과도하게 사용하거나 외부 침투에 취약한 보안 결함을 갖고 있을 수 있으며 특정 프로그램이 정상적으로 실행되지 않을 수도 있습니다. 다행히 이러한 문제들은 업데이트를 통해 해결할 수 있습니다. 마이크로소프트에서는 보고된 결함을 모니터링하고 수시로 업데이트 파일을 제공하여 사용자가 최신 상태를 유지하도록 돕습니다. 이를 통해 신종 바이러스로부터도 비교적 안전하게 컴퓨터를 보호할 수 있습니다.

▶ Windows 보안

컴퓨터를 안전하게 사용하려면 예방이 가장 중요합니다. 백신 프로그램을 설치하면 실시간으로 바이러스를 감시하고 감염된 파일을 치료할 수 있습니다. 하지만 대부분의 백신 프로그램은 유료이며, 일부 프로그램은 용량이 커서 저사양 컴퓨터에서는 성능에 부담을 줄 수도 있습니다. 윈도우 11에는 기본적으로 Windows 보안 백신이 포함되어 있습니다. 이 기본 백신만으로도 충분히 컴퓨터를 안전하게 지킬 수 있습니다.

❶ **바이러스 및 위협 방지** : 컴퓨터에 존재할 수 있는 바이러스, 악성코드, 해킹 도구 등을 검사하고 실시간으로 감시하는 기능입니다.

❷ **계정 보호** : 마이크로소프트 계정과 연동하여 개인 정보와 로그인 정보를 안전하게 관리할 수 있는 기능입니다. 윈도우 로그인 시 암호 외에도 PIN, 생체 인식 등 다양한 보안 옵션을 제공합니다.

❸ **방화벽 및 네트워크 보호** : 네트워크를 통한 외부 공격이나 무단 접근을 차단하는 방화벽 설정 기능입니다. 허용하지 않은 네트워크 연결로부터 컴퓨터를 보호합니다.

❹ **앱 및 브라우저 컨트롤** : 윈도우에 설치된 프로그램과 웹 브라우저(마이크로소프트 엣지)를 관리하고 설정할 수 있는 기능입니다. 앱 실행 권한을 제어하고 인터넷 사용 시 보안 위험을 줄이는 데 도움을 줍니다.

❺ **장치 보안** : 윈도우가 설치된 컴퓨터 자체의 하드웨어 및 시스템 보안 상태를 관리하는 기능입니다. 특히 노트북이나 완제품 PC에는 주요 보안 기능이 활성화되어 장치를 보다 안전하게 보호합니다.

❻ **장치 성능 및 상태** : 윈도우 설치 장치의 성능과 상태를 모니터링하고 문제 발생 시 사용자에게 보고하는 기능입니다.

❼ **가족 옵션** : 가족 구성원이 컴퓨터를 안전하게 사용할 수 있도록 사용 시간, 인터넷 접속, 앱 사용 등을 제한하고 관리하는 기능입니다.

❽ **보호 기록** : 컴퓨터 내장 백신이 악성코드나 바이러스의 존재를 기록하고 필요 시 이를 자동으로 제거하는 기능입니다.

▶ 파일 히스토리 백업

컴퓨터를 완벽하게 설정해도 모든 위험을 막을 수 있는 방법은 없습니다. 저장 장치가 과열로 손상될 수 있고 사용자의 실수나 바이러스 때문에 중요한 데이터가 삭제될 수도 있습니다. 최근에는 랜섬웨어처럼 파일을 암호화하고 복호화 비용을 요구하는 악성 프로그램도 등장하고 있어 백신이나 업데이트만으로는 대응할 수 없는 상황도 생깁니다.

따라서 중요한 데이터는 항상 백업을 통해 안전하게 보관하는 것이 필수입니다. 데이터가 손실되더라도 최근 백업본을 이용하면 손쉽게 복구할 수 있습니다. 윈도우 11에서는 파일 히스토리 기능을 통해 사용자가 만든 파일의 버전을 자동으로 기록하고 보관할 수 있어 언제든지 이전 상태로 되돌릴 수 있습니다. 이렇게 하면 바이러스나 사고로 인한 데이터 손실에도 대비할 수 있습니다.

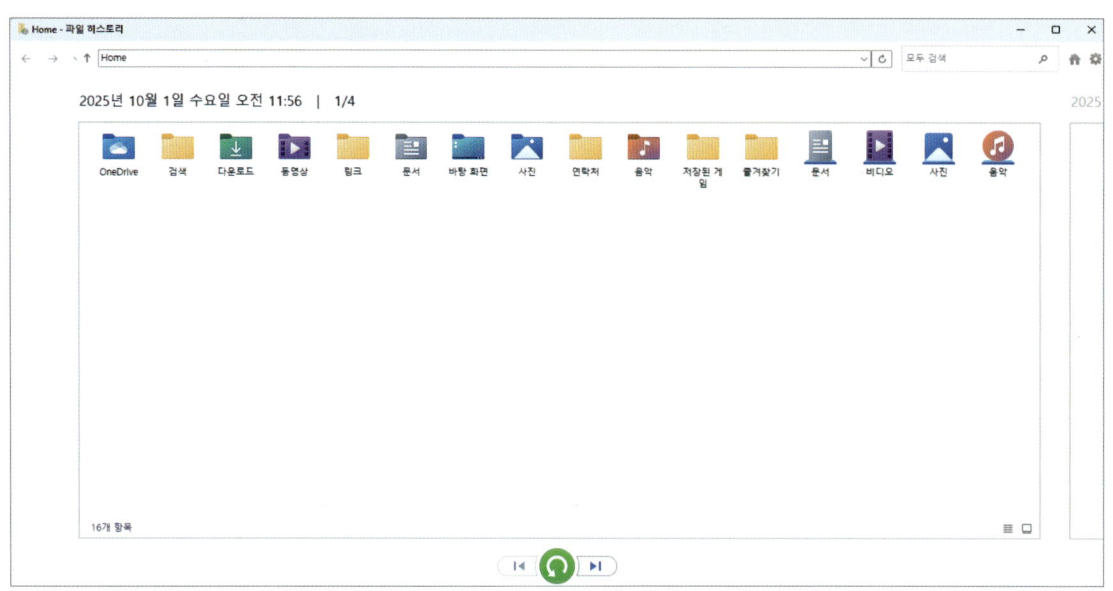

02 컴퓨터 안전하게 지키기

▶ 윈도우 보안 설정 살펴보기

01 [시작()]-[설정]을 클릭합니다. [설정] 창에서 [Windows 업데이트]를 클릭합니다.

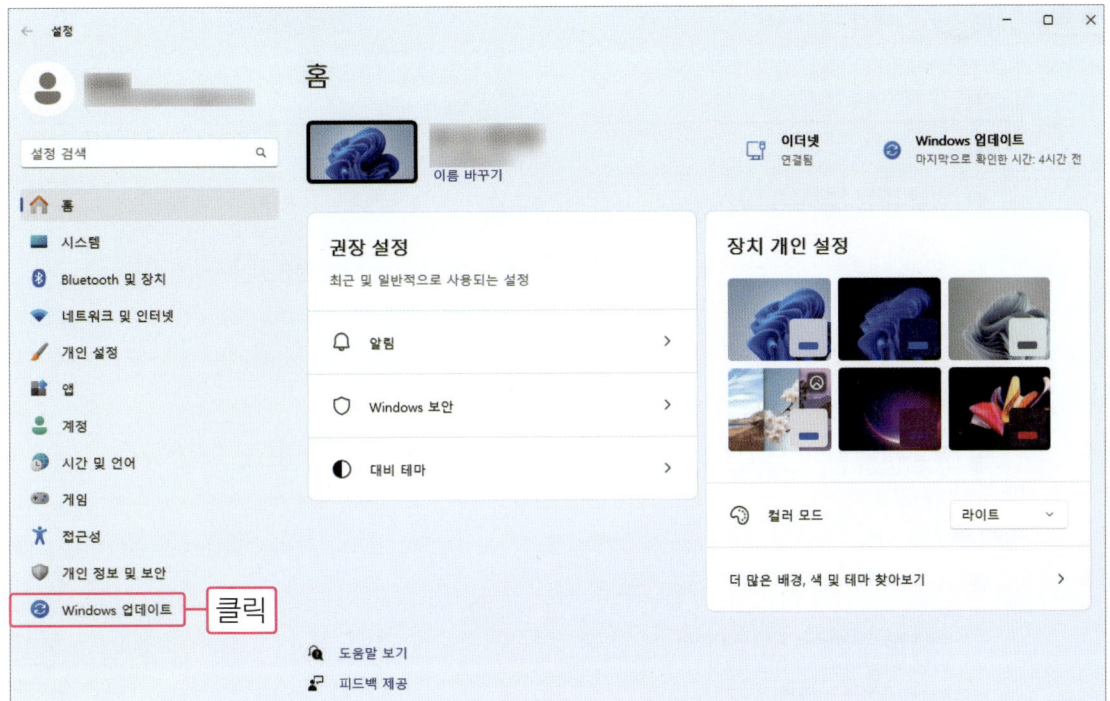

02 Windows 업데이트와 관련된 항목들이 보입니다. 윈도우 11은 자동으로 업데이트를 진행합니다. 사용자가 일부러 할 필요는 없지만 마지막 업데이트 날짜가 오래된 것 같다면 [업데이트 확인] 버튼을 클릭합니다.

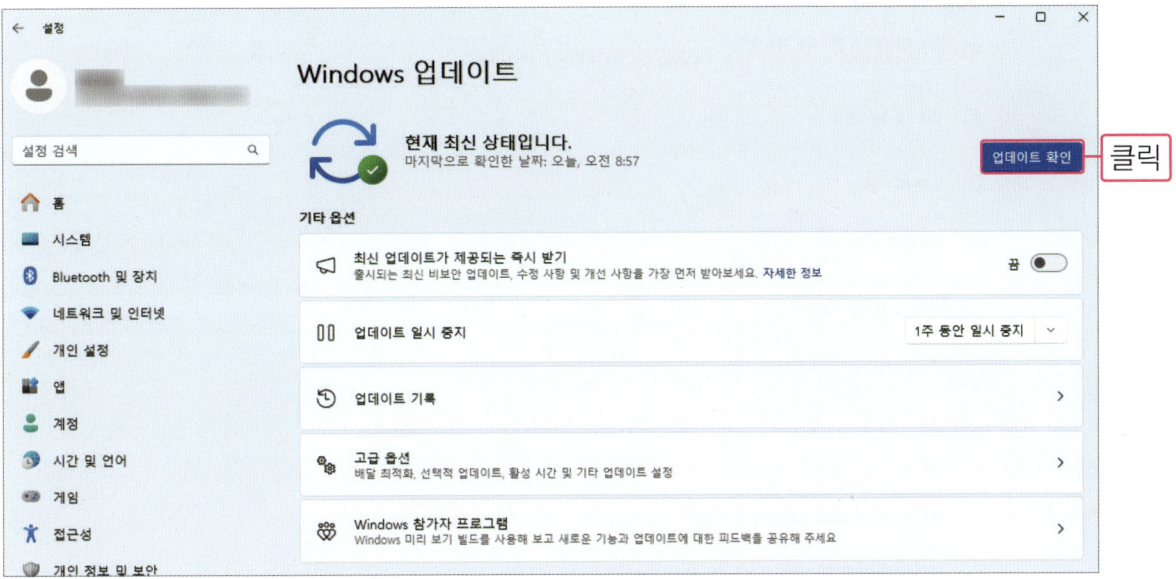

03 업데이트 항목이 있다면 설치가 진행됩니다. 업데이트에 따라 컴퓨터를 재부팅해야 할 수도 있습니다. [업데이트 일시 중지]-[1주 동안 일시 중지]를 클릭합니다. 말 그대로 일주일간 업데이트를 하지 않습니다. 일주일이 지나면 다시 작동합니다.

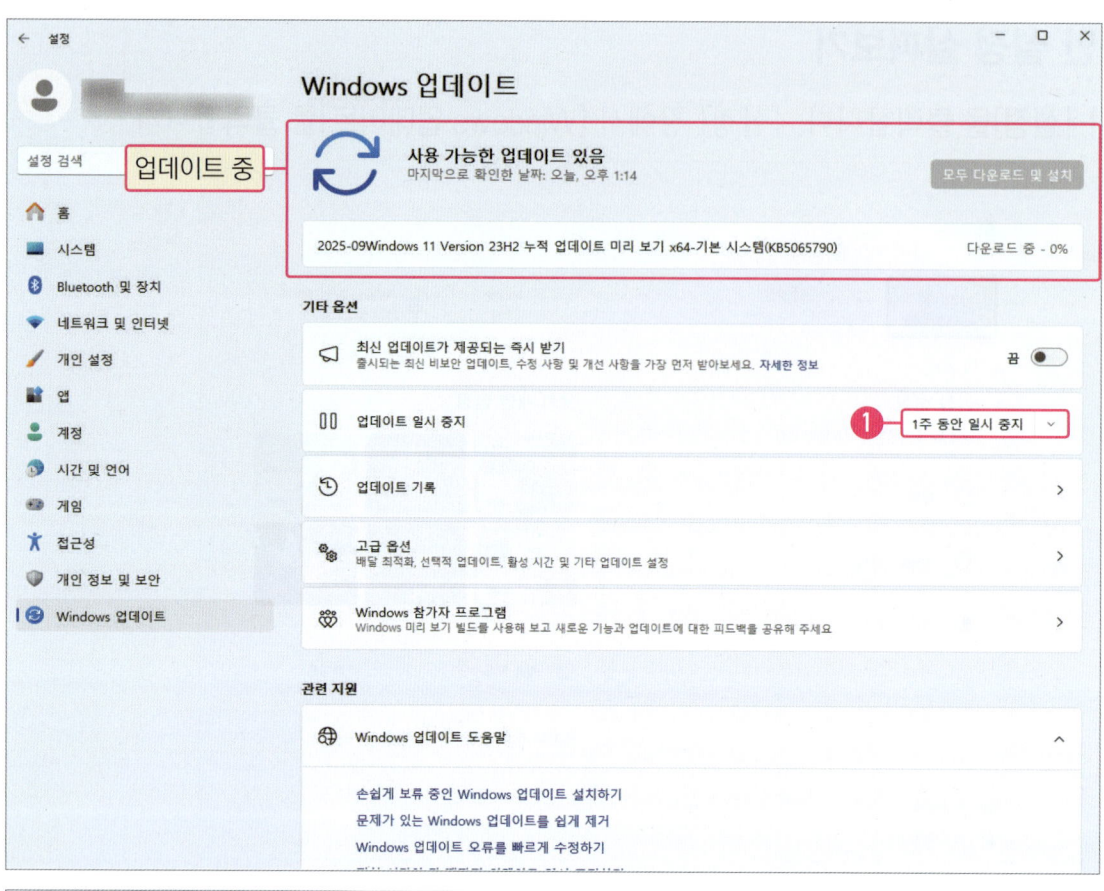

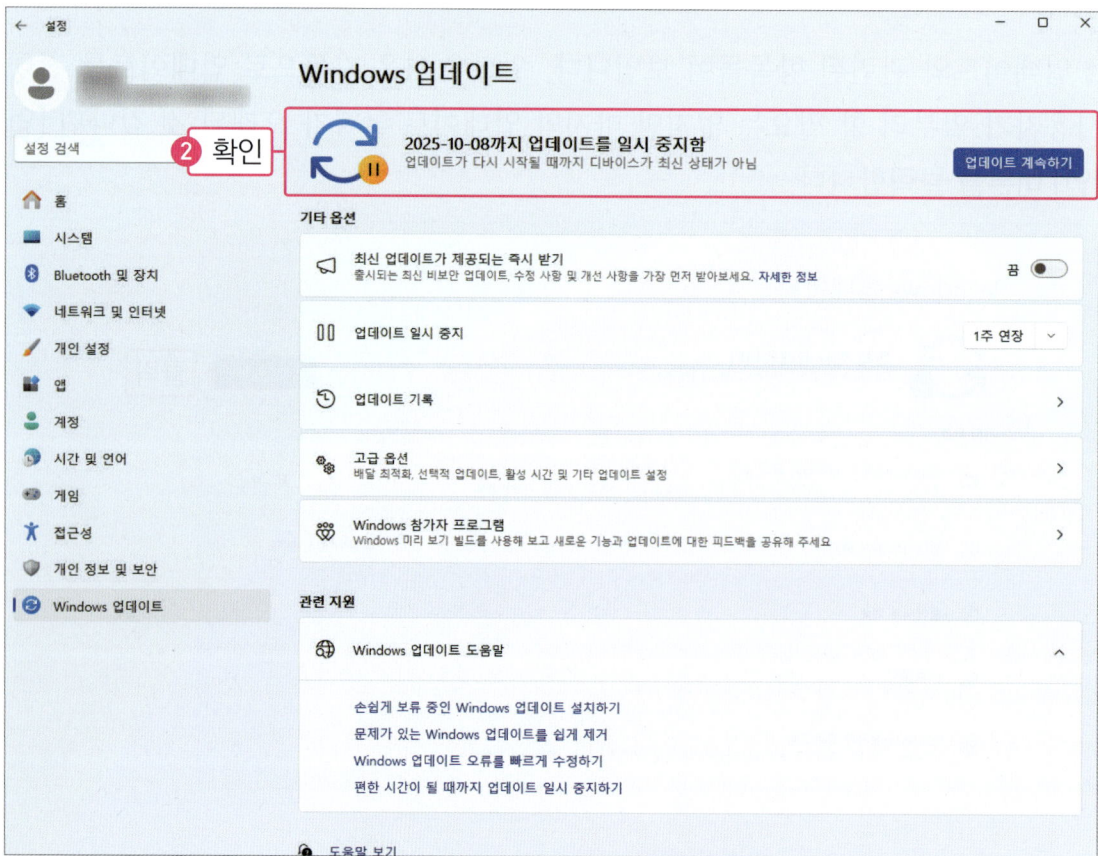

04 [업데이트 계속하기] 버튼을 클릭하여 일시 중지를 취소합니다. 컴퓨터를 사용하는 동안에는 재부팅을 못하도록 설정하기 위해 [고급 옵션]-[사용 시간]을 클릭합니다.

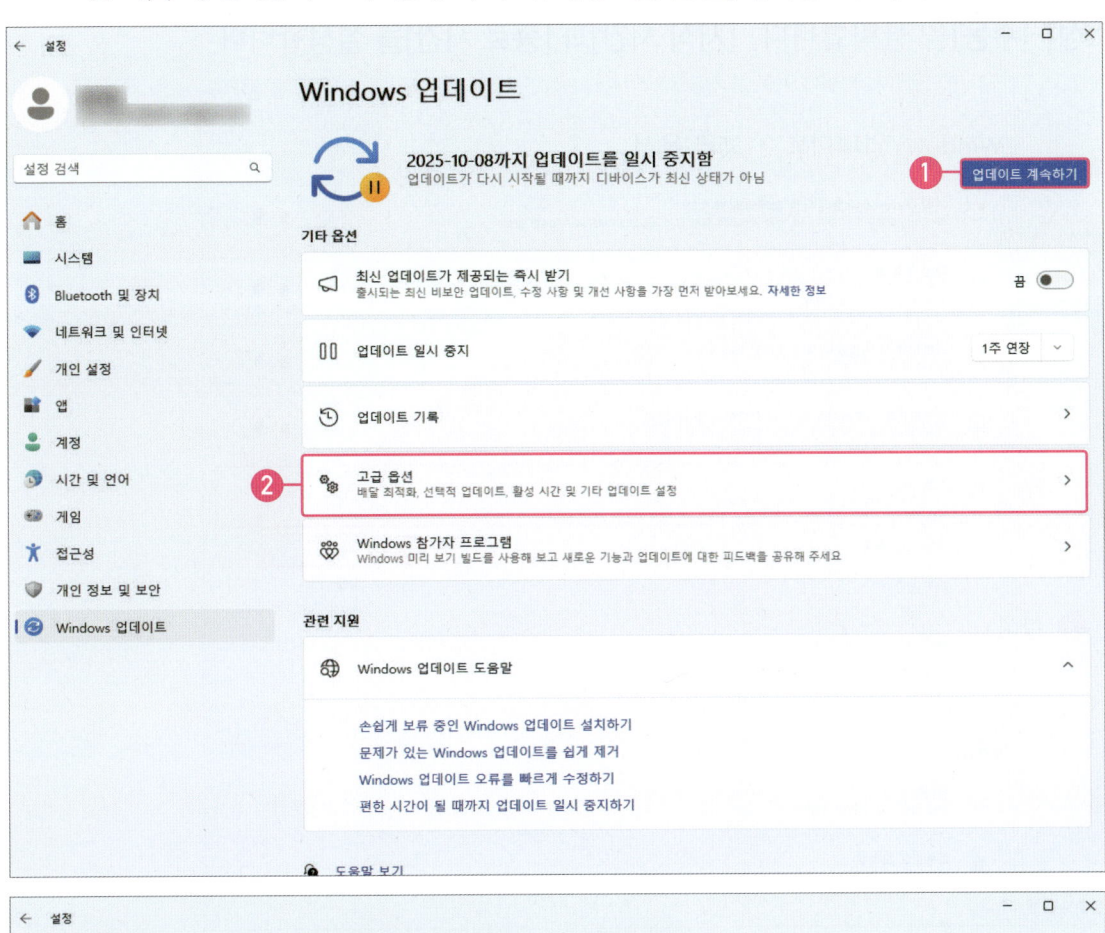

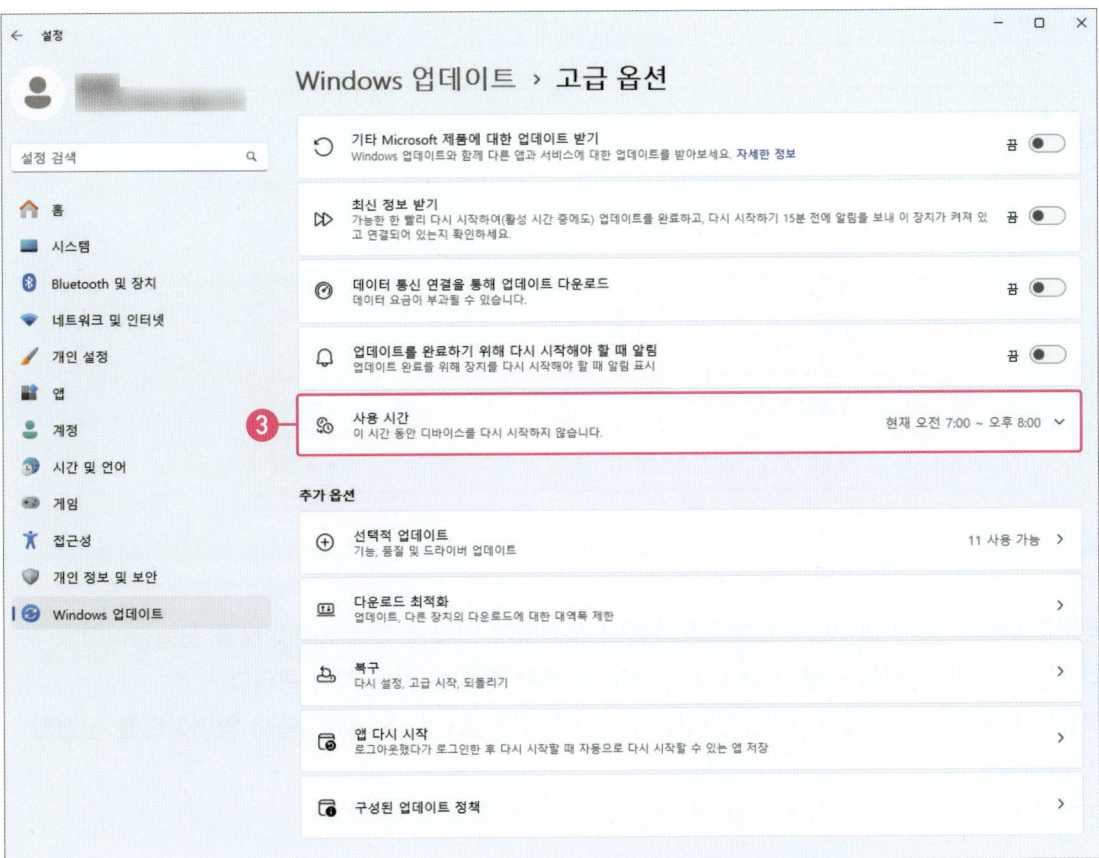

05 윈도우 11은 사용자의 컴퓨터 사용 시간을 분석해 그 시간에 자동으로 업데이트를 하지 못하게 되어 있습니다. 원하는 시간에만 업데이트를 못 하게 하고 싶다면 [사용 시간]-[사용 시간 조정]-[수동]을 클릭합니다. [시작 시간]과 [종료 시간]을 설정합니다.

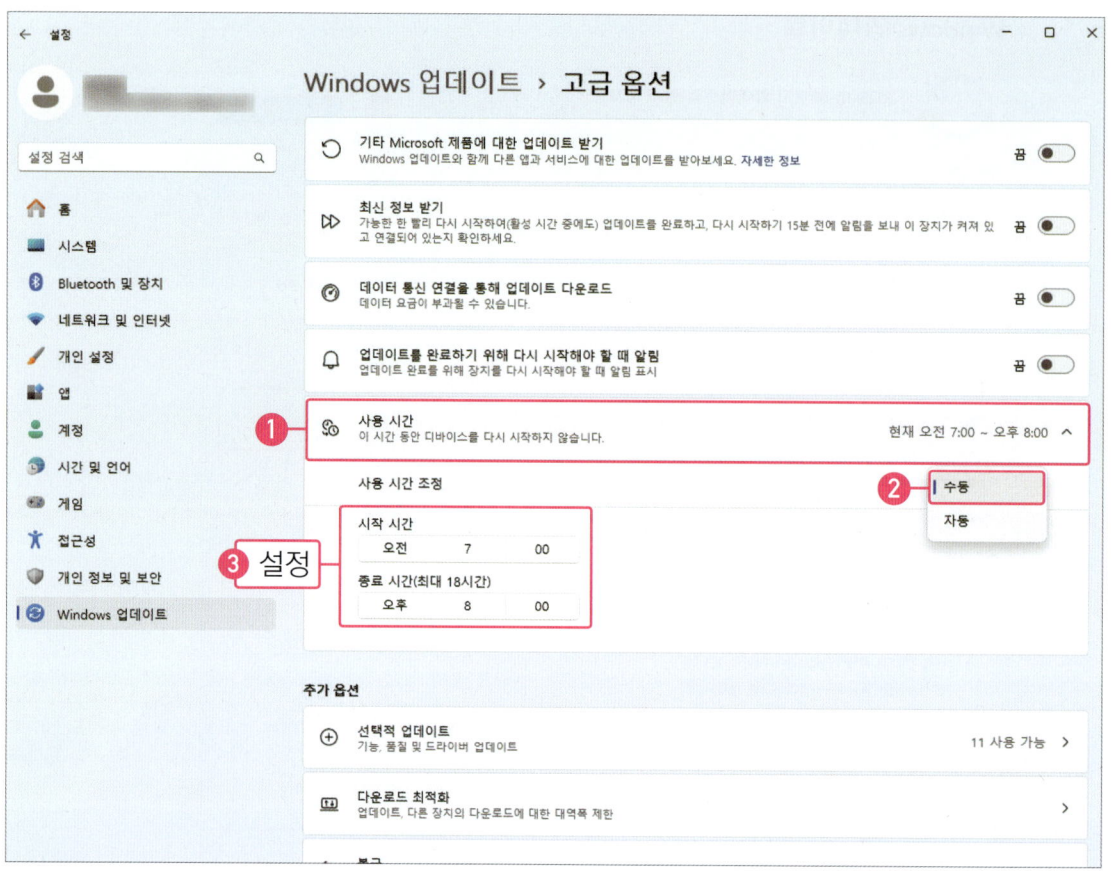

잠깐 고급 옵션

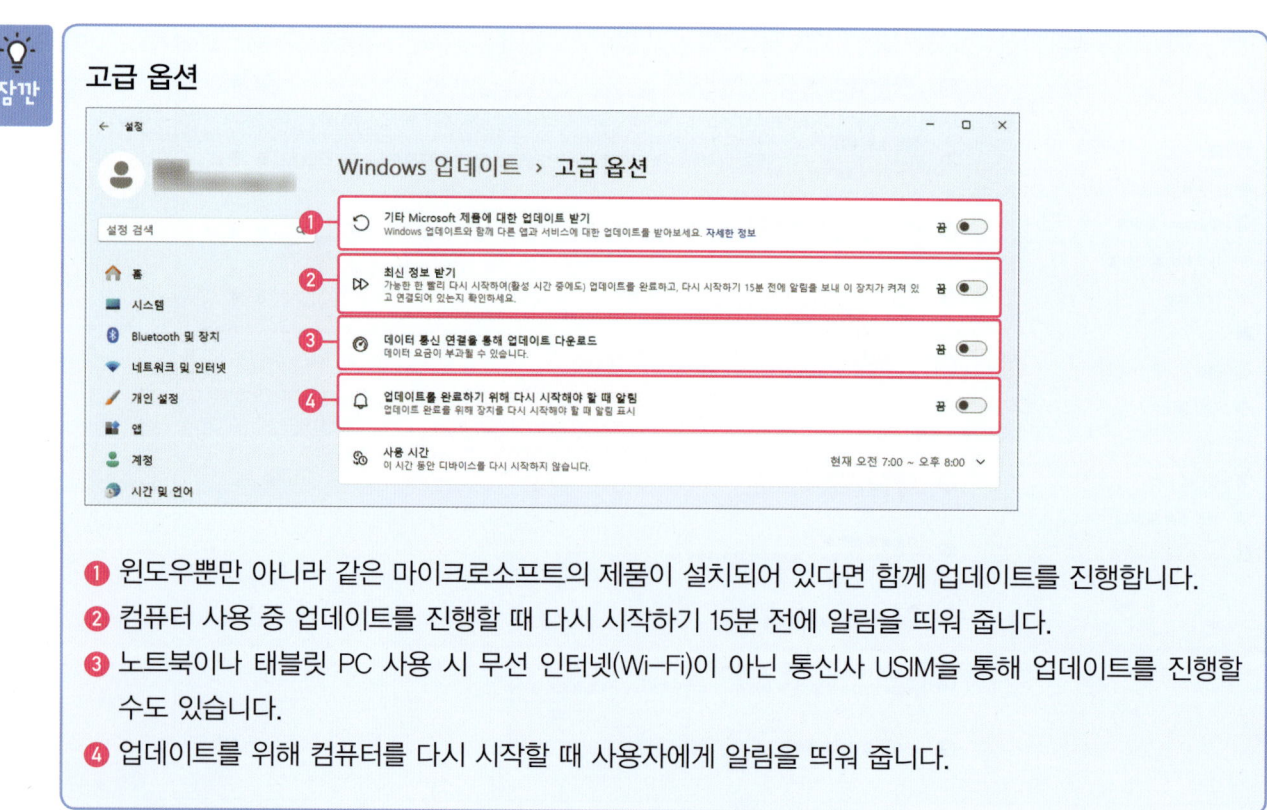

❶ 윈도우뿐만 아니라 같은 마이크로소프트의 제품이 설치되어 있다면 함께 업데이트를 진행합니다.
❷ 컴퓨터 사용 중 업데이트를 진행할 때 다시 시작하기 15분 전에 알림을 띄워 줍니다.
❸ 노트북이나 태블릿 PC 사용 시 무선 인터넷(Wi-Fi)이 아닌 통신사 USIM을 통해 업데이트를 진행할 수도 있습니다.
❹ 업데이트를 위해 컴퓨터를 다시 시작할 때 사용자에게 알림을 띄워 줍니다.

▶ 보안 앱 다루기

간혹 컴퓨터가 의심스럽다면 보안 기능들이 잘 작동하고 있는지 확인해 볼 필요가 있습니다.

01 [개인 정보 및 보안]-[Windows 보안]을 선택합니다.

02 보안에 관련된 항목들이 보입니다. 윈도우가 자체적으로 보호하고 있는 영역의 현재 상태를 보여 줍니다. 이 영역들을 실시간으로 감시하면서 이상 징후가 나타나면 '작업이 권장됩니다.'라고 메시지를 띄웁니다.

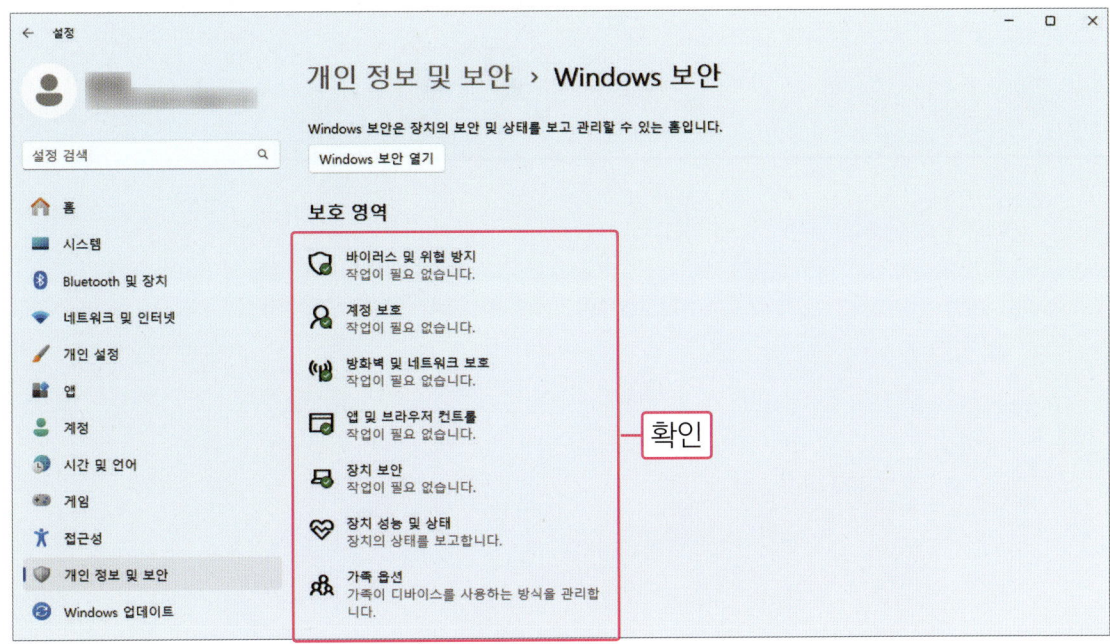

▶ 바이러스 및 위협 방지하기

01 [Windows 보안 열기] 버튼을 클릭합니다.

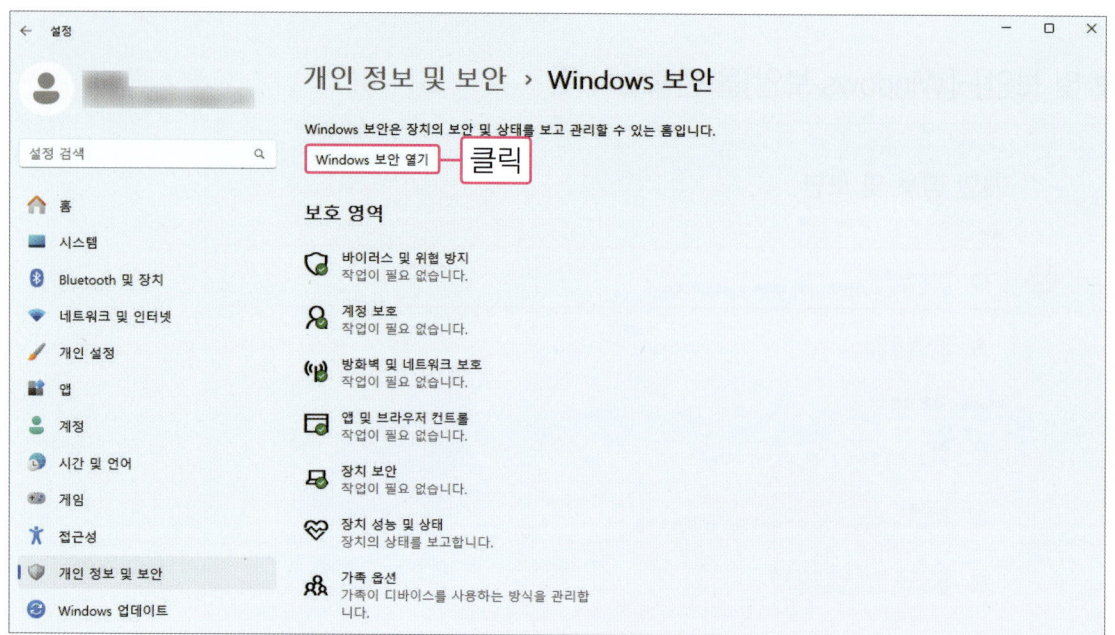

- 작업 표시줄 오른쪽에 ⌃(숨겨진 아이콘 표시)를 클릭하면 'Windows 보안'으로 한 번에 갈 수 있는 아이콘이 있습니다.

- 'Windows 보안'은 설정이 아니라 별도의 앱입니다. 그래서 작업 표시줄을 보면 ⚙(설정)과는 다른 앱 아이콘이 나타납니다.

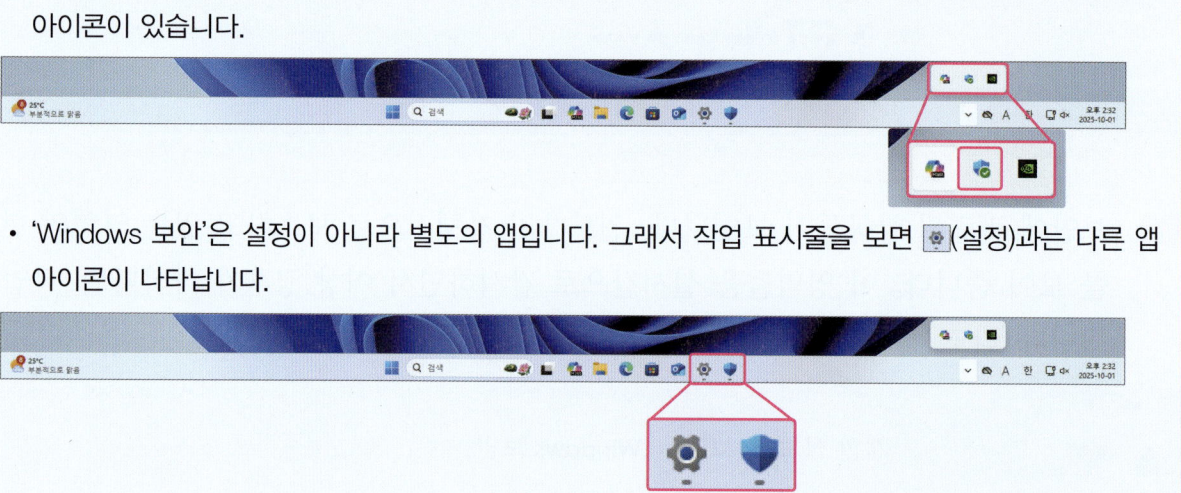

02 [Windows 보안] 창이 나타나면 [바이러스 및 위협 방지]를 선택합니다.

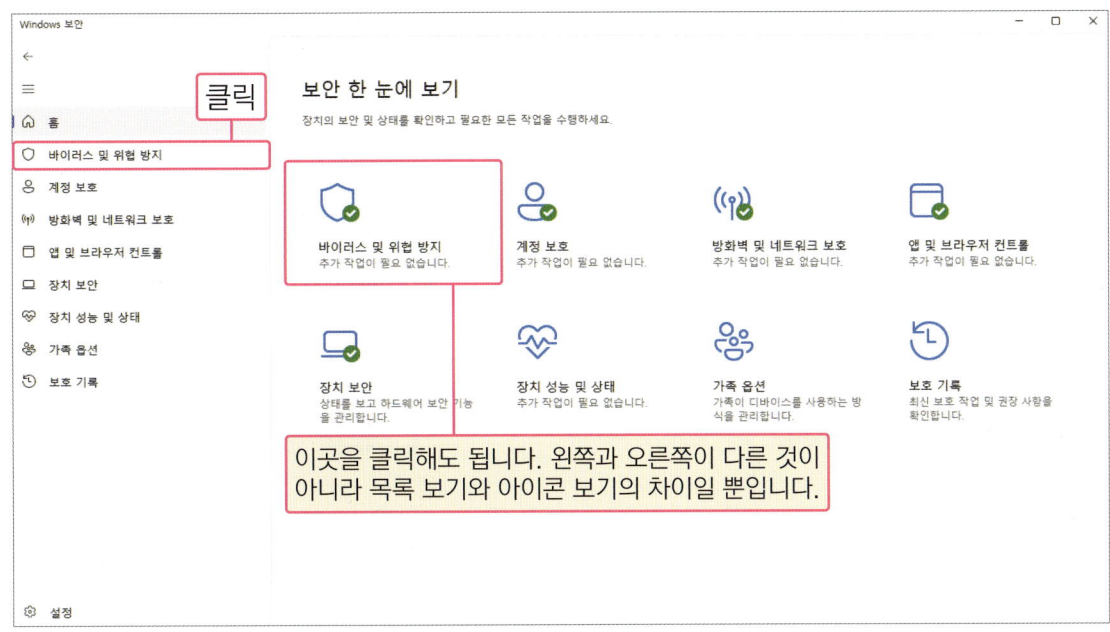

03 [현재 위협]을 보면 내 컴퓨터에 바이러스가 있는지 여부를 보여줍니다. 사용자가 특별히 신경 쓰지 않아도 자동으로 작업을 수행합니다. 직접 검사를 실행하려면 [빠른 검사] 버튼을 클릭합니다. 내 컴퓨터의 저장 장치를 빠르게 스캔하면서 바이러스를 검출합니다.

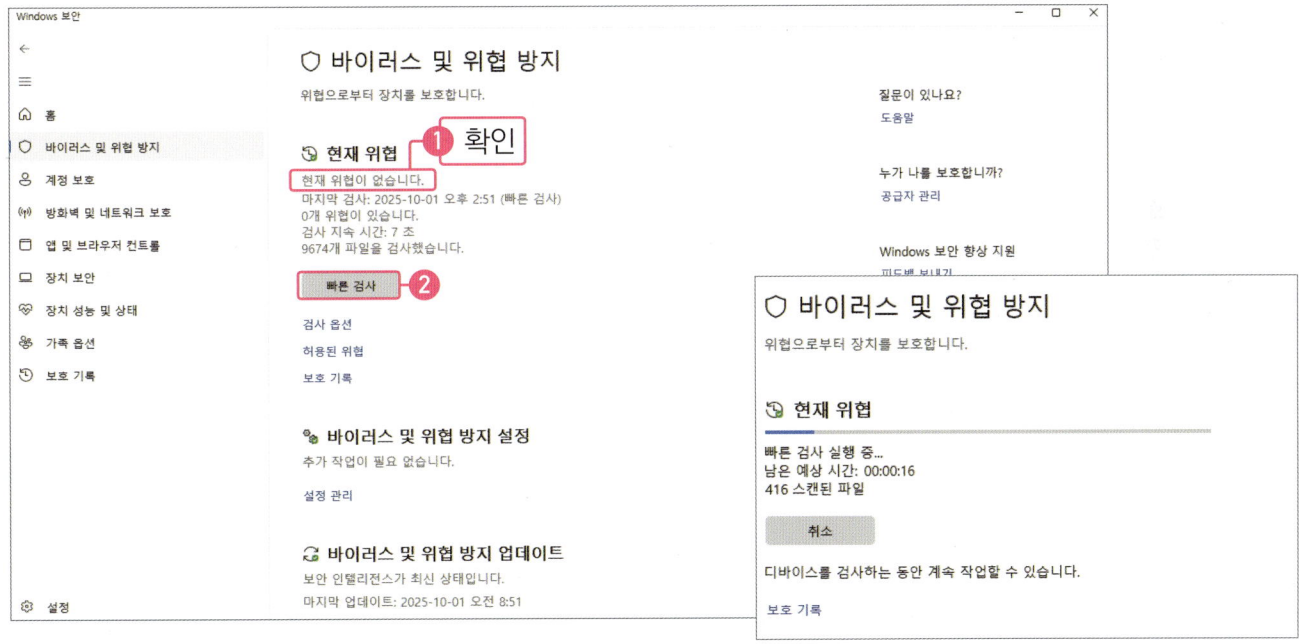

04 위협 항목이 있다면 권장 작업을 시작하라는 메시지와 함께 [작업 시작] 버튼이 생성됩니다.

05 검사 방식의 옵션을 바꾸고 싶다면 [현재 위협]의 [검사 옵션]을 클릭합니다.

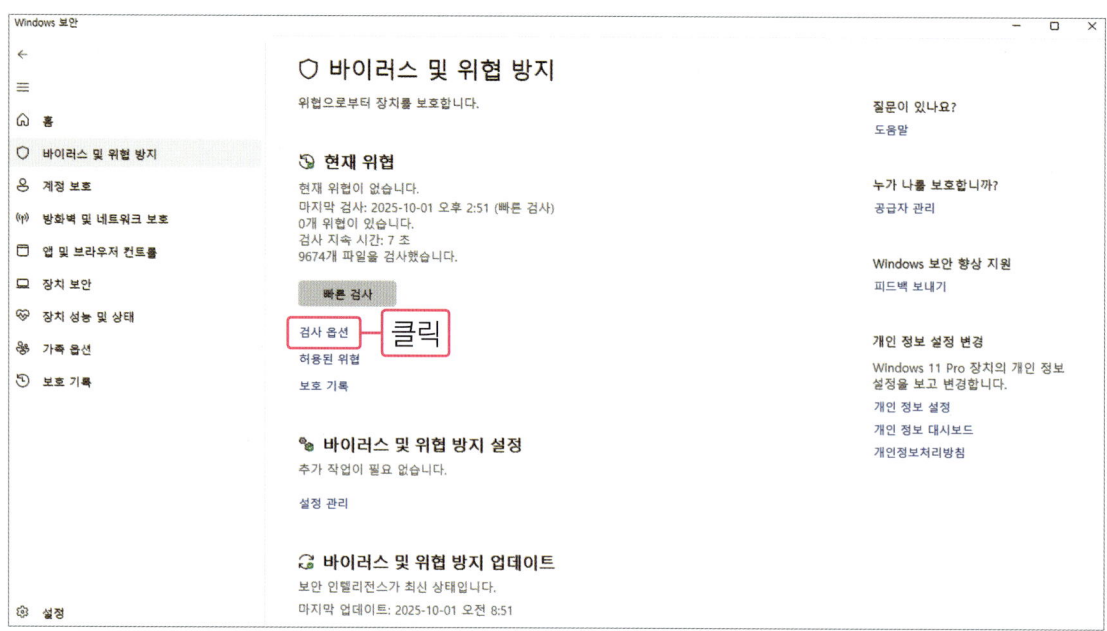

06 윈도우가 검사하는 방식을 원하는 옵션으로 설정할 수 있습니다. 기본은 '빠른 검사'로 되어 있습니다. 기본인 상태로 두고 ←(뒤로)를 클릭해 이전 화면으로 돌아갑니다.

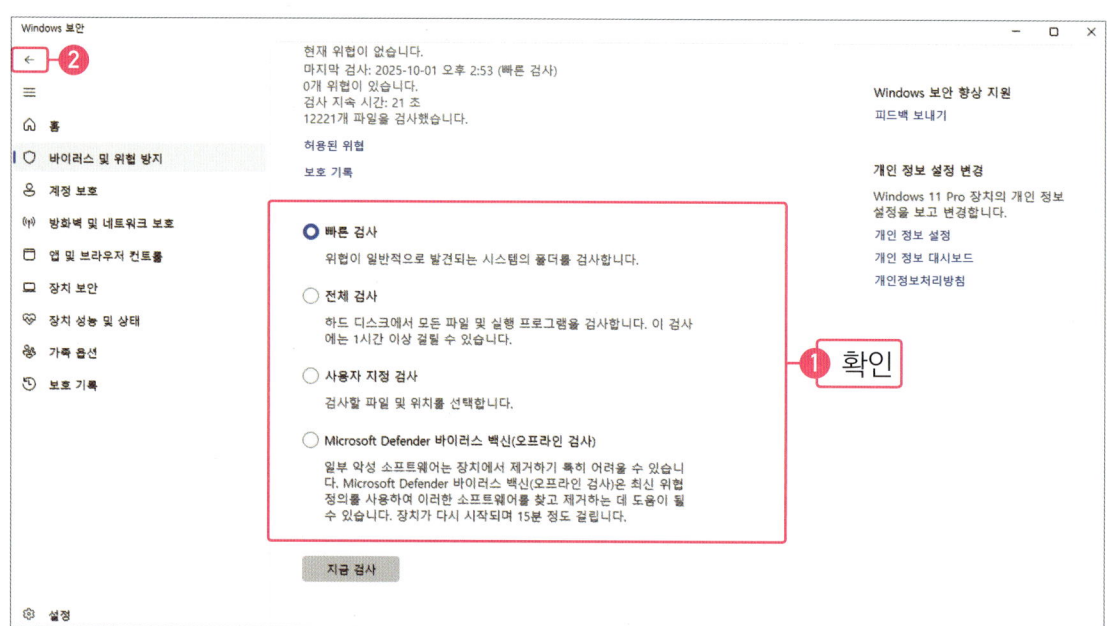

'전체 검사'를 선택하면 컴퓨터 속도가 느려질 수 있으며, 저장 장치의 수명을 단축시킬 수 있습니다. 윈도우는 주기적으로 자동 바이러스 검사를 수행하므로, '전체 검사'는 가끔 한 번씩 사용자가 수동으로 진행하는 것을 권장합니다.

07 [바이러스 및 위협 방지 설정]의 [설정 관리]를 클릭합니다.

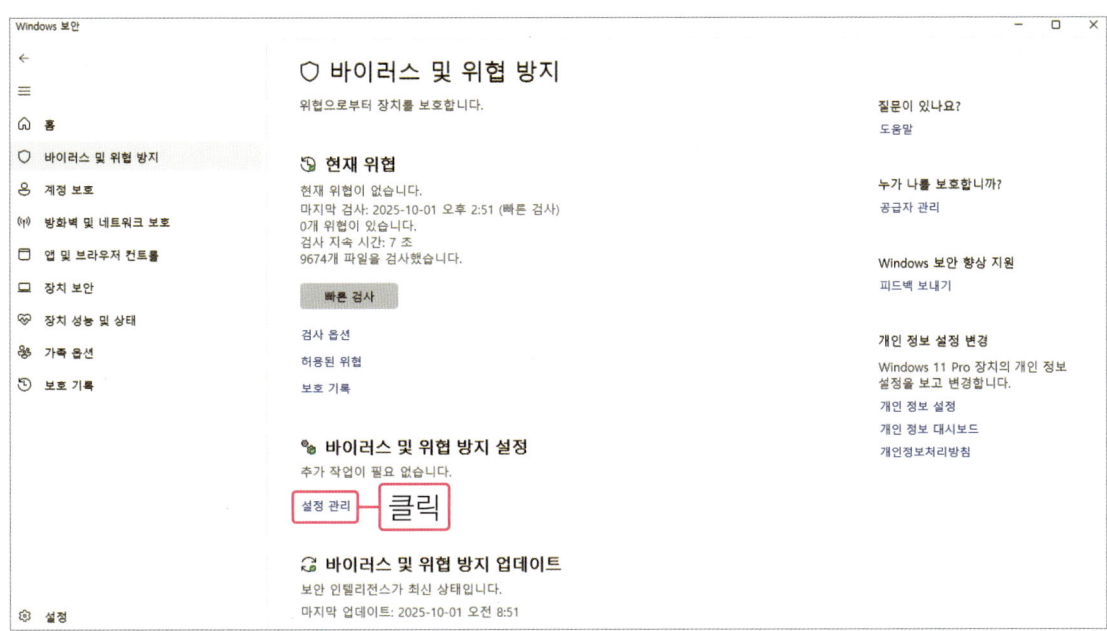

08 컴퓨터가 백그라운드에서 실시간으로 모니터링 할 수 있도록 [실시간 보호 기능]이 '켬'으로 설정되어 있습니다. [실시간 보호 기능]의 '켬'을 '끔'으로 변경합니다.

09 디바이스 변경 허용 유무를 묻는 창이 나타나면 [예] 버튼을 클릭합니다. 각종 경고와 알림이 동작하는 것을 확인할 수 있습니다. [실시간 보호 기능]의 '끔'을 다시 '켬'으로 변경한 후 ←(뒤로)를 클릭해 이전 화면으로 돌아갑니다.

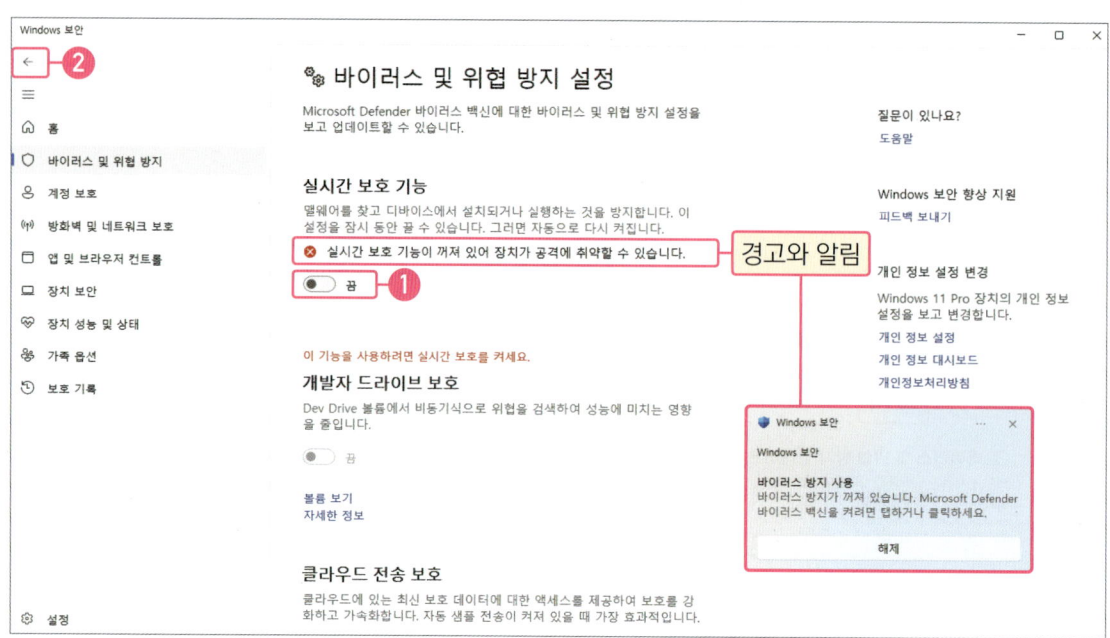

10 [바이러스 및 위협 방지 업데이트]의 마지막 업데이트 날짜를 확인한 후, 마지막 업데이트 날짜가 오래되었다면 [보호 업데이트]를 클릭합니다.

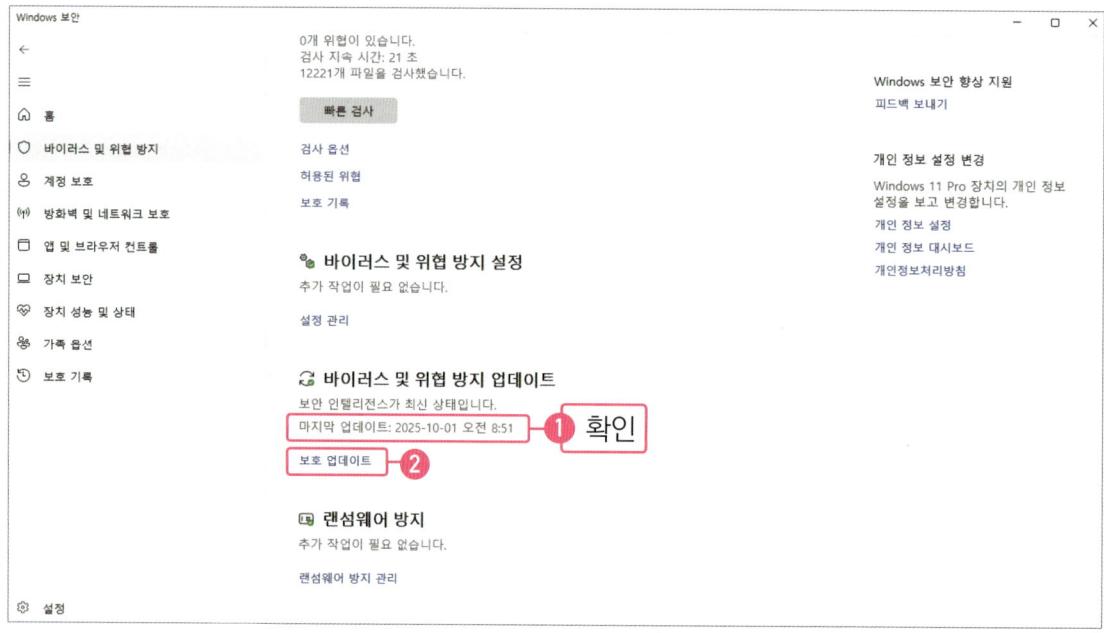

11 [업데이트 확인] 버튼을 클릭하여 업데이트를 진행한 후 ←(뒤로)를 클릭해 이전 화면으로 돌아갑니다.

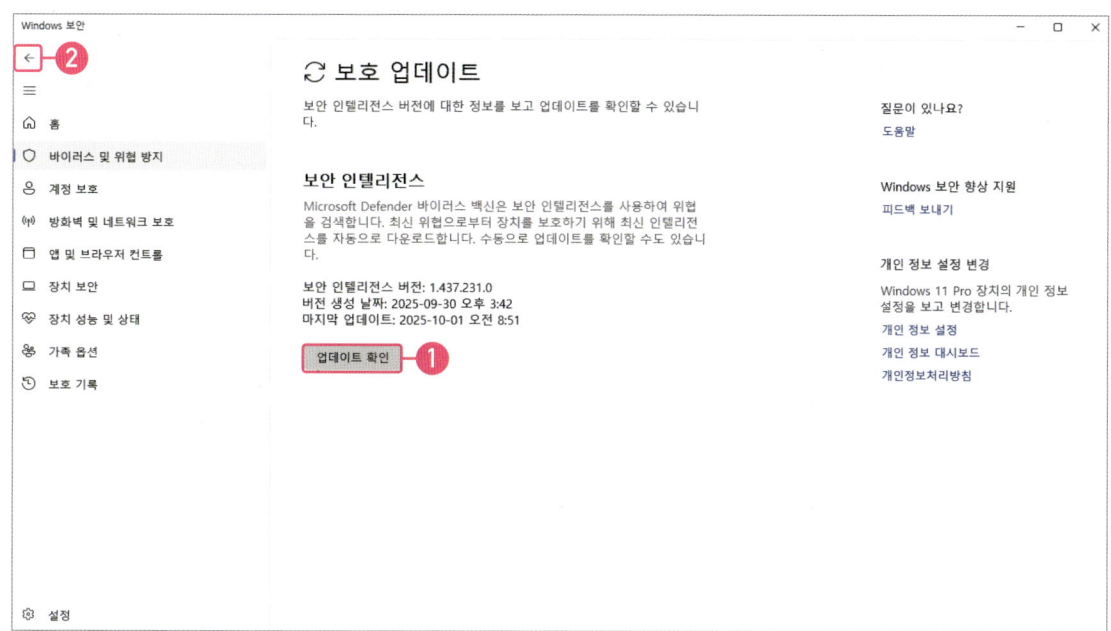

12 [랜섬웨어 방지]에서 [랜섬웨어 방지 관리]를 클릭합니다.

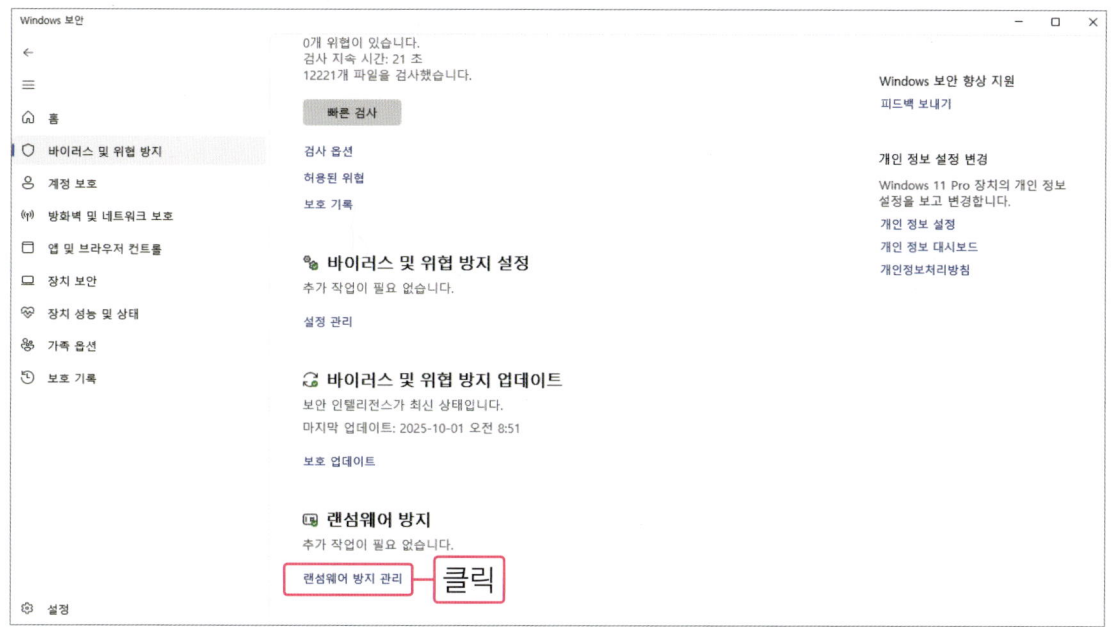

13 [제어된 폴더 액세스]를 확인한 후 '끔'으로 설정되어 있다면 '**켬**'으로 변경합니다. [보호된 폴더]를 클릭합니다.

14 디바이스 변경 허용 유무를 묻는 창이 나타나면 [예] 버튼을 클릭합니다. 추가하고 싶은 폴더가 있다면 [보호된 폴더 추가] 버튼을 클릭해서 원하는 폴더를 지정할 수 있습니다.

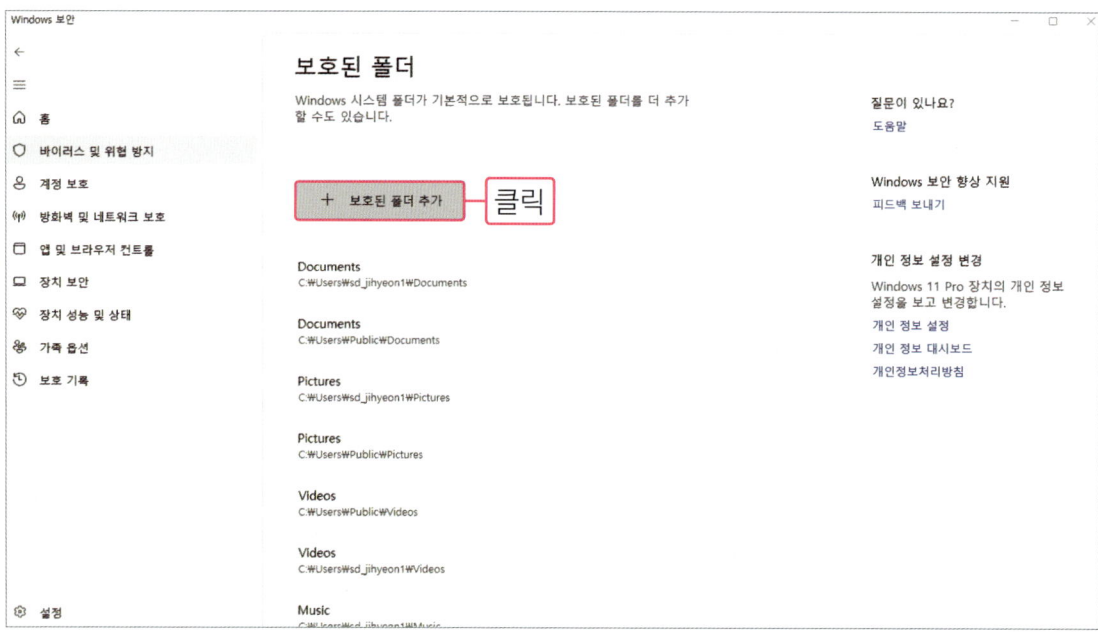

▶ '파일 히스토리'를 이용하여 백업하기

01 [시작(■)] 버튼을 누른 후 검색창에 '제어판'을 검색하여 클릭합니다.

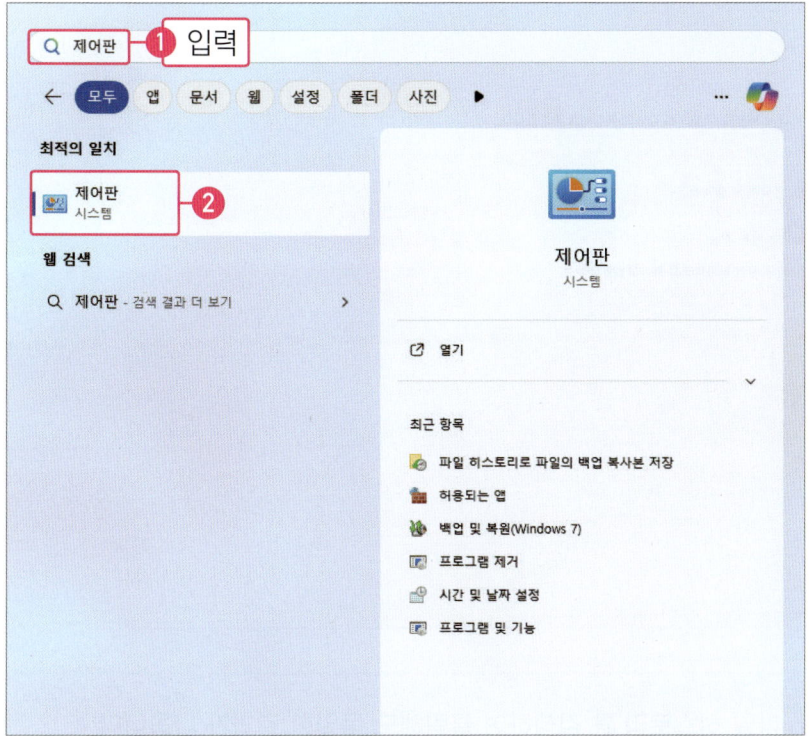

02 [제어판] 창이 나타나면 [시스템 및 보안]-[파일 히스토리로 파일의 백업 복사본 저장]을 클릭합니다.

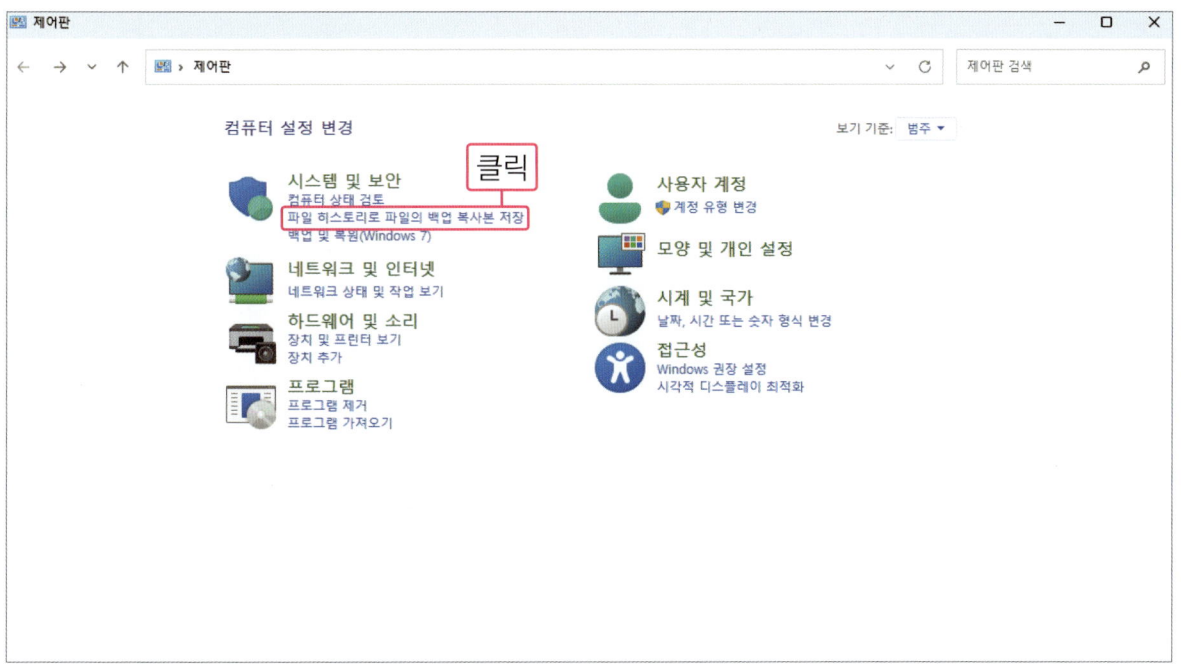

03 [파일 히스토리] 창이 나타납니다. [지금 실행]을 클릭하면 백업이 바로 진행됩니다. 왼쪽 목록에 [개인 파일 복원]을 클릭합니다.

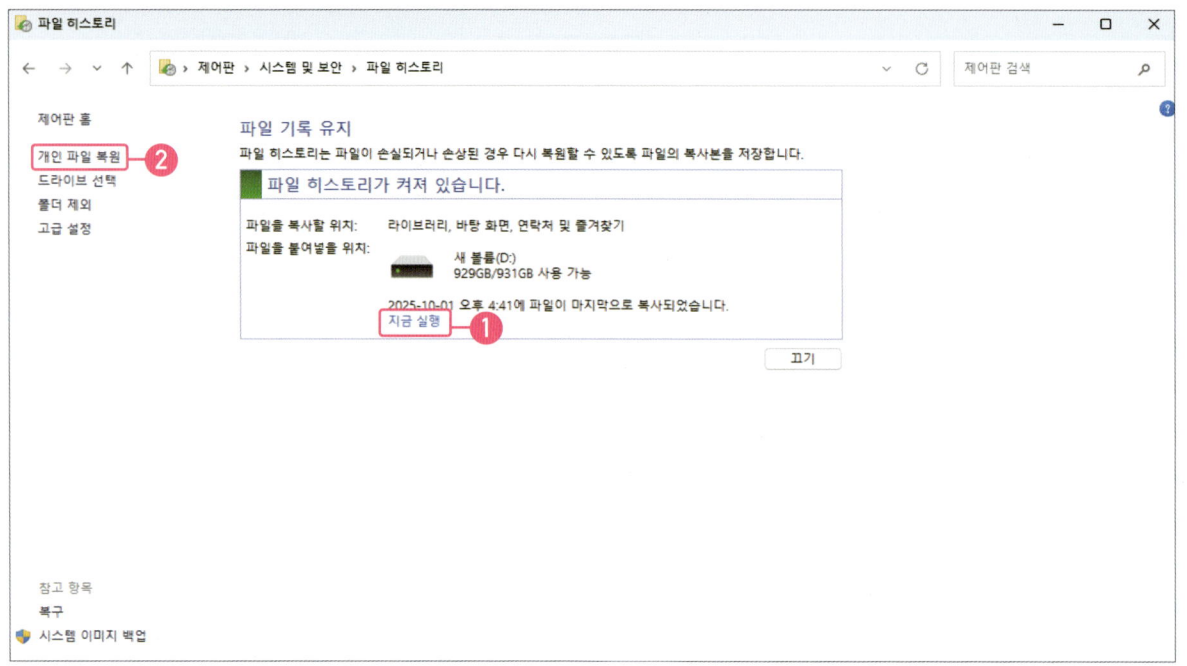

> 잠깐
>
> [시작(■)] 버튼을 누른 후 검색창에 '파일 히스토리'를 검색하여 클릭해도 동일한 결과가 나옵니다.

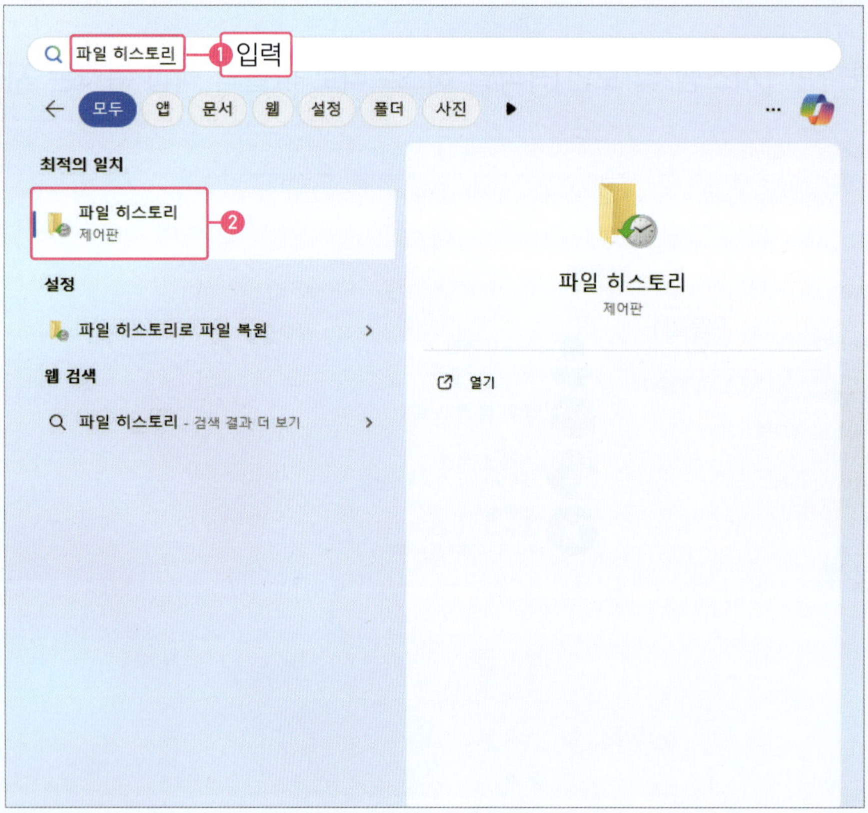

04 [파일 히스토리] 홈이 나타나고 백업된 폴더들이 보입니 다. **복원하고 싶은 폴더나 파일을 선택**한 후  아이콘을 클릭합니다.

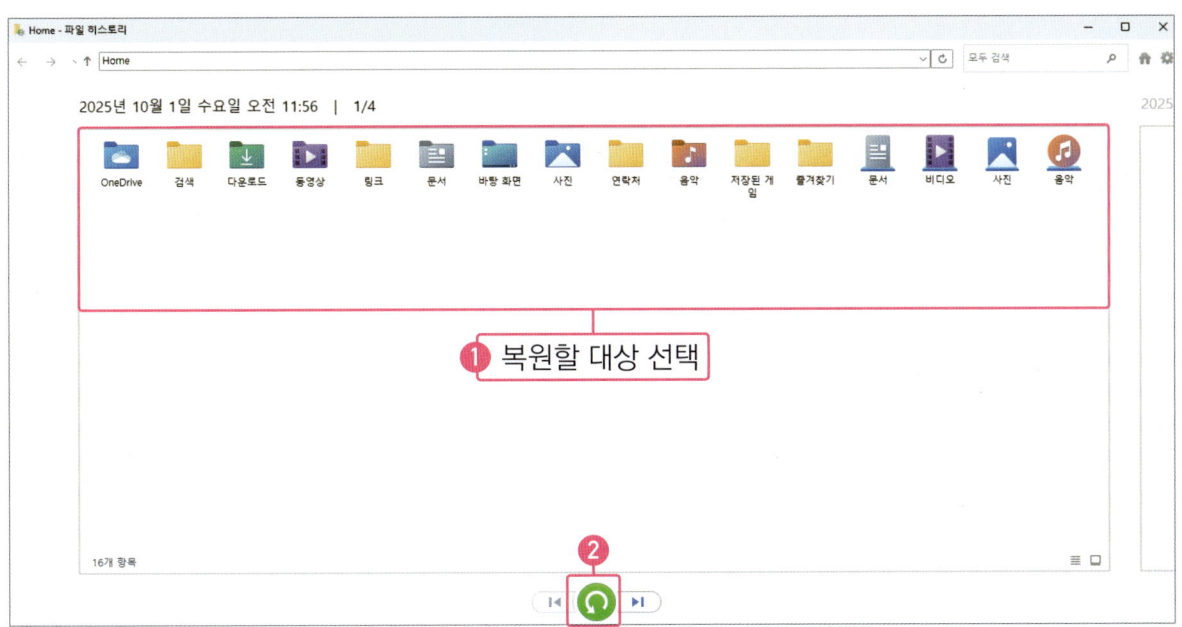

잠깐

드라이브 선택

백업할 위치를 지정하는 메뉴입니다. 컴퓨터에 드라이브가 하나인 경우에는 설정할 수 없습니다. 안전한 백업을 위해서는 외장 하드나 USB 메모리 등 별도의 저장 장치를 추가하여 파일을 백업하는 것을 권장합니다.

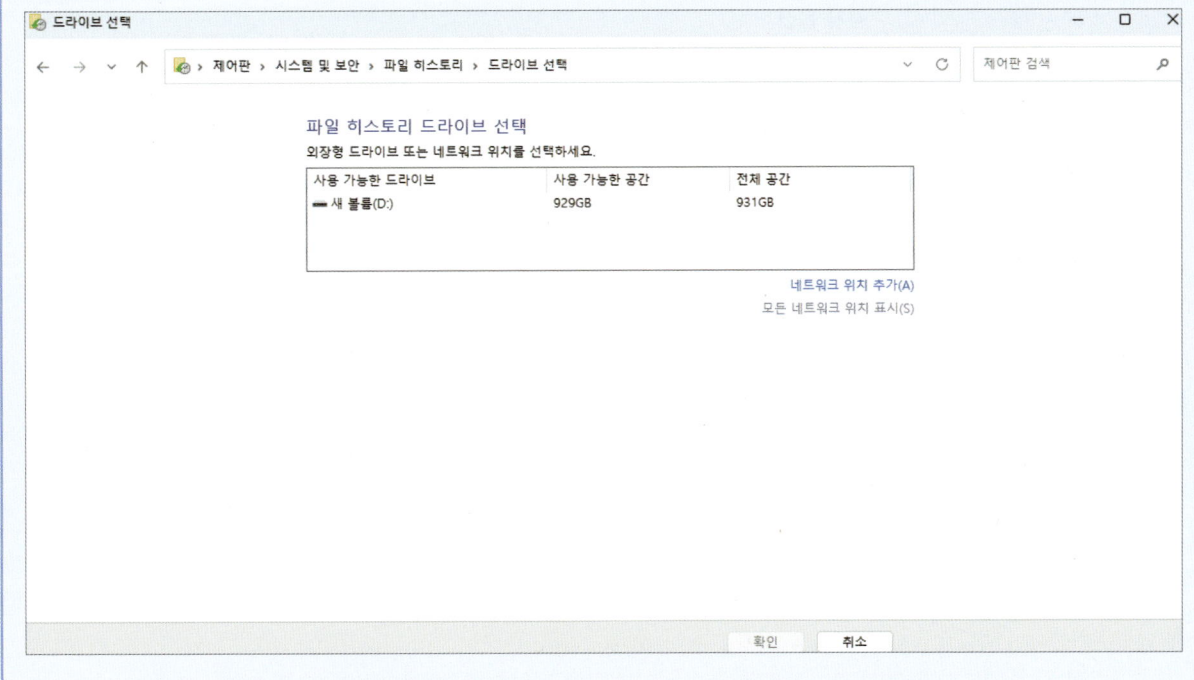

69

응용력 키우기

01 [Windows 업데이트]의 사용 시간을 오전 8시에서 오후 6시 사이로 조정해 봅니다.

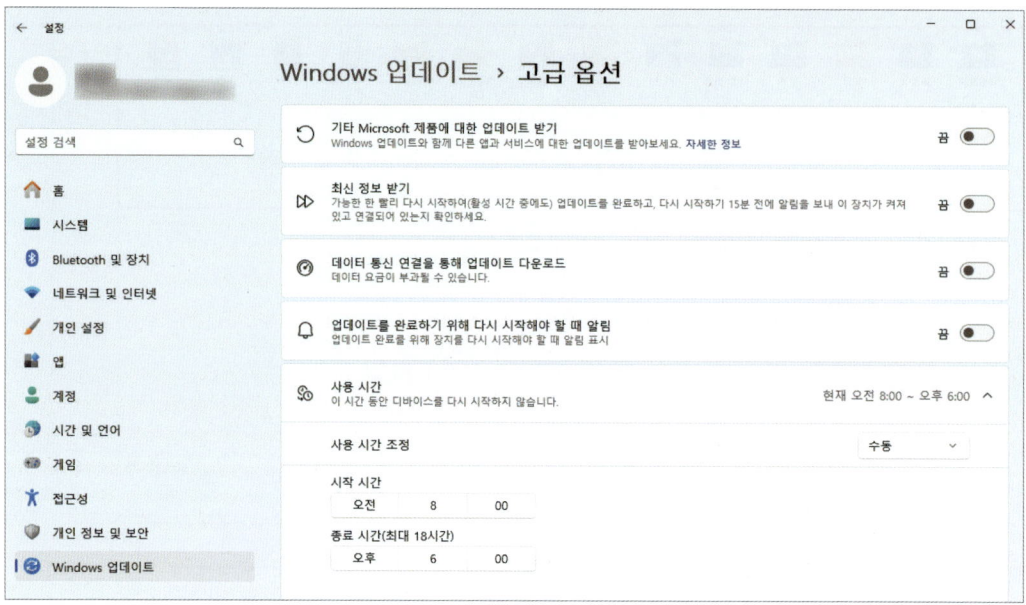

02 [Windows 보안] 기능을 활용하여 임의의 폴더에 바이러스 및 위협이 있는지 검사해 봅니다.

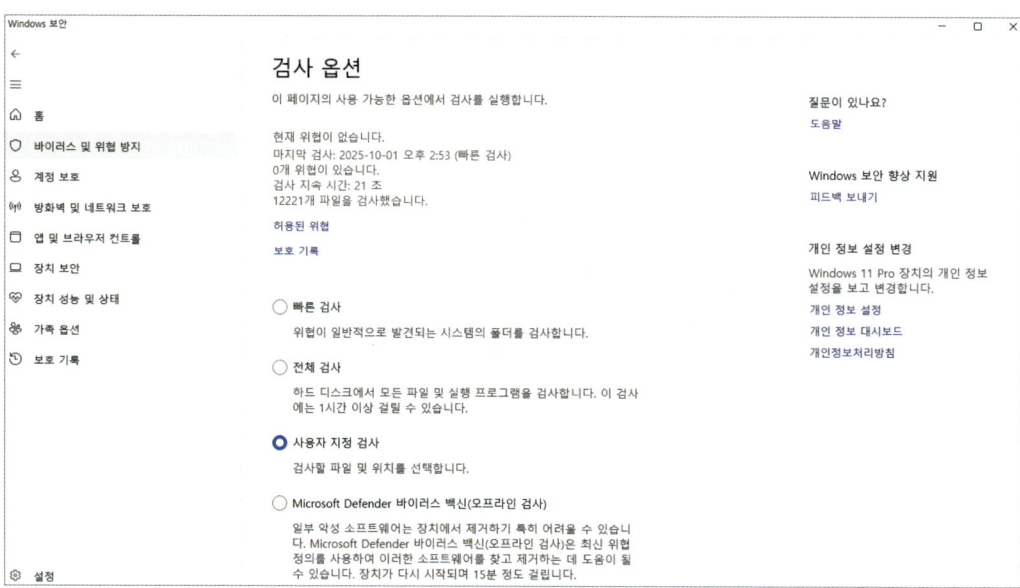

03 백업 주기를 '매일'로 변경해 봅니다.

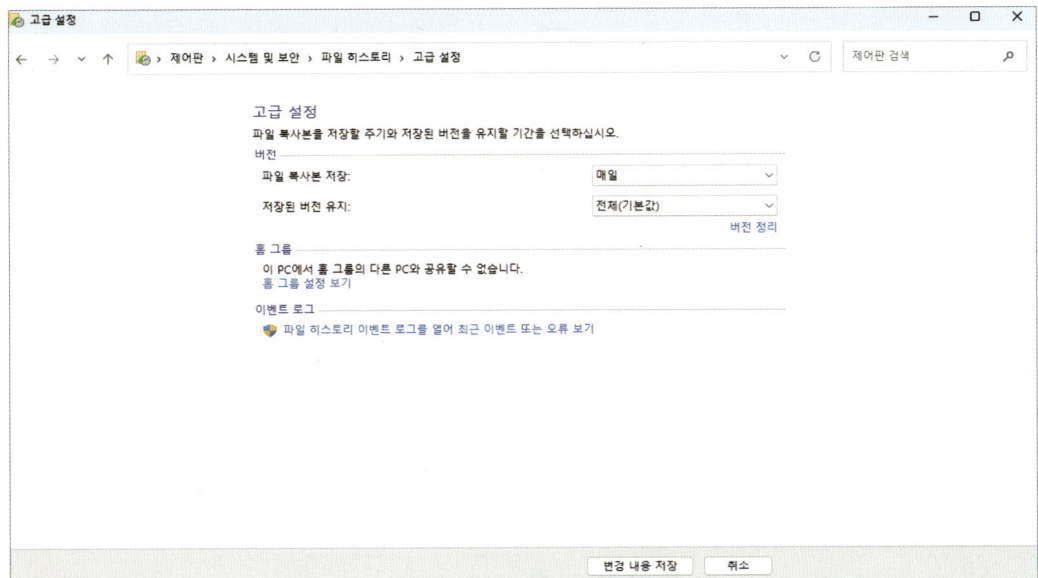

 [파일 히스토리]에서 [고급 설정]을 클릭 → [파일 백업]을 선택한 후 설정

04 [여행 사진] 폴더를 백업 파일 목록에서 제외해 봅니다.

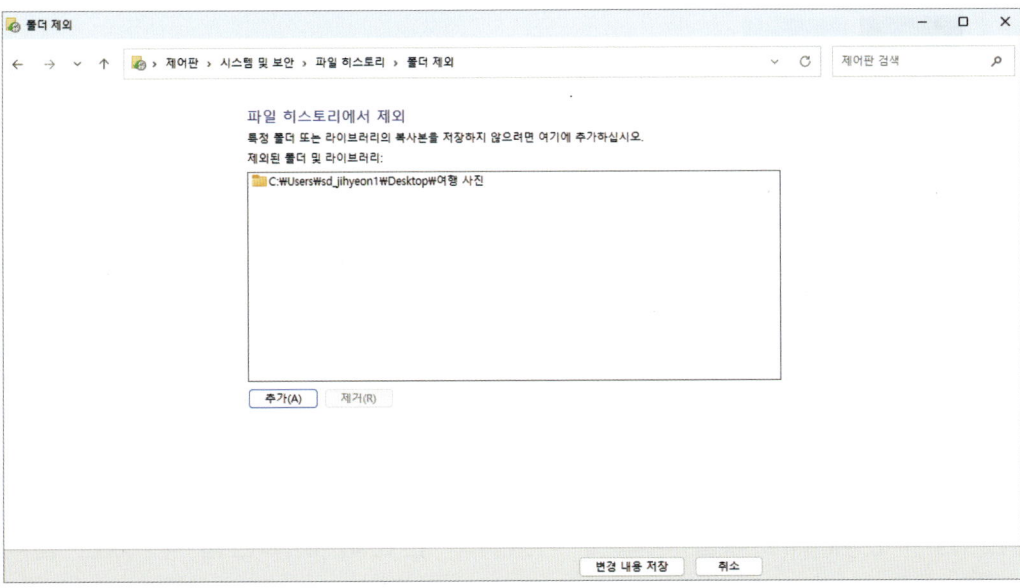

- 사용자 컴퓨터의 '라이브러리'에 '여행 사진' 폴더가 없다면 폴더를 생성한 후 실습해 봅니다.
- [파일 히스토리]에서 [폴더 제외]–[추가] 클릭 → [폴더 선택] 대화상자에서 선택

 # 네이버 클라우드 사용하기

- 클라우드 서비스
- 네이버 MYBOX
- 파일 업로드
- 파일 다운로드
- 앨범 만들기
- 내 컴퓨터와 동기화

미/리/보/기

 준비파일 : [예제사진] 폴더

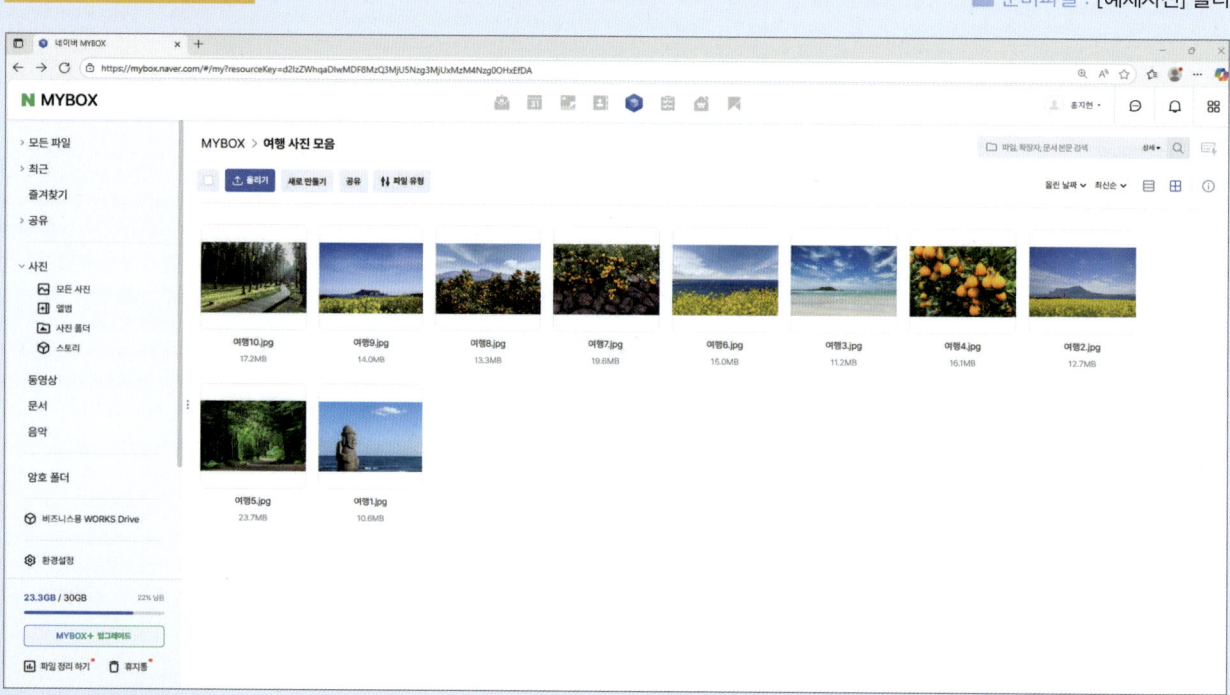

인터넷의 발달과 노트북, 스마트폰, 태블릿 PC 등 휴대가 편리한 장치들의 보급으로 이제는 이동 중에도 컴퓨터를 사용하는 것이 자연스러운 시대가 되었습니다. 이번 장에서는 서로 다른 장치 간에 데이터를 빠르게 이동하고 안전하게 보관할 수 있는 클라우드 서비스에 대해 살펴보겠습니다.

01 클라우드 서비스

▶ 저장매체

컴퓨터의 저장매체 기술은 작고 휴대가 편리하면서도 대용량 자료를 담을 수 있을 만큼 발전했습니다. USB 메모리나 외장 하드처럼 이동이 가능한 저장 장치가 대표적이지만, 분실, 고장, 바이러스 감염 등의 위험에서 자유롭지는 않습니다. 이러한 한계를 보완하면서 언제 어디서나 안전하게 데이터를 저장하고 접근할 수 있는 방법이 클라우드 서비스입니다. 인터넷 연결과 개인 계정만 있으면 파일을 업로드, 다운로드, 관리할 수 있습니다. 현재 구글, 마이크로소프트, 네이버 등 여러 업체에서 다양한 클라우드 서비스를 제공하고 있으며 많은 사용자가 이 서비스를 활용하고 있습니다.

▶ 네이버 MYBOX 화면 구성 알아보기

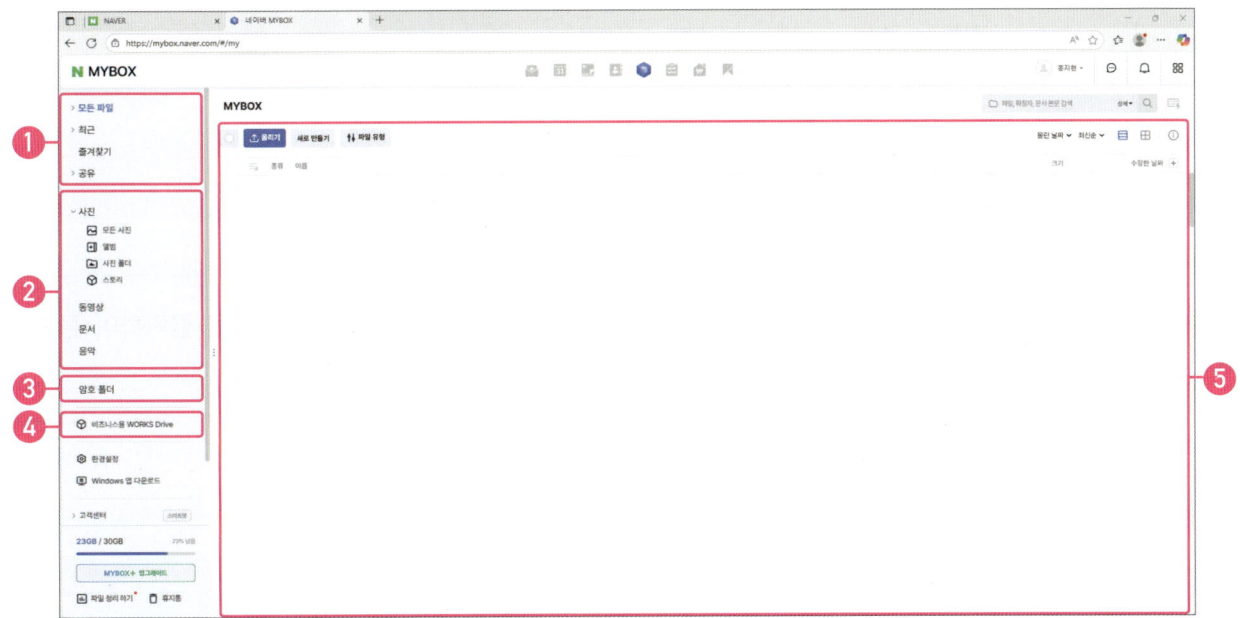

❶ 폴더를 생성, 복사, 삭제할 수 있습니다. 컴퓨터에 저장된 파일을 클라우드로 업로드하거나, 클라우드에 저장된 파일을 컴퓨터로 다운로드하여 사용할 수 있습니다.

❷ 업로드한 파일을 사진, 동영상, 문서, 음악 등으로 분류하여 보여 줍니다.

❸ 중요한 파일을 한 곳에 모아 보호할 수 있는 기능입니다. 설정된 암호를 입력해야만 파일을 열람할 수 있습니다. 유료 결제를 통해 사용할 수 있습니다.

❹ 협업 환경을 위해 제공되는 클라우드 저장소입니다. 여러 사용자가 동시에 파일을 공유하고 공동 편집할 수 있습니다. 유료 결제를 통해 사용할 수 있습니다.

❺ 클라우드 내에서 폴더와 파일을 확인할 수 있는 공간입니다. 사용자가 업로드한 자료를 열람하거나 관리할 수 있습니다.

 네이버 MYBOX 다루기

▶ 네이버 MYBOX에 접속하기

01 웹 브라우저를 실행한 후 네이버(www.naver.com)에 접속합니다. [NAVER 로그인] 버튼을 클릭한 후 아이디와 비밀번호를 입력하여 로그인을 하고, 검색창 아래 □를 클릭합니다.

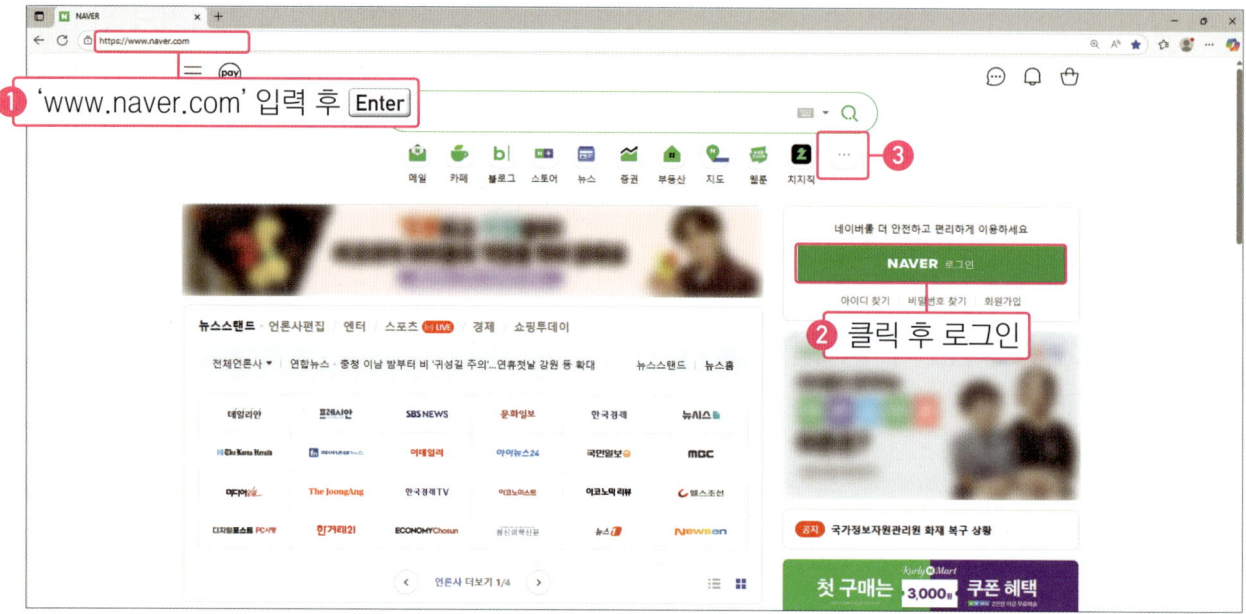

 네이버 MYBOX는 네이버 회원만 사용할 수 있습니다. 회원이 아닌 경우 [회원가입]을 클릭하여 절차에 따라 진행합니다.

02 [MYBOX]를 클릭합니다.

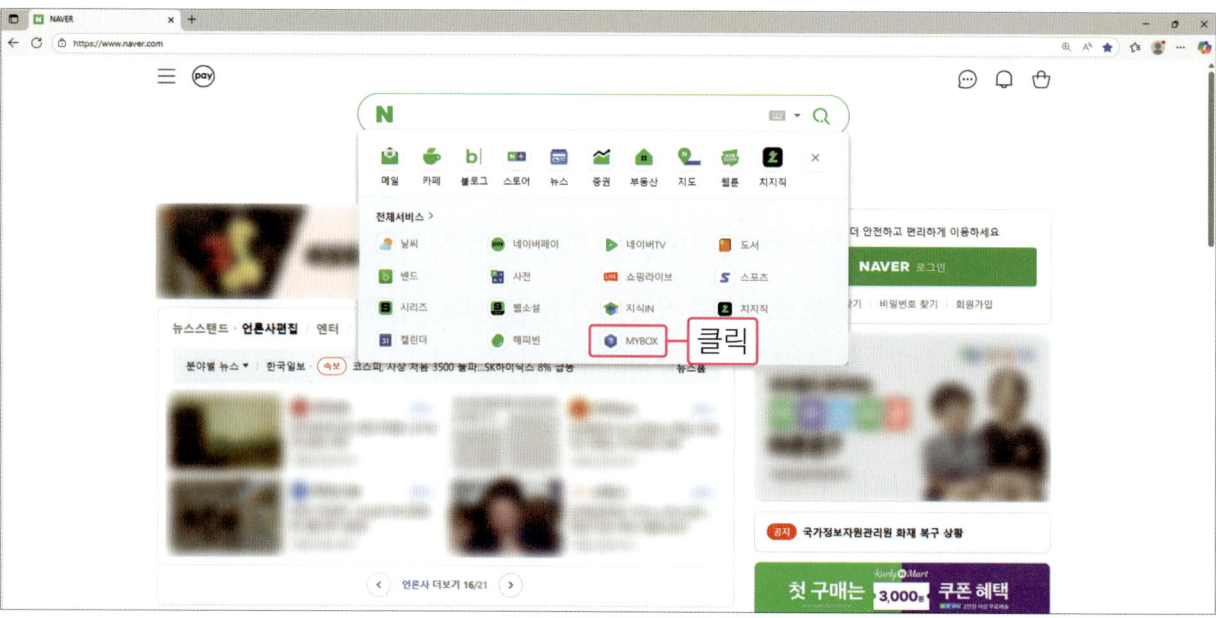

03 MYBOX 화면이 나타나면 [모든 파일]을 클릭합니다. 오른쪽 창에 내용이 보입니다(한 번도 사용하지 않았다면 비어 있습니다).

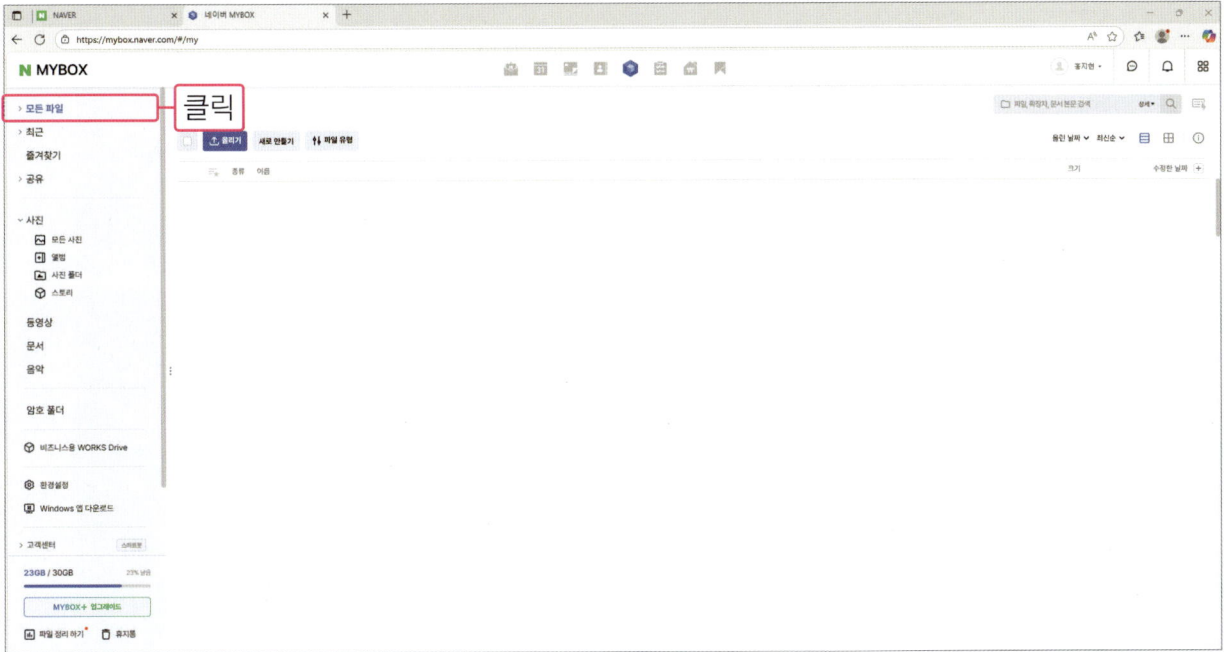

 • 처음 접속했다면 약관과 관련한 메시지가 나타날 수 있습니다. 약관을 읽어보고 동의에 체크한 후 [시작하기] 버튼을 클릭합니다.
• MYBOX는 무료로 30GB의 기본 저장 공간을 제공합니다. 더 많은 용량이 필요할 경우 사용자는 프리미엄 구독을 통해 유료로 저장 공간을 확장할 수 있습니다.

04 [새로 만들기] 버튼을 클릭한 후 [새 폴더]를 선택합니다.

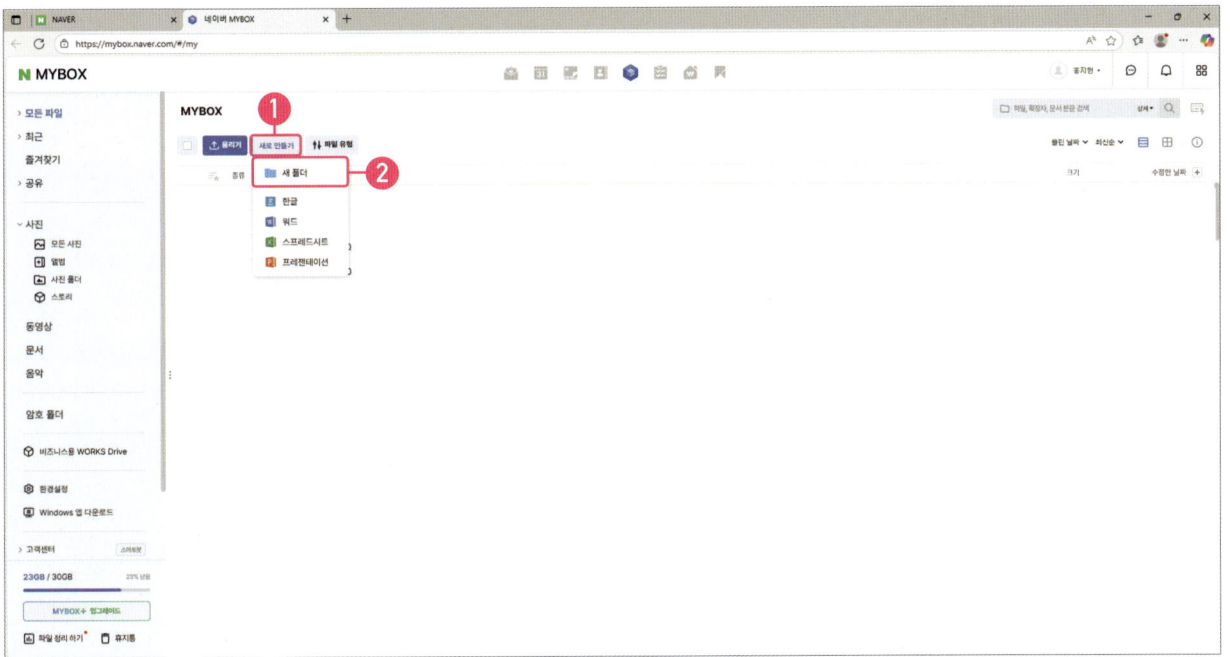

05 [새 폴더 만들기] 대화상자가 나타나면 폴더 이름을 '여행 사진 모음'이라고 입력한 후 [확인] 버튼을 클릭합니다.

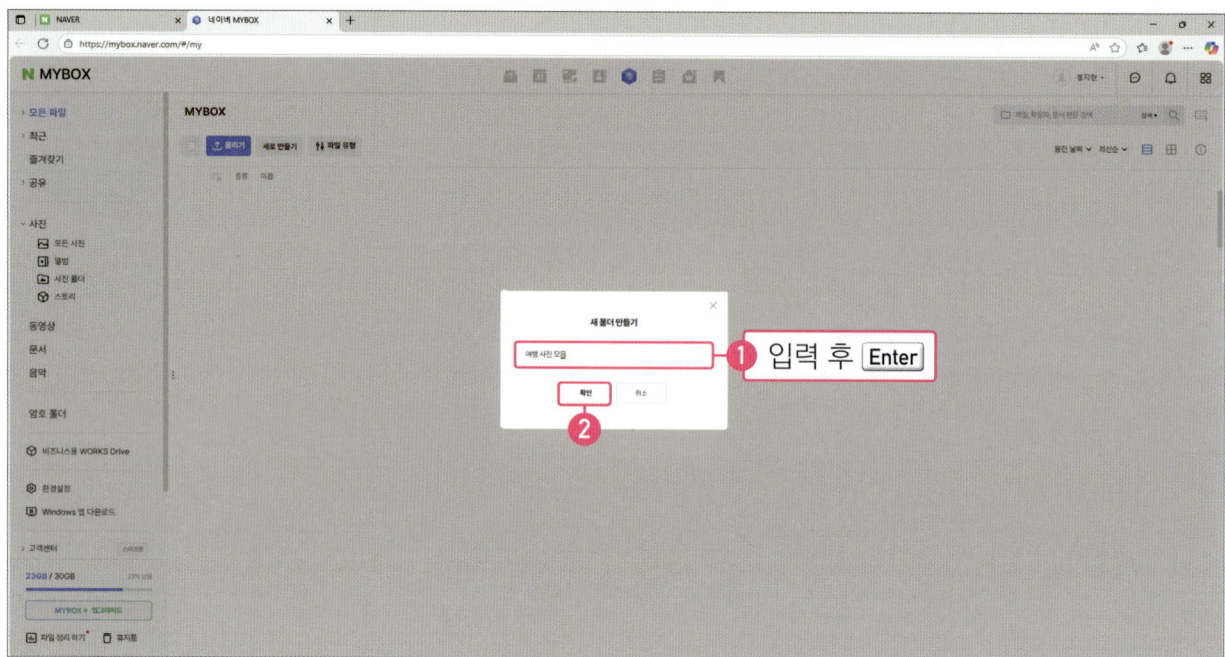

▶ 파일 올리기

01 만들어진 '여행 사진 모음' 폴더를 클릭합니다.

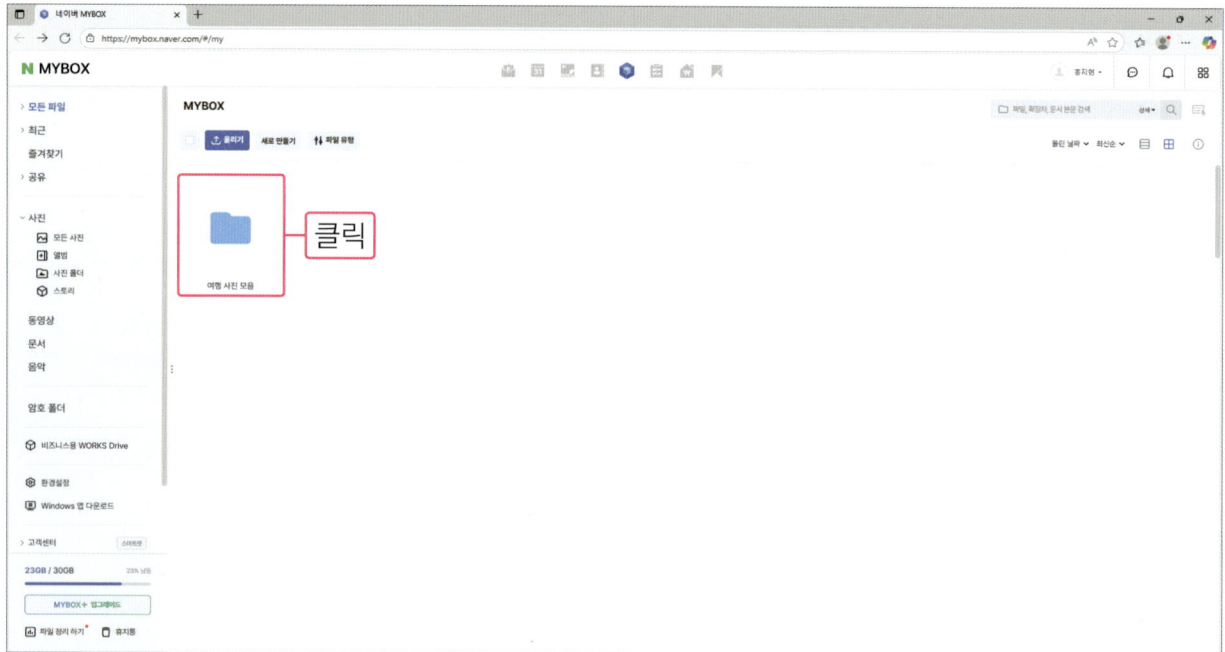

02 [올리기] 버튼을 클릭한 후 [파일 올리기]를 선택합니다. [열기] 대화상자가 나타나면 사진 파일을 찾아 선택하고 [열기] 버튼을 클릭합니다.

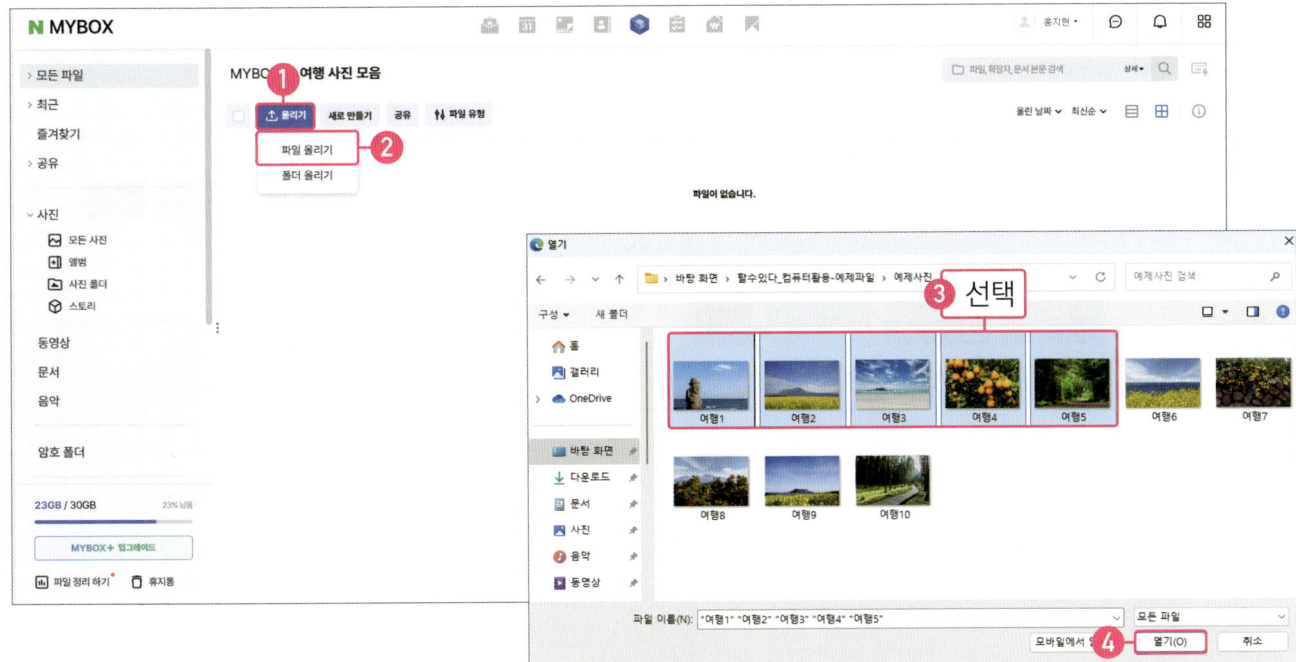

 제공하는 자료 중 [예제사진] 폴더의 파일들을 활용하거나 사용자의 컴퓨터에 보관 중인 사진 파일을 활용하여 실습합니다.

03 오른쪽 하단에 올리기가 완료되었다는 알림 메시지가 나타나면 [완료] 버튼을 클릭합니다.

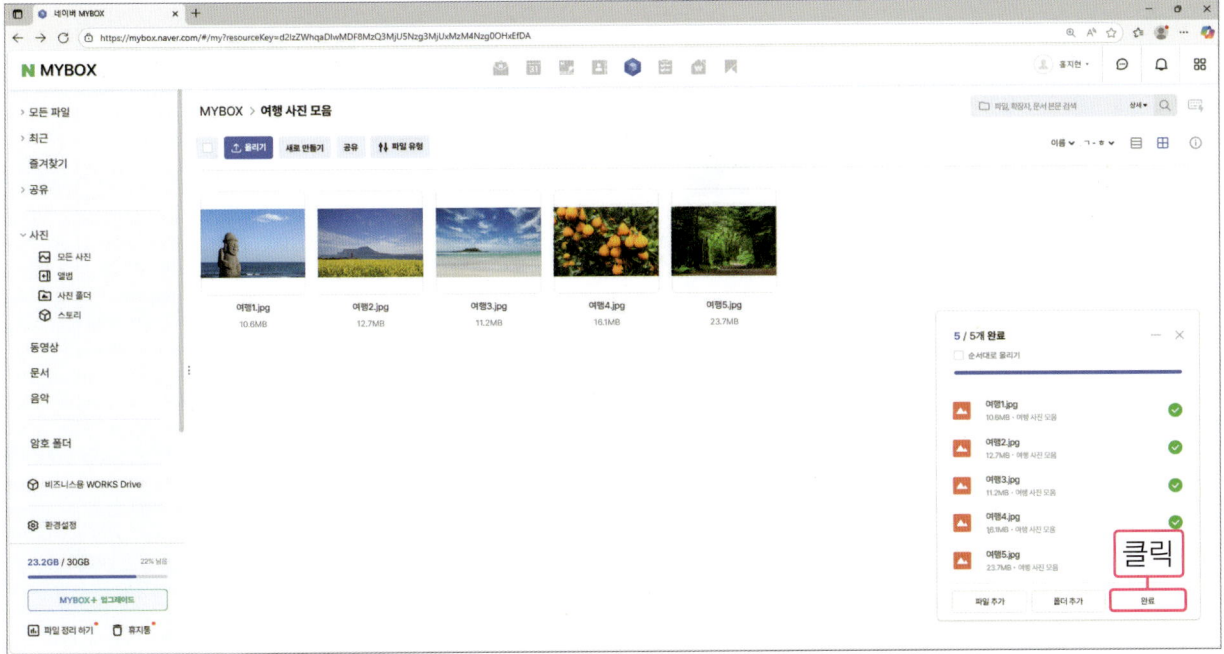

04 이번에는 다른 방법으로 사진을 업로드해 보겠습니다. 업로드할 사진이 들어 있는 폴더를 열고, **01장. 윈도우11 알아보기**에서 배운 화면 분할 기능을 활용하여 **MYBOX**와 폴더 창을 다음과 같이 배치합니다.

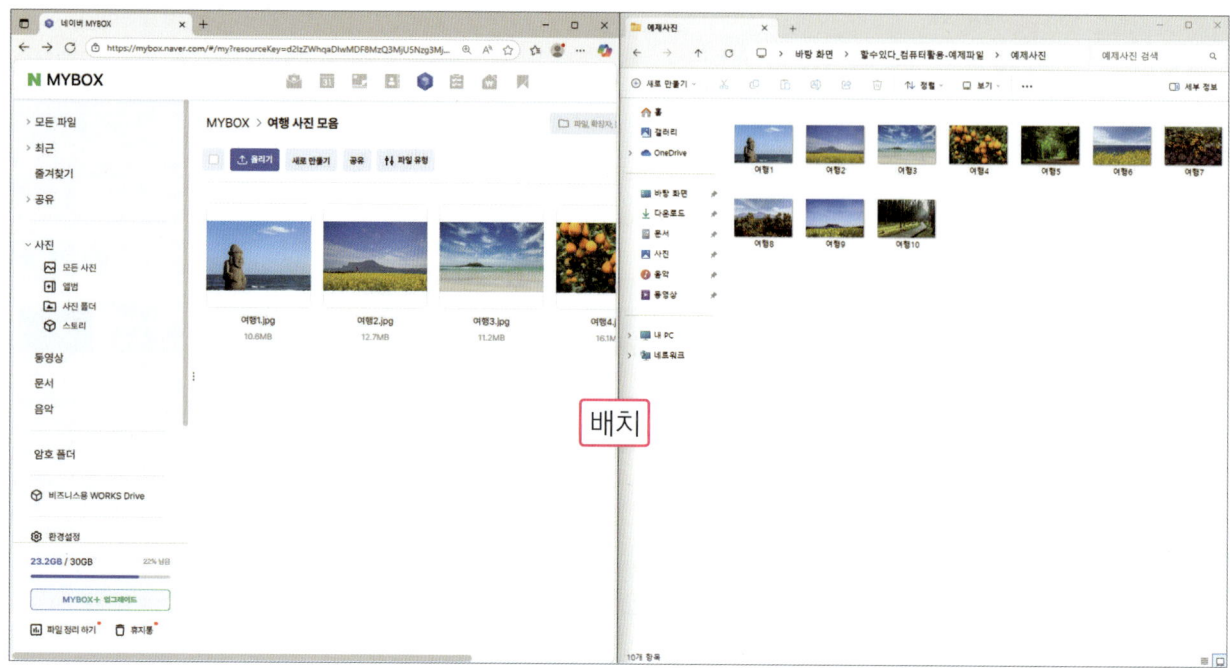

05 폴더 창에서 Ctrl + A 키를 눌러 사진 전부를 선택한 후 MYBOX의 [여행 사진 모음] 폴더로 드래그합니다.

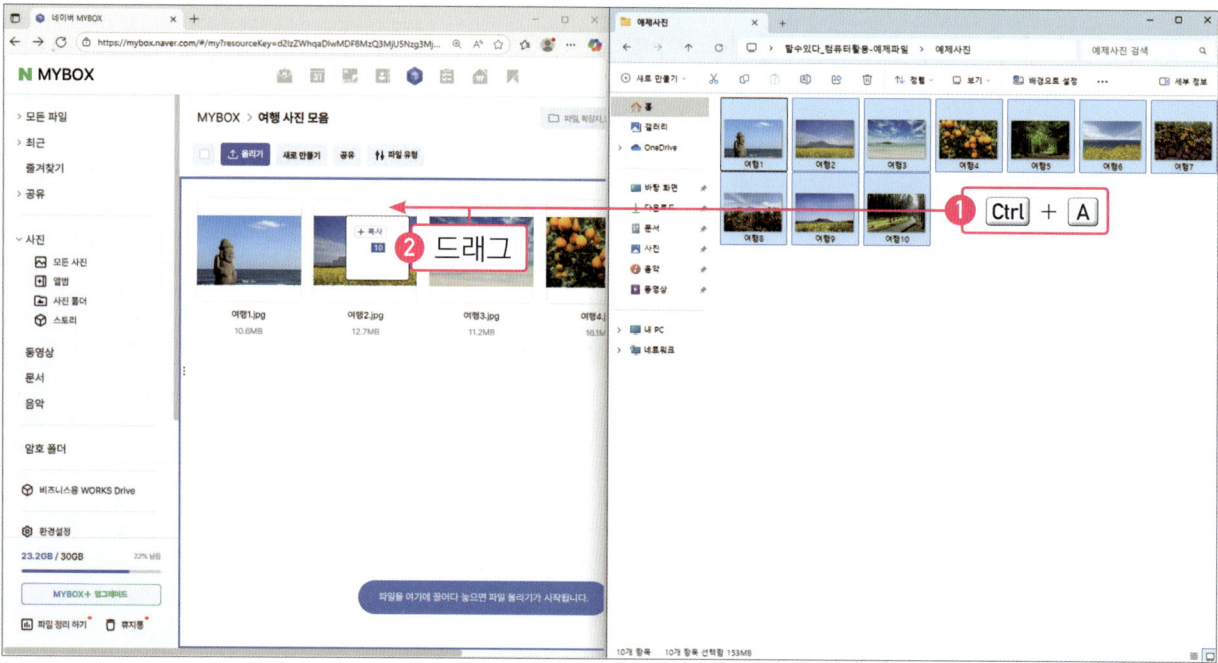

06 중복되는 파일이 있는 경우 다음과 같은 메시지가 나타납니다. '이후 모든 파일/폴더에 적용'을 체크하고 [건너뛰기] 버튼을 클릭합니다.

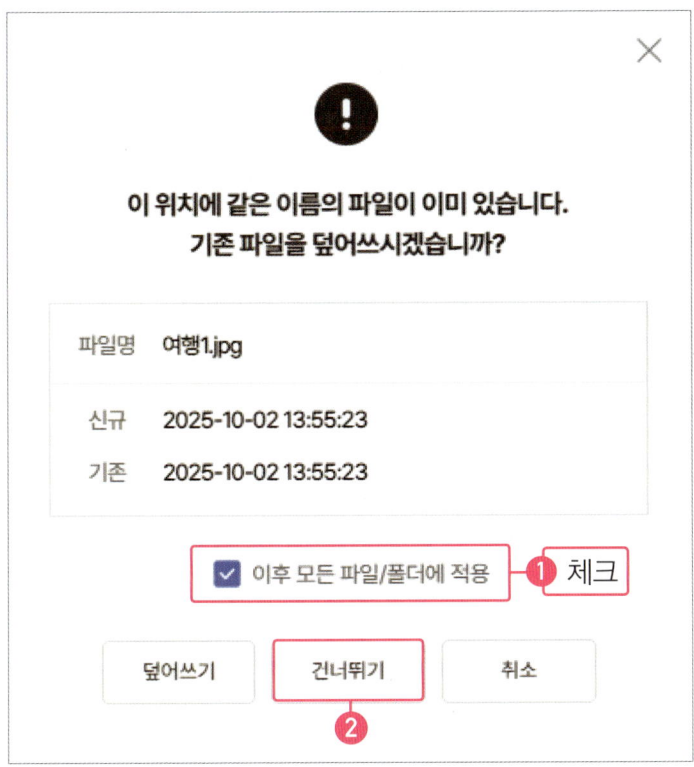

07 [올리기] 버튼을 클릭하지 않고도 내 컴퓨터에 있는 파일이 MYBOX에 업로드된 것을 확인할 수 있습니다.

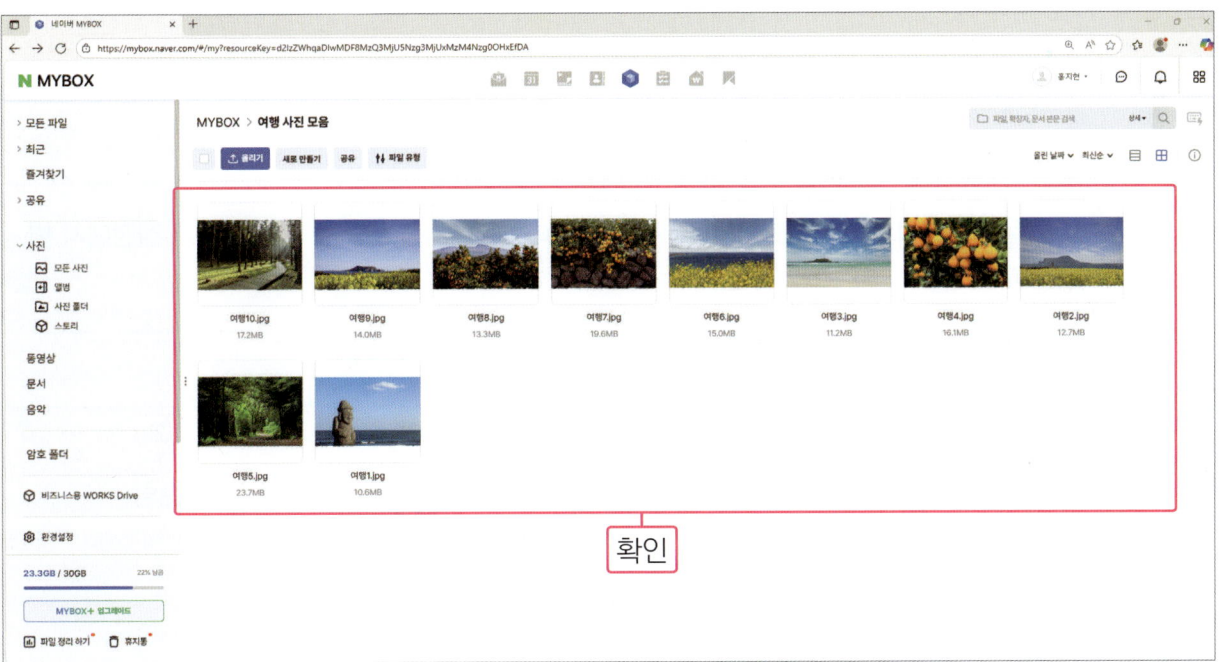

▶ 파일 내려받기

01 MYBOX에 있는 파일 중 내 컴퓨터에 저장할 사진 3장을 고릅니다. 사진 위로 마우스 커서를 이동하면 체크 상자가 나타납니다. **체크**한 후 **[내려받기]** 버튼을 클릭합니다.

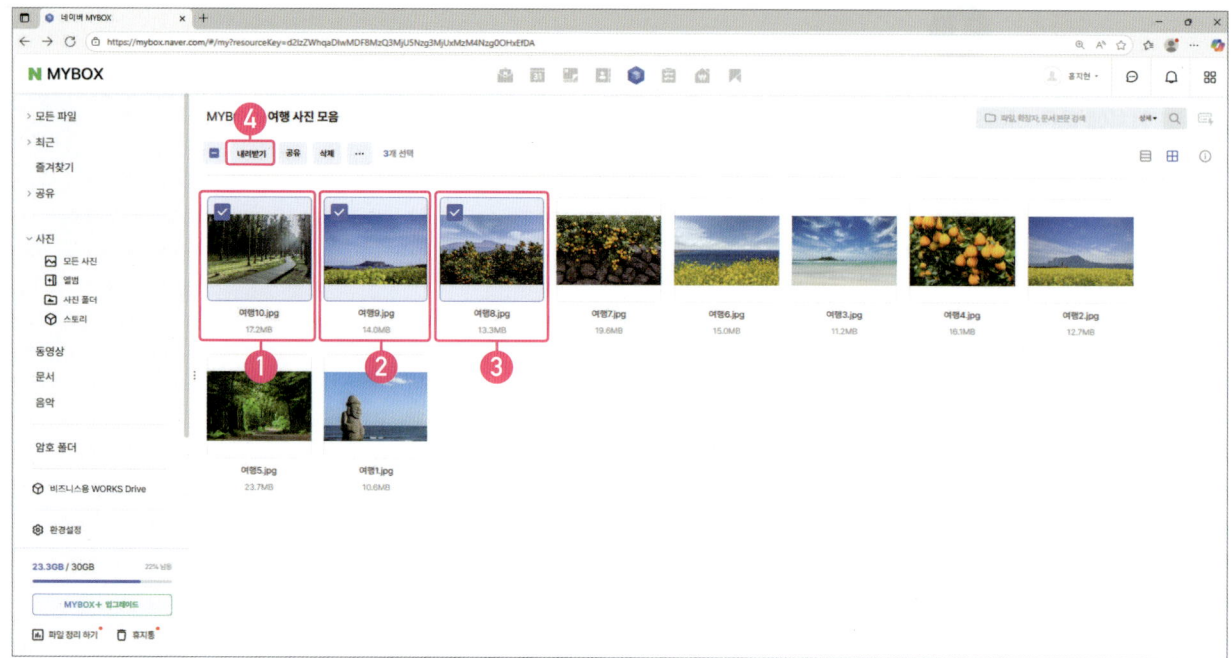

02 왼쪽 상단에 다음과 같은 팝업 메시지가 나타나면 [허용] 버튼을 클릭하여 여러 파일을 한 번에 다운로드할 수 있도록 합니다.

 다운로드한 파일은 기본적으로 [다운로드] 폴더에 저장되며, 기본 저장 위치는 웹 브라우저 설정에서 변경할 수 있습니다.

03 저장을 완료하면 오른쪽 상단에 다음과 같은 클릭 팝업 창이 나타납니다. ▭(다운로드 폴더 열기)를 클릭합니다.

04 저장된 폴더가 열리며 선택한 사진들이 내 컴퓨터에 저장된 것을 확인할 수 있습니다.

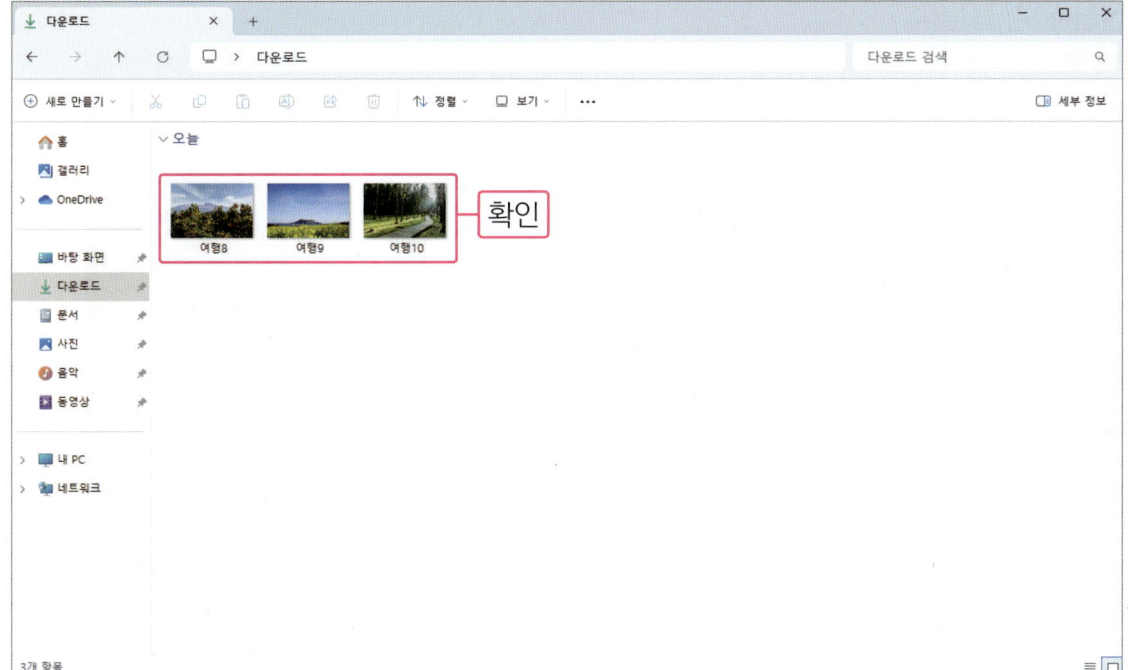

 '올리기'와 달리 '내려받기'는 드래그로 실행할 수 없습니다.

▶ 디지털 액자로 보기

01 MYBOX에 있는 파일 중 **사진 하나를 클릭**합니다.

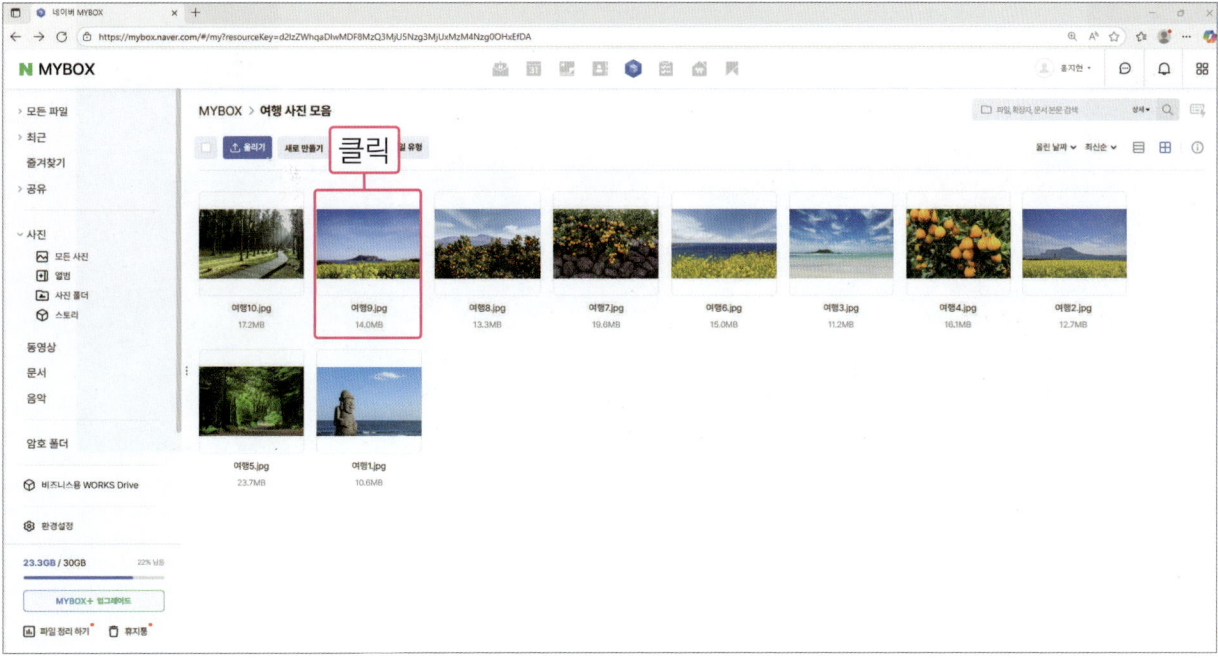

02 뷰어가 실행됩니다. 사진의 좌우 바깥으로 마우스 커서를 이동하면 표시되는 '〈 〉'를 클릭하여 사진을 넘겨 봅니다.

03 사진 위로 마우스 커서를 이동하면 메뉴가 나타납니다. ▶(슬라이드 쇼)를 클릭합니다.

04 전체 화면으로 전환되고 음악과 함께 슬라이드 쇼가 진행됩니다. 감상을 마치면 오른쪽 상단의 ❌를 클릭합니다.

05 왼쪽 상단의 ←를 클릭하여 MYBOX로 돌아옵니다.

▶ **앨범으로 정리하기**

01 [사진]-[모든 사진]을 클릭합니다.

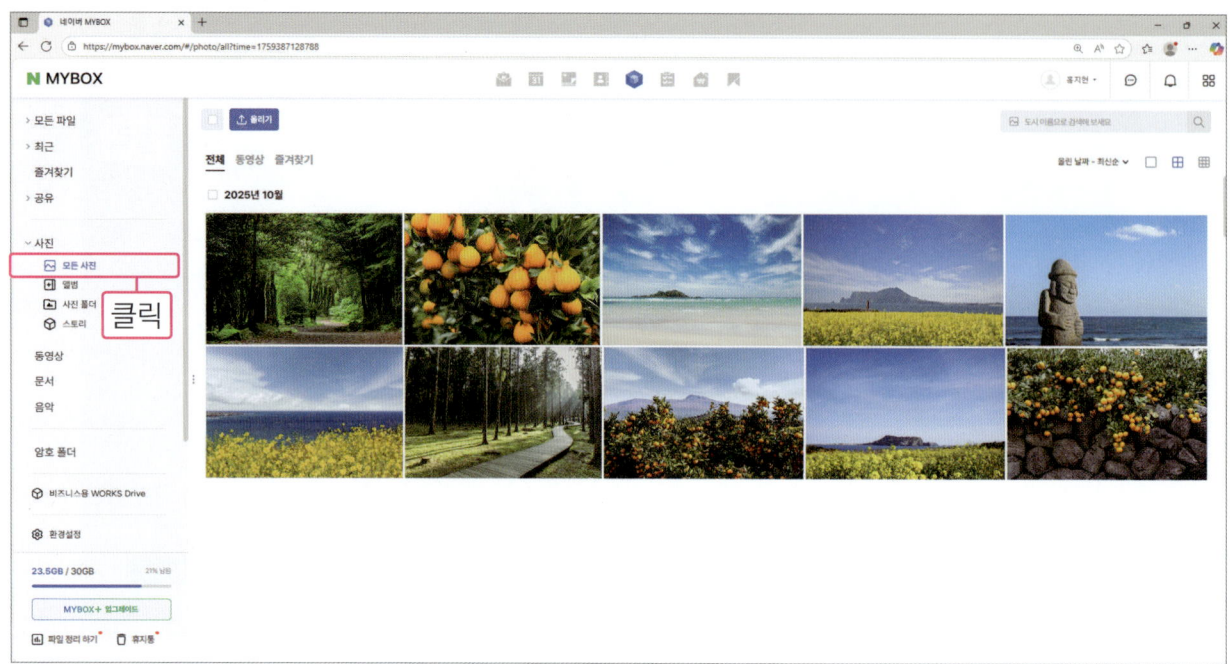

 '스토리'는 MYBOX에 저장된 사진을 자동으로 묶어서 추천하는 기능입니다. 촬영 장소, 유사한 장면 등을 분석하여 자동으로 테마를 만들어 정리해 줍니다.

02 상단의 체크 상자를 클릭하여 사진을 전체 선택합니다.

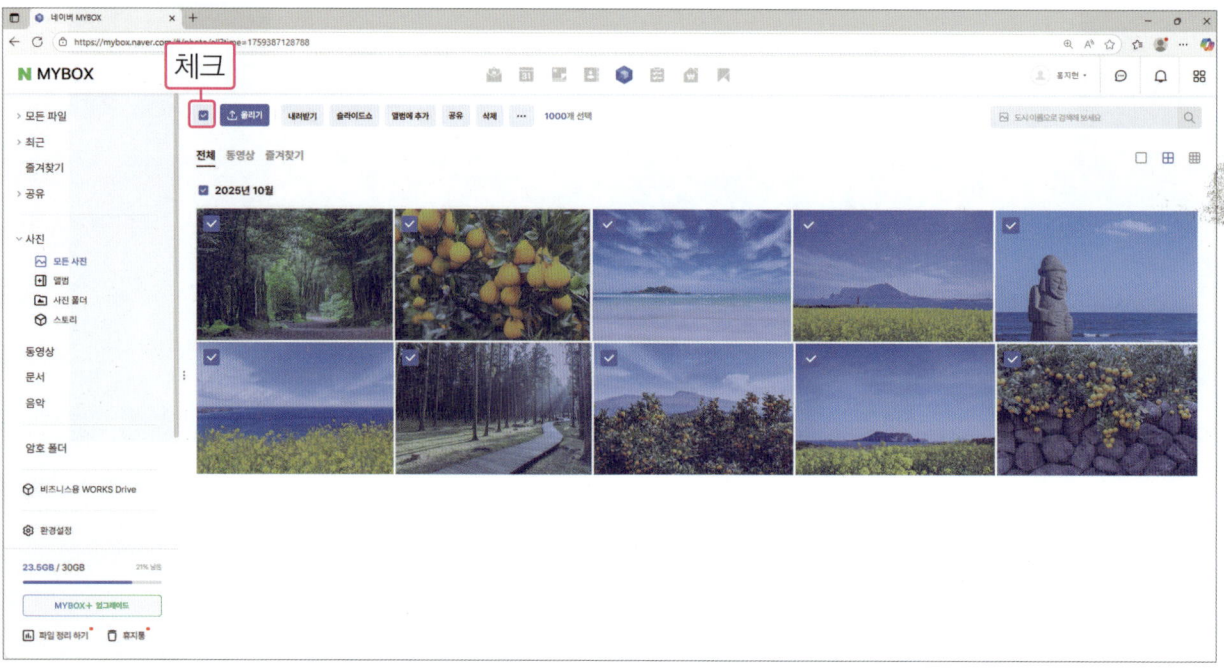

03 [앨범에 추가] 버튼을 클릭한 후 [새 앨범]을 선택합니다.

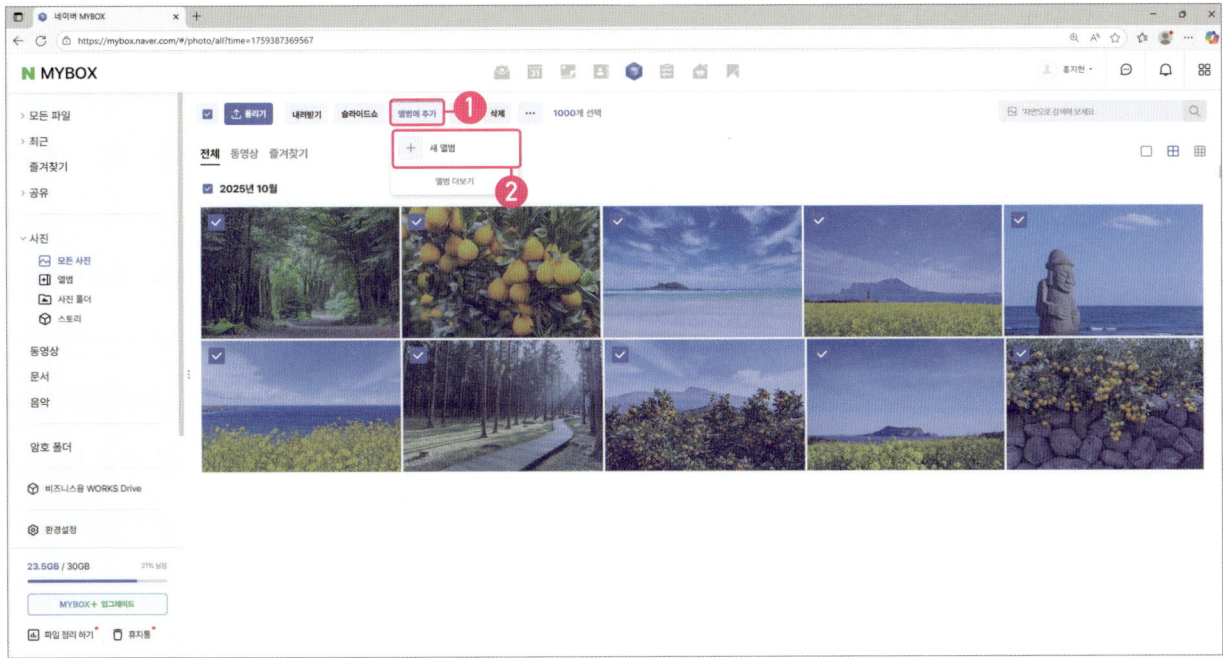

04 [새 앨범 만들기] 대화상자가 나타나면 앨범명을 '제주도'라고 입력한 후 [확인] 버튼을 클릭합니다.

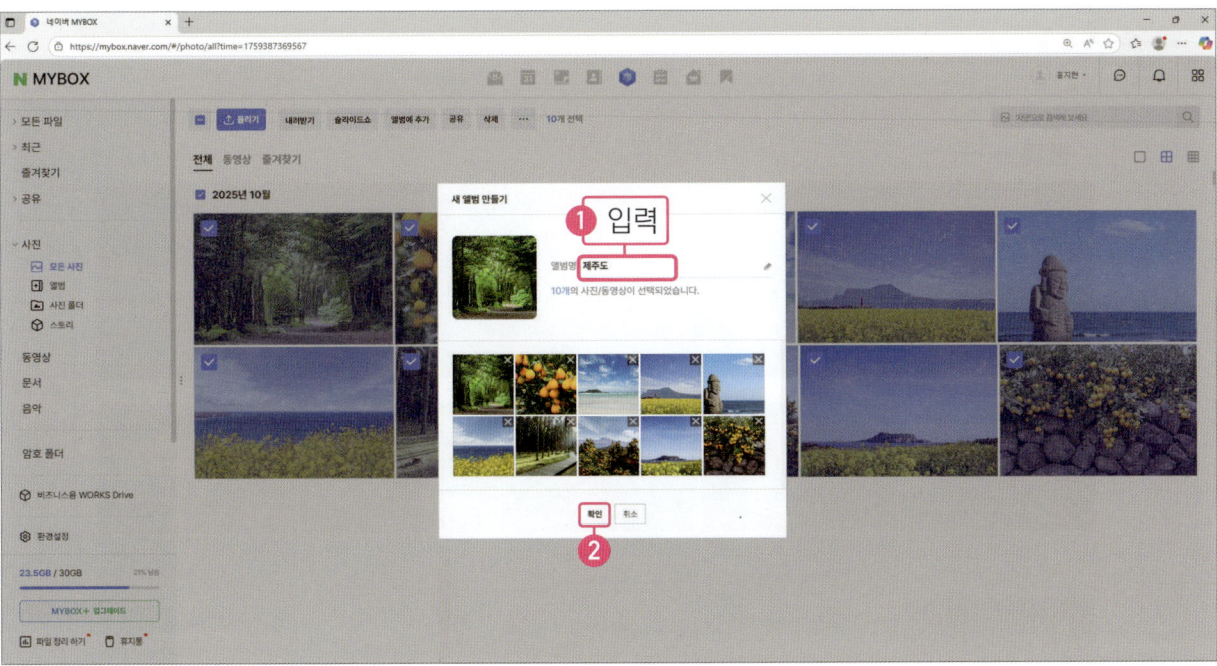

05 [사진]-[앨범]을 클릭하면 오른쪽 창 아래 [내가 만든 앨범] 카테고리에 '제주도' 앨범이 보입니다. '제주도' 앨범을 클릭합니다.

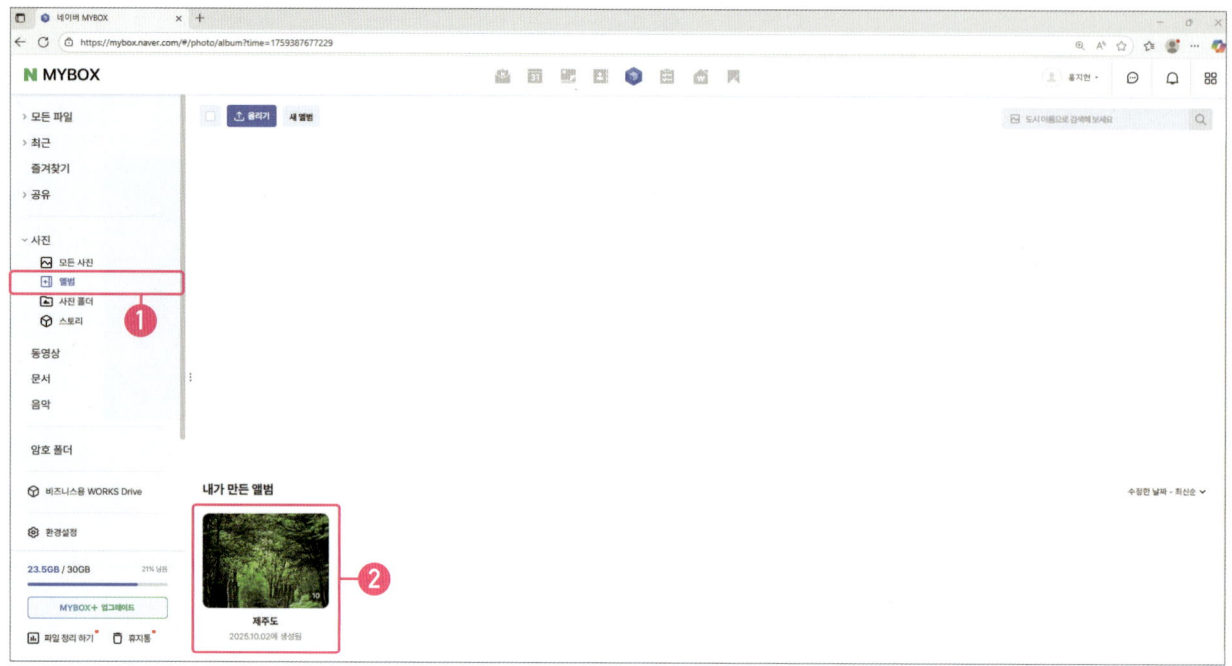

06 앨범에 정리된 사진들을 확인할 수 있습니다.

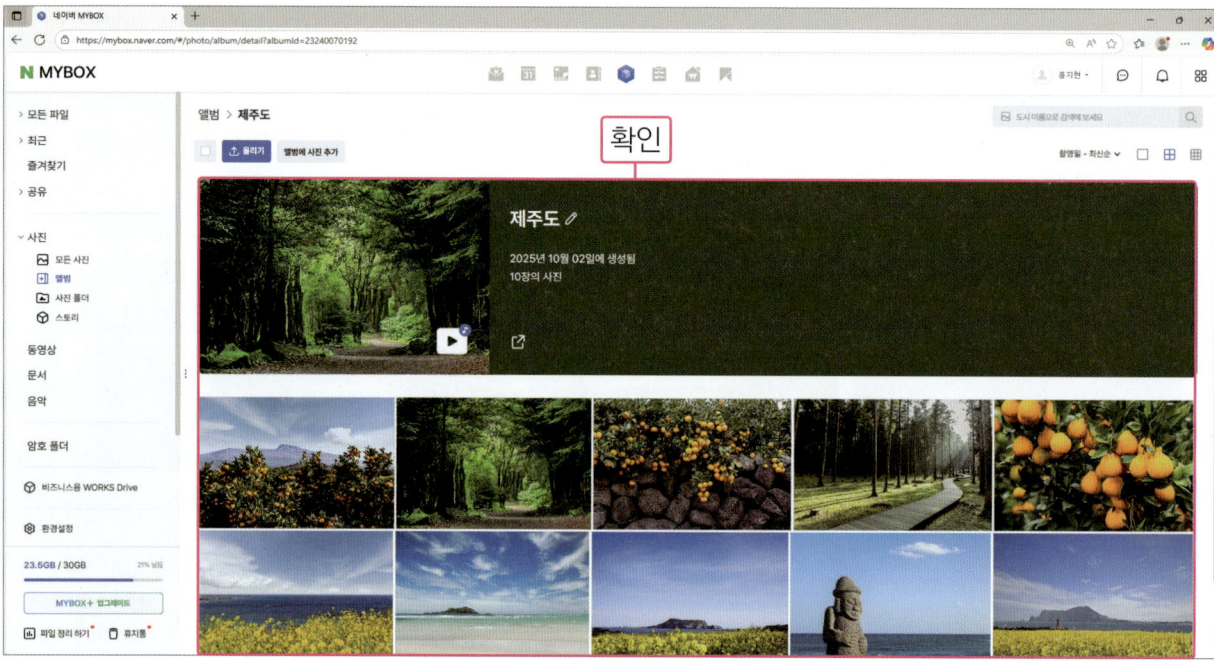

▶ 파일 탐색기에서 MYBOX 사용하기

01 왼쪽 목록을 아래로 내려 [Windows 앱 다운로드]를 클릭합니다.

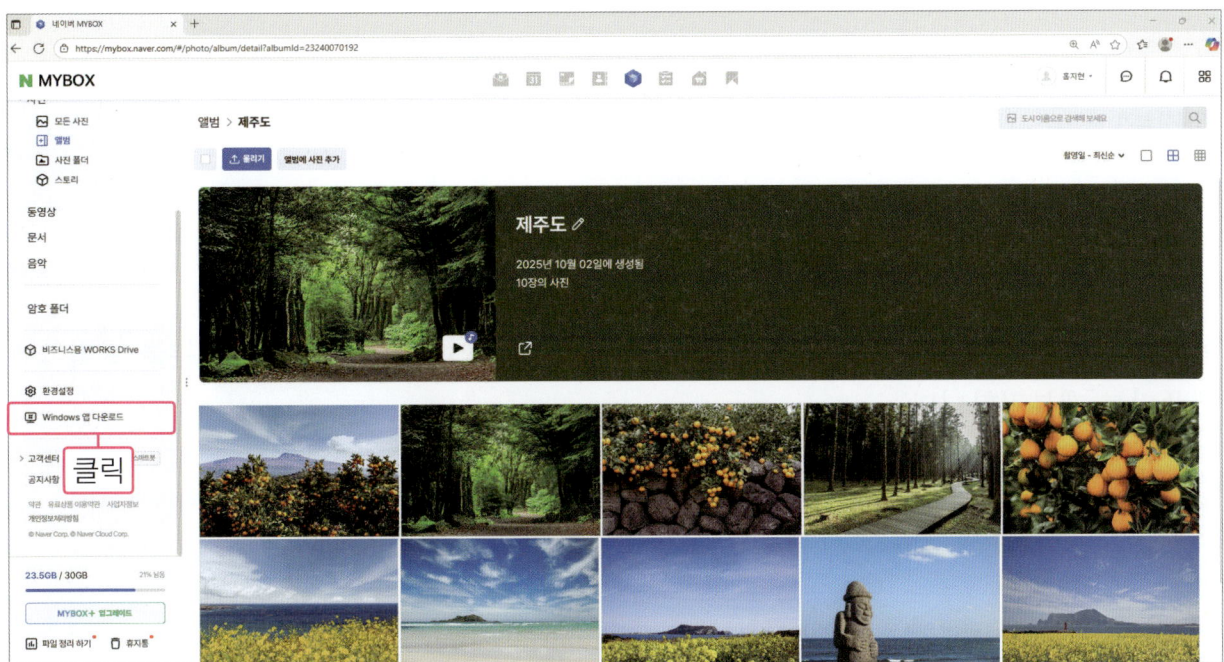

02 MYBOX 탐색기 설치를 위한 창이 나타납니다. [다운로드 Win x64] 버튼을 클릭하여 설치 파일을 다운로드합니다.

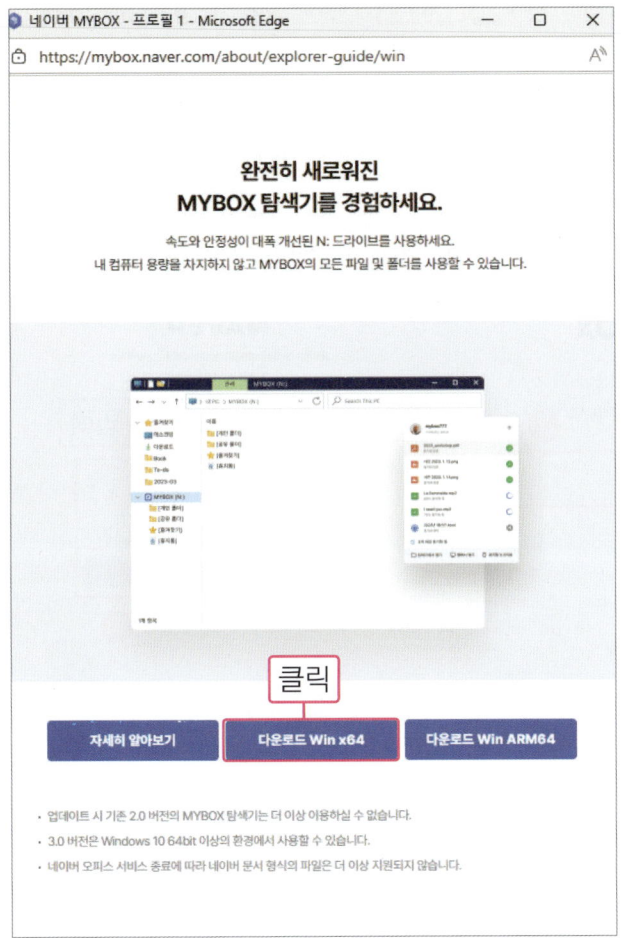

03 다운로드가 완료되면 팝업 창에서 [파일 열기]를 클릭합니다.

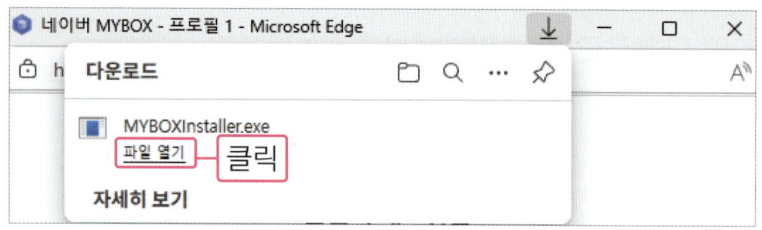

04 디바이스 변경에 대한 허용 유무를 묻는 메시지가 나타나면 [예] 버튼을 클릭합니다.

05 설치 마법사가 실행되면 절차에 따라 진행하여 설치를 완료합니다. [마침] 버튼을 클릭하여 컴퓨터를 재부팅합니다.

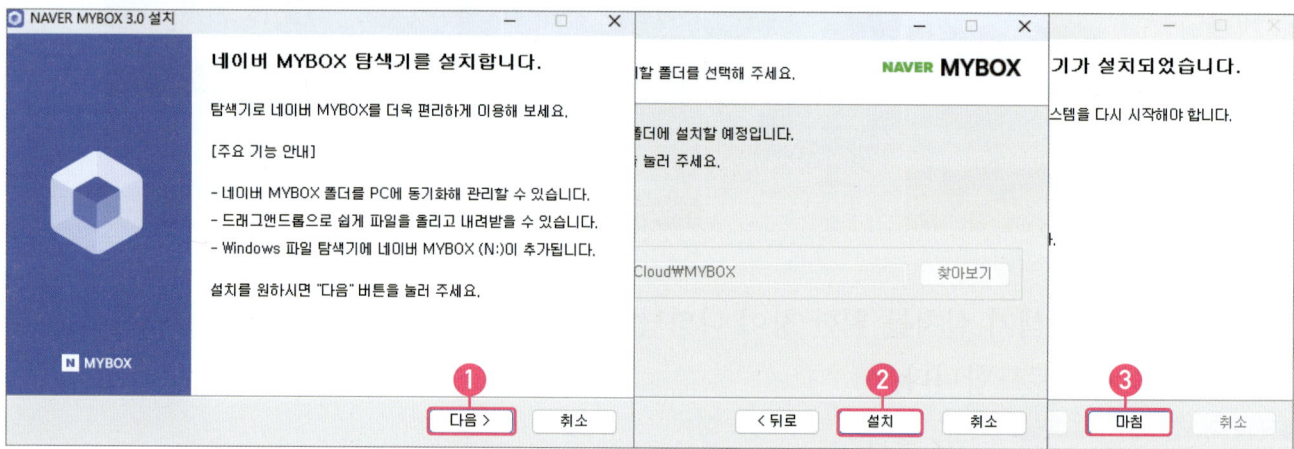

06 재부팅 후 안내 창이 나타나면 [MYBOX 탐색기 시작하기] 버튼을 클릭합니다. [NAVER 로그인] 버튼을 클릭한 후 아이디와 비밀번호를 입력하여 로그인합니다.

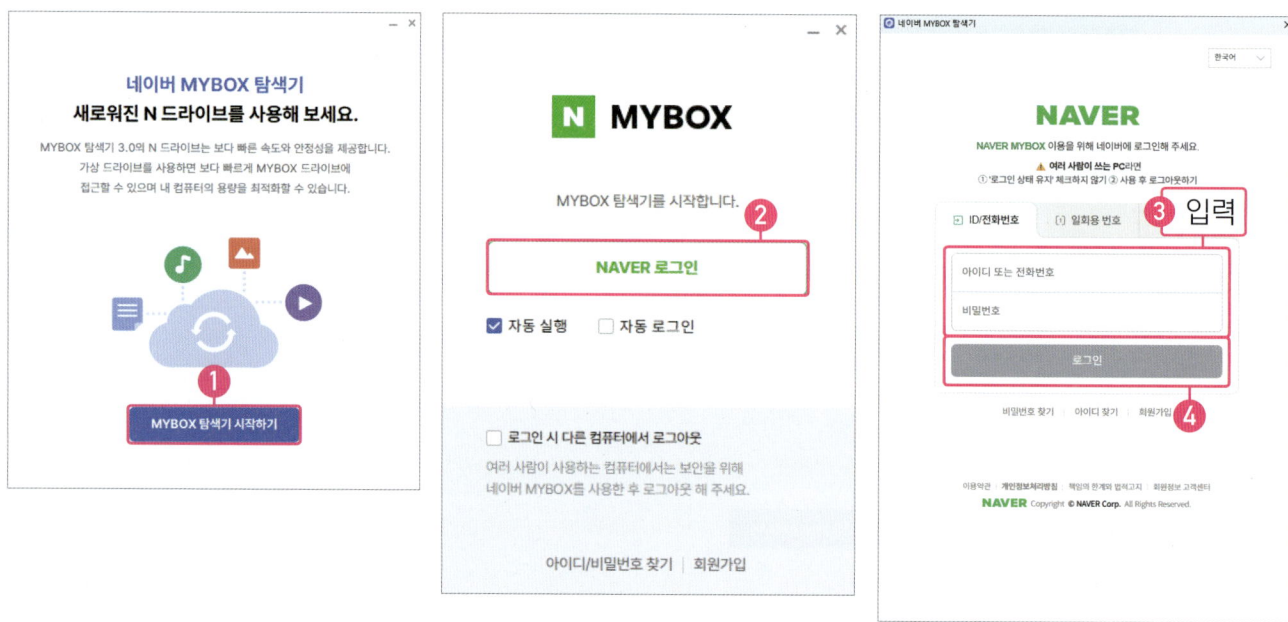

07 로그인하면 오른쪽 하단에 MYBOX 알림 창이 나타납니다. **[탐색기에서 열기]**를 클릭합니다.

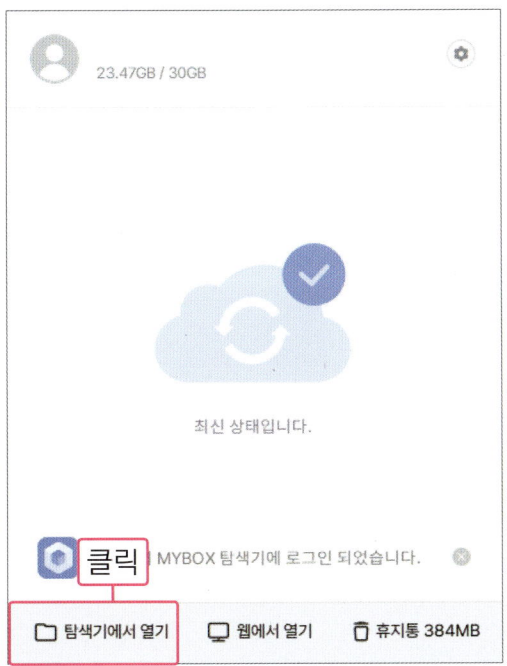

잠깐

- 알림 창이 나타나지 않으면 작업 표시줄의 오른쪽에 ⌃(숨겨진 아이콘 표시)를 클릭하면 MYBOX 아이콘을 찾을 수 있습니다.

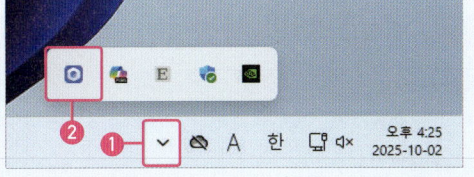

- [시작(■)] 버튼을 클릭하고 '네이버 MYBOX 탐색기 3.0'을 찾아 실행해도 됩니다.

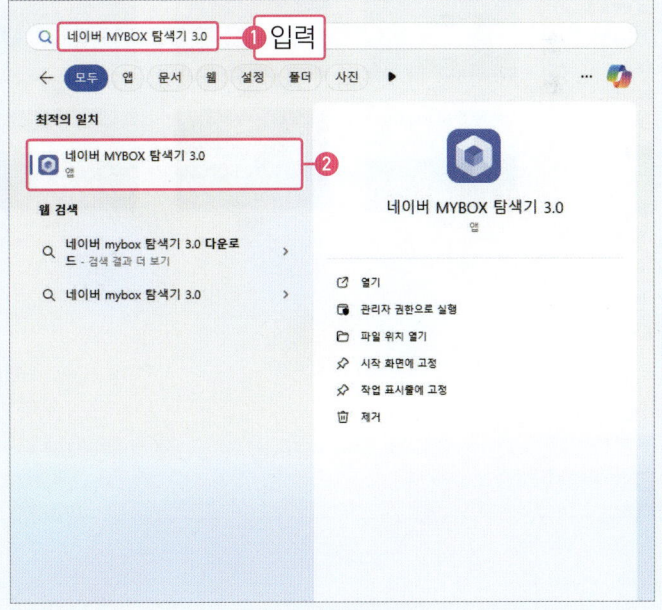

08 MYBOX 드라이브가 생성된 것을 확인할 수 있습니다. [MYBOX(N:)] 드라이브를 클릭하고 [개인]-[여행 사진 모음]을 클릭합니다.

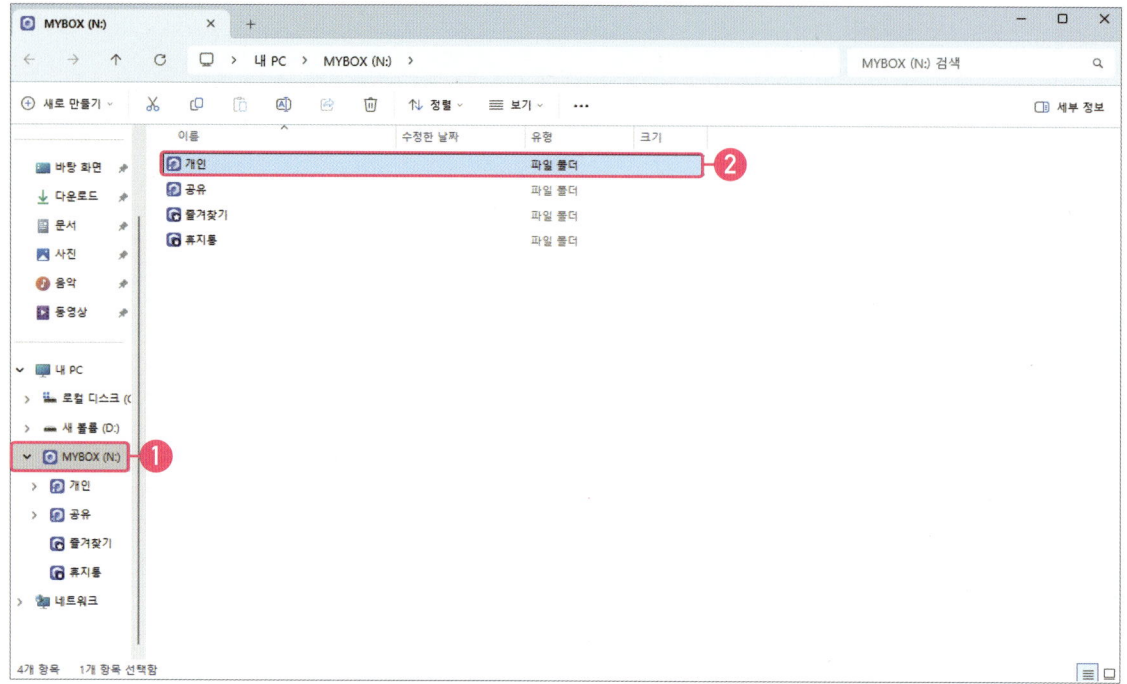

09 업로드했던 사진들을 확인할 수 있습니다.

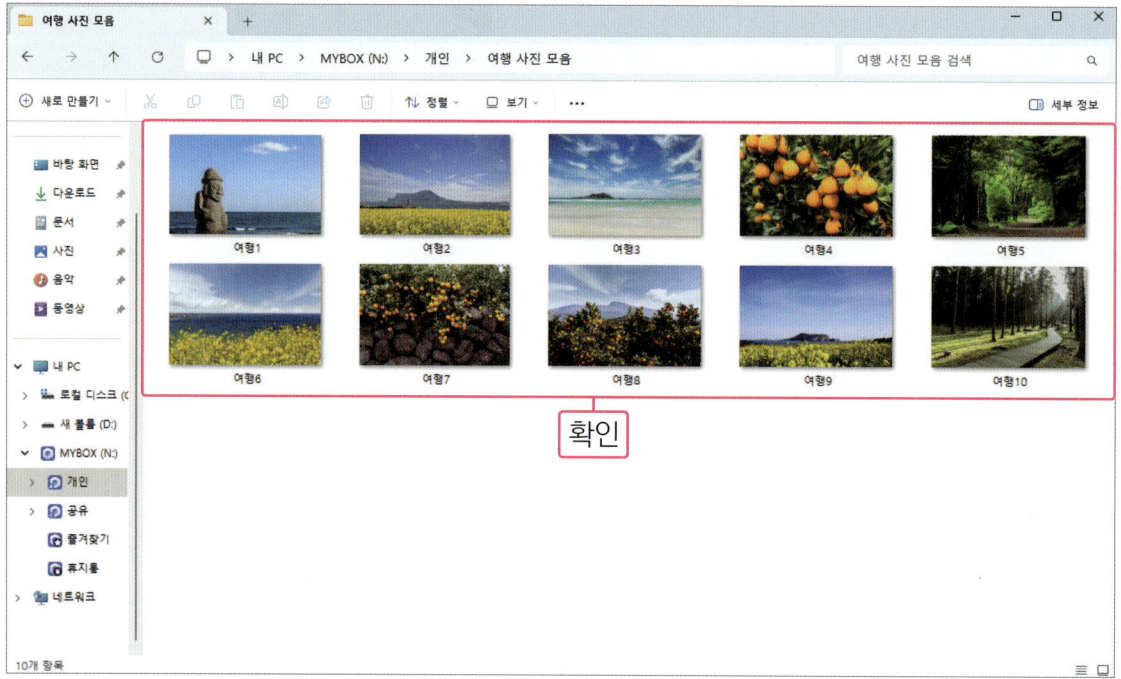

10 Ctrl + A 키를 눌러 사진을 전체 선택한 후 **마우스 오른쪽 버튼**을 클릭하고 🗑(삭제)를 선택합니다. 완전히 삭제할 것인지 묻는 메시지가 나타나면 [예] 버튼을 클릭합니다.

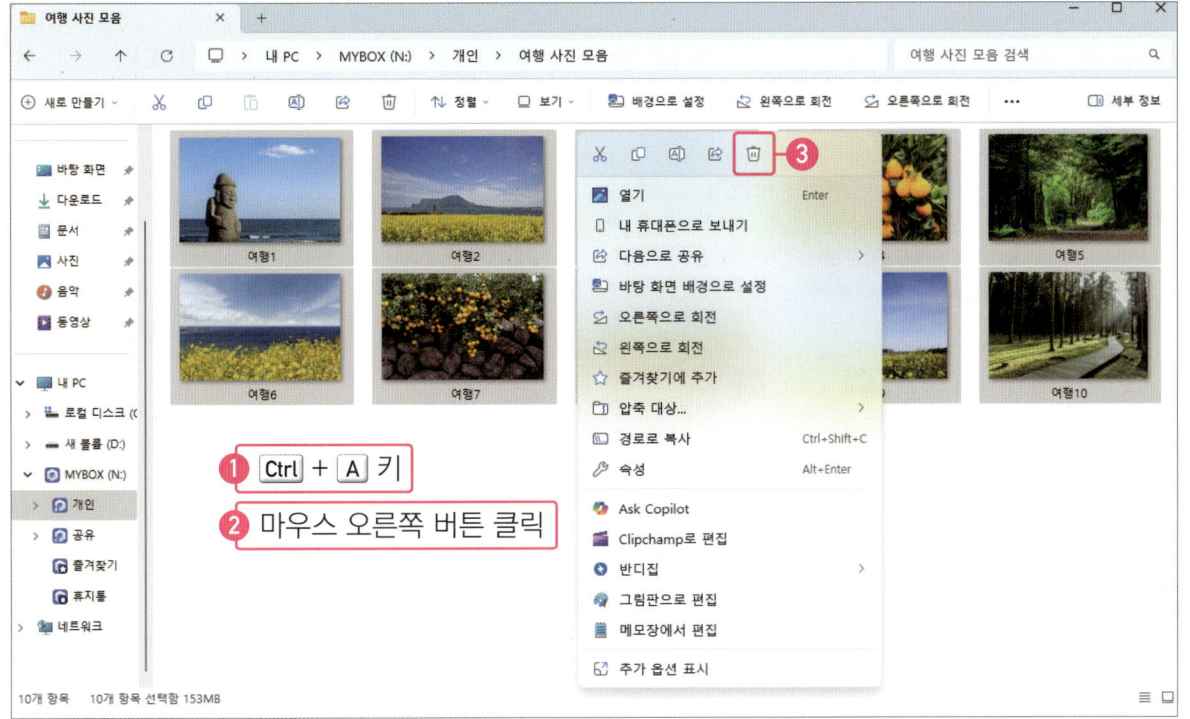

11 MYBOX의 [여행 사진 모음] 폴더로 이동해 보면 사진이 모두 삭제된 것을 확인할 수 있습니다.

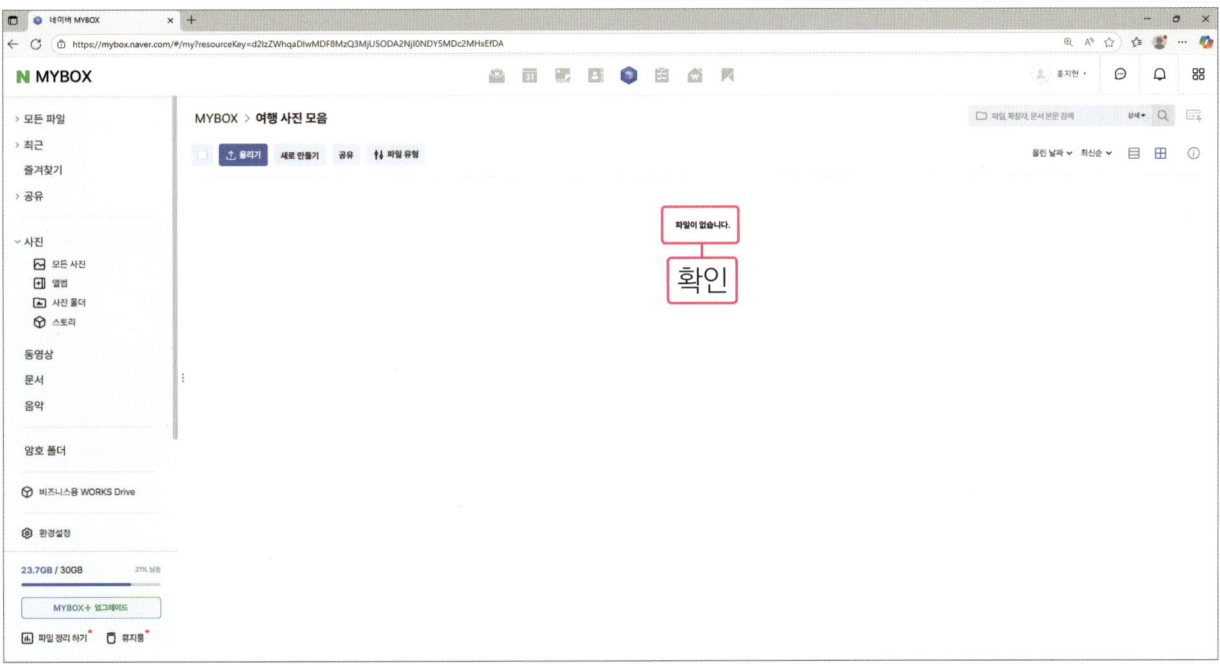

응용력 키우기

01 [예제음악] 폴더 내 음악 파일들을 네이버 MYBOX에 '폴더 올리기'로 업로드해 봅니다.

`준비파일` [예제음악] 폴더

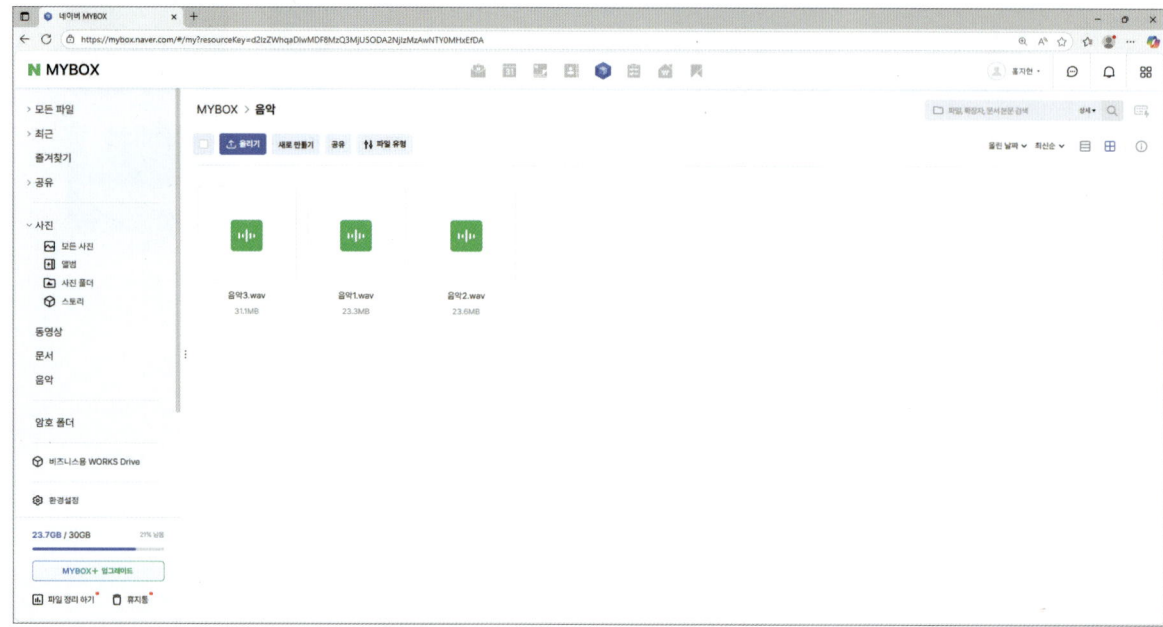

02 [파일 탐색기]의 [MYBOX(N:)] 드라이브 내에 [여행 동영상] 폴더를 만들고 동영상을 저장해 봅니다.

`준비파일` [예제동영상] 폴더

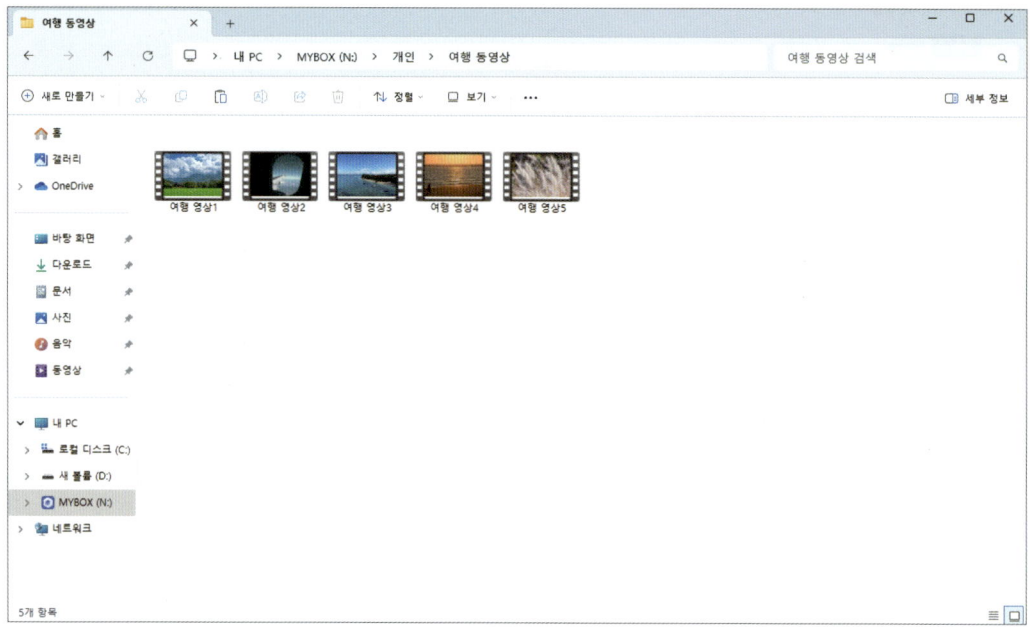

05 컴퓨터 최적화하기

- 임시 파일 제거
- 저장 공간 센스
- 디스크 파편화
- 드라이브 최적화

미/리/보/기

사양이 좋은 컴퓨터라도 시간이 지나면 점점 느려지거나 오류가 잦아질 수 있습니다. 주된 원인으로는 불필요한 데이터로 인한 저장 공간 부족, 시스템 자원 과다 사용, 디스크 파편화 등을 들 수 있습니다. 이번 장에서는 이러한 문제를 간단히 해결하고 컴퓨터를 더 쾌적하게 유지하는 방법을 살펴보겠습니다.

01 윈도우 저장소

▶ 저장 공간 관리

컴퓨터에서 사용하지 않는 앱을 삭제하고 휴지통을 비우면 일부 용량을 확보할 수 있습니다. 하지만 눈에 보이지 않는 파일들이 저장 공간을 차지하며, 시스템 속도를 느리게 만들기도 합니다. 대표적인 예로 윈도우 업데이트 후 남은 설치 파일이나 인터넷 사용 중 생기는 임시 파일 등이 있습니다. 이러한 파일들은 사용자가 직접 신경 쓰지 않으면 계속 쌓이게 됩니다. 저장 공간 관리 기능을 활용하면 불필요한 파일을 간단하게 제거할 수 있습니다.

▶ 저장 공간 센스

윈도우 11을 사용하다 보면 디스크 용량 부족 알림이 나타날 때가 있습니다. 매번 수동으로 정리하는 것이 번거롭다면, '저장 공간 센스' 기능을 활용할 수 있습니다. 이 기능은 자동 디스크 정리 도구로 사용자가 일일이 파일을 삭제하지 않아도 시스템이 불필요한 데이터를 자동으로 찾아 제거해 줍니다.

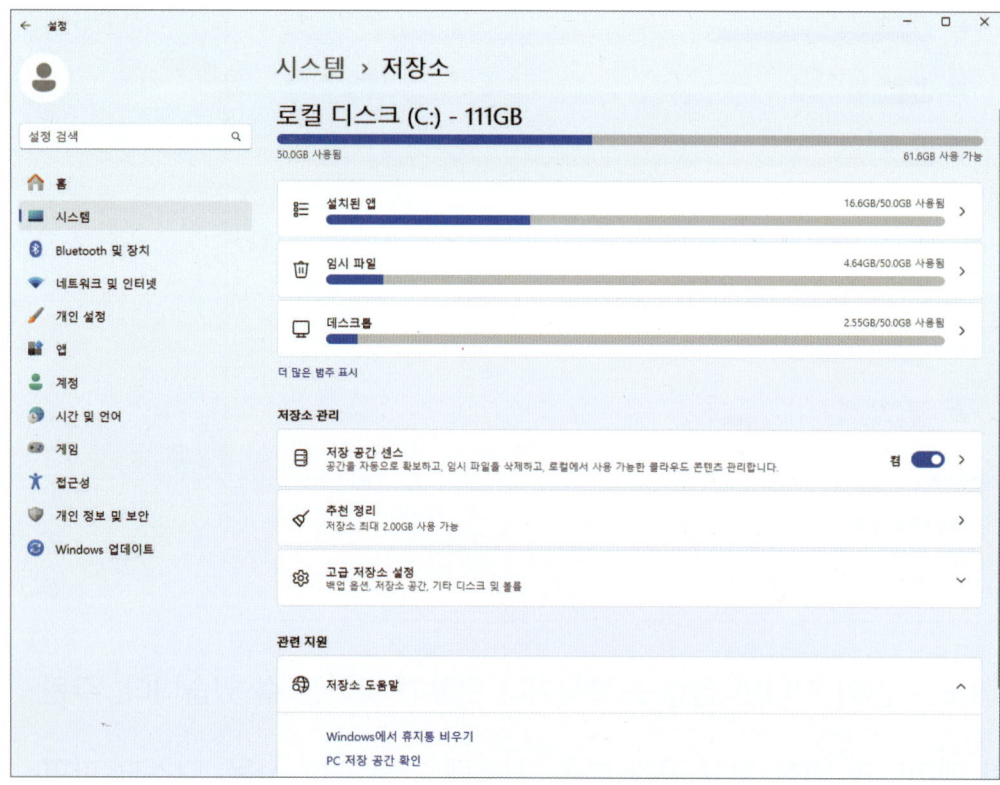

▶ 디스크 파편화와 드라이브 최적화

컴퓨터를 사용하다 보면 파일을 저장하고 삭제하는 작업이 반복됩니다. 이 과정에서 하드 디스크에서는 디스크 파편화 현상이 발생할 수 있습니다. 처음에는 파일이 순서대로 정리되지만, 기존 파일을 삭제하고 새 파일을 저장할 때 파일 크기가 다르면 조각난 형태로 저장됩니다. 이로 인해 파일을 읽는 속도가 느려질 수 있습니다. 이때 드라이브 최적화 기능을 사용하면 흩어져 있는 파일들을 모아줄 수 있습니다.

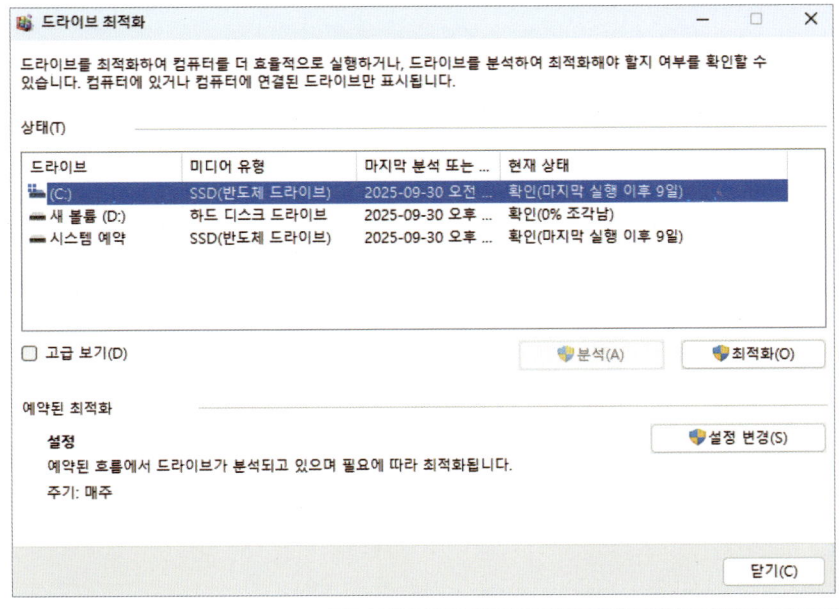

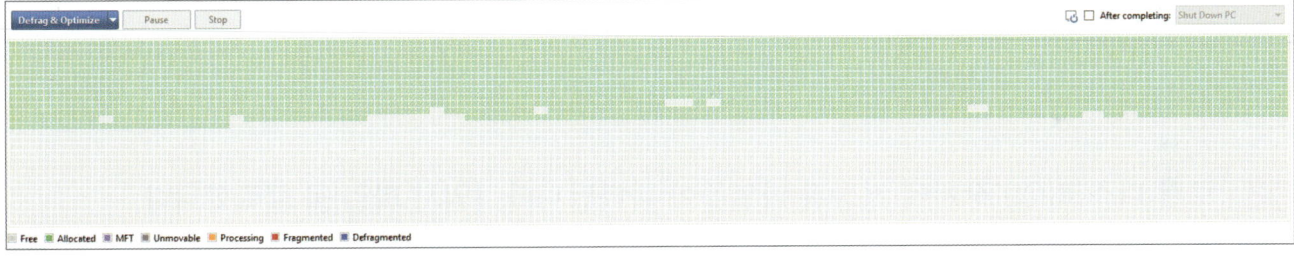

최근 출시되는 대부분의 컴퓨터는 반도체 드라이브를 저장매체로 사용하고 있습니다. 반도체 드라이브는 구조상 별도의 최적화 관리가 필요 없지만, 아직까지 하드 디스크 드라이브를 완전히 대체하지는 못합니다. 따라서 자신의 컴퓨터에 하드 디스크 드라이브가 설치되어 있는지 확인한 후, 하드 디스크 드라이브가 있을 경우에만 수동으로 드라이브 최적화 기능을 실행하면 됩니다.

02   저장 공간 관리하기

▶ 임시 파일 제거하기

01   [시작()]-[설정]-[시스템]-[저장소]를 클릭합니다.

02   로컬 디스크(C:) 장치에 저장된 파일들이 나타납니다. [임시 파일]을 클릭합니다.

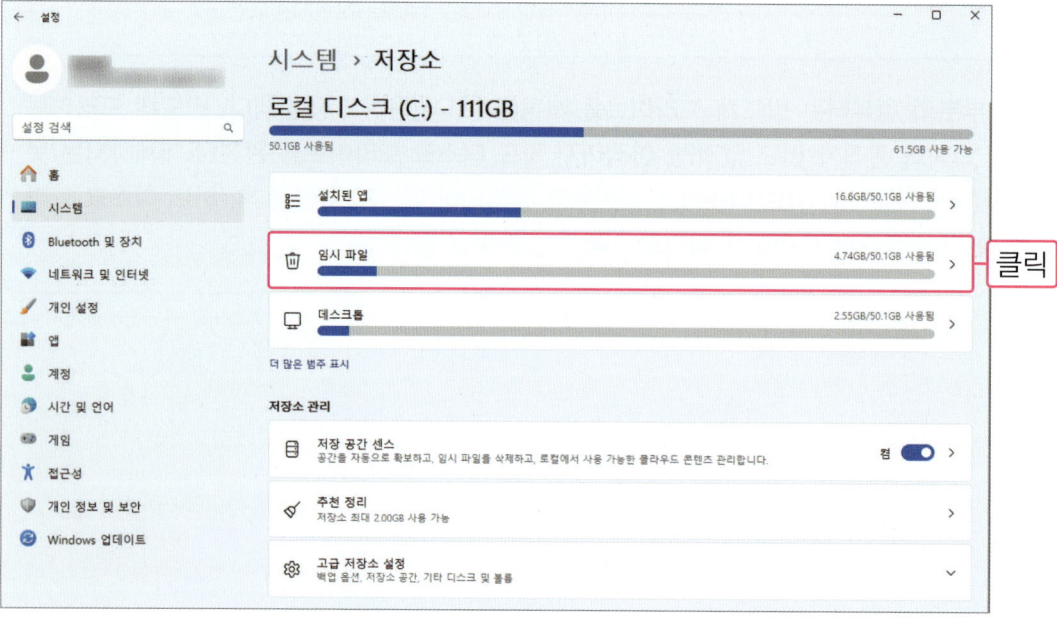

03 임시 파일의 목록과 용량이 표시됩니다. **불필요한 파일을 체크**한 후 **[파일 제거]** 버튼을 클릭합니다.

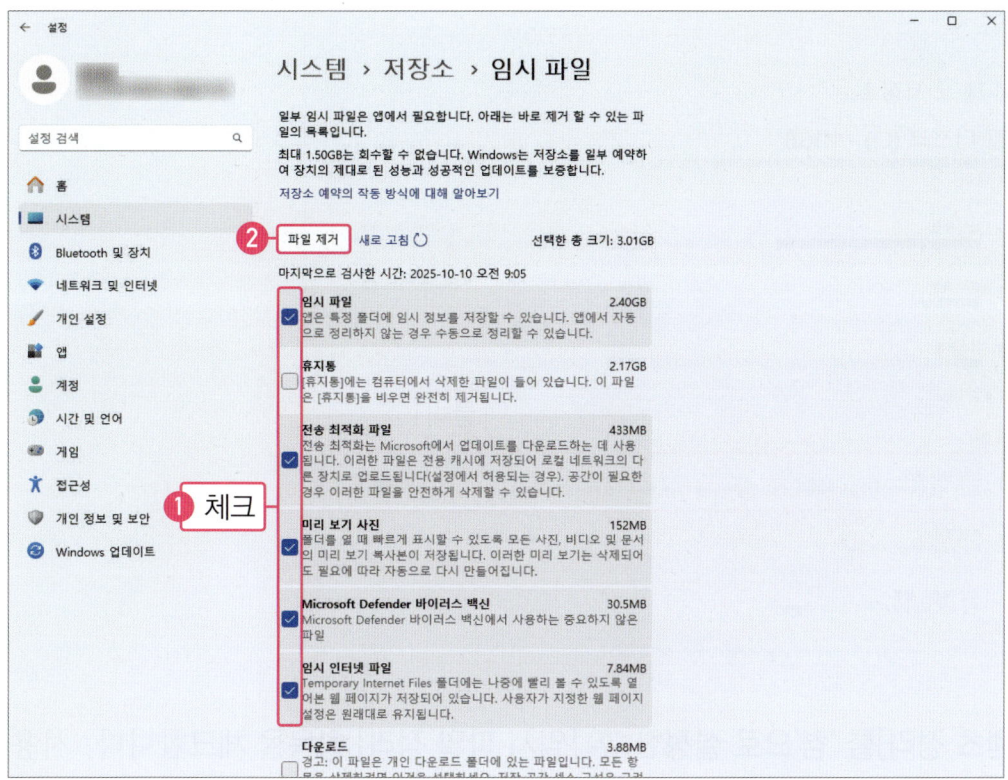

04 불필요한 파일이 삭제되고 용량을 확보한 것을 확인할 수 있습니다. 왼쪽 상단의 ←(**뒤로**)를 클릭합니다.

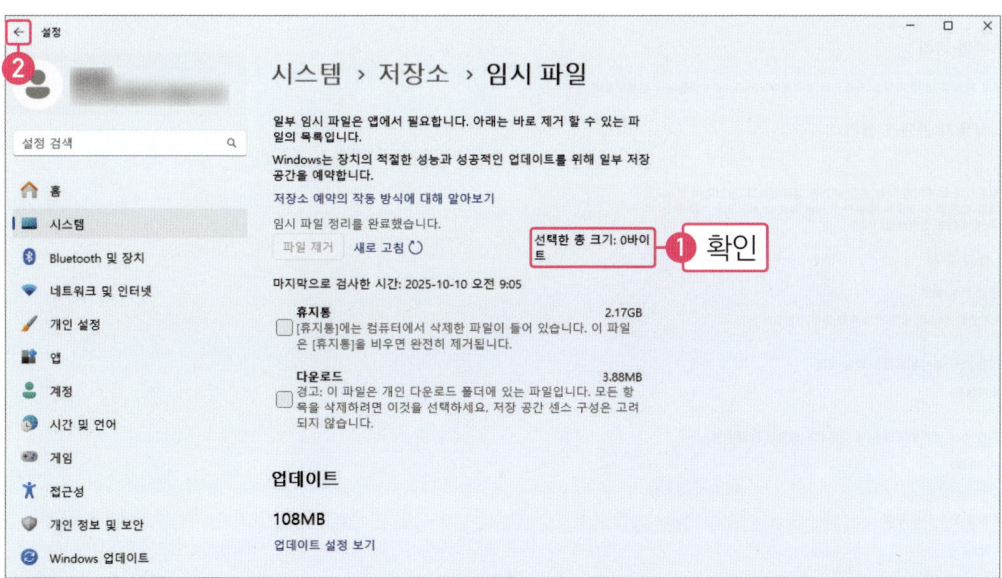

> '다운로드' 파일은 인터넷에서 저장한 파일들이 저장되는 곳입니다. 중요한 문서나 파일이 없는지 반드시 확인 후 체크합니다.

▶ 저장 공간 센스 설정하기

01 [저장소] 화면의 [저장 공간 센스]를 클릭합니다.

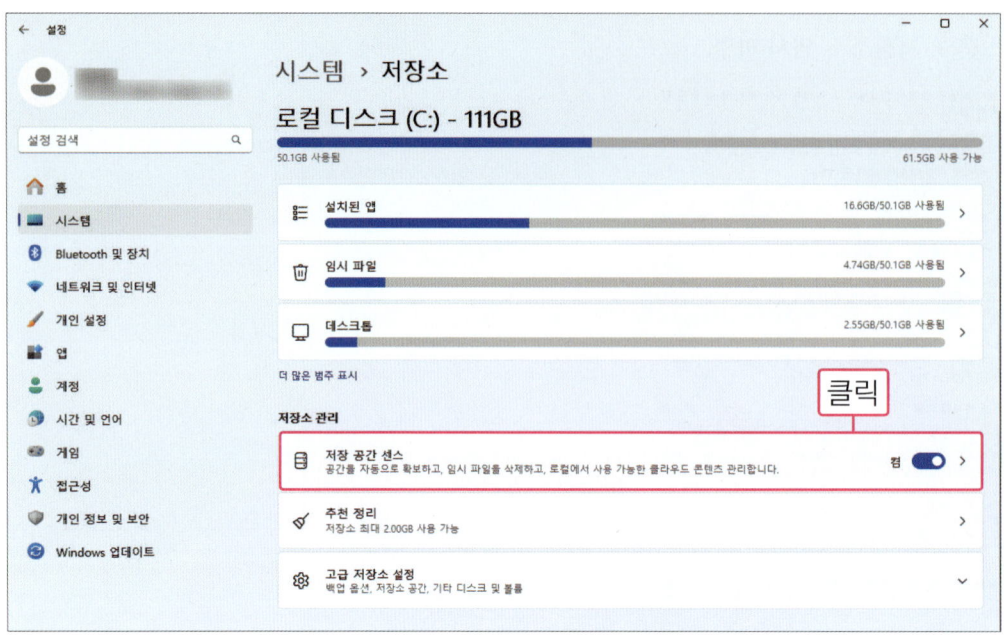

02 [자동 사용자 콘텐츠 정리]를 '켬'으로 설정한 후 [임시 파일 정리] 항목을 체크합니다. 사용하지 않는 임시 파일이 주기적으로 자동 삭제되어 디스크 공간을 효율적으로 관리할 수 있습니다.

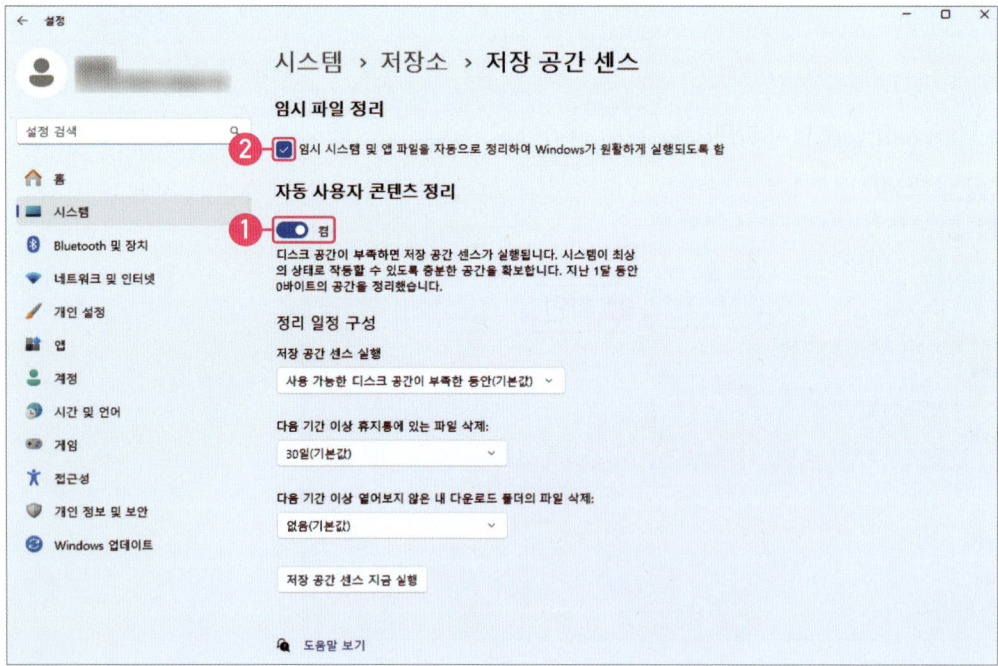

03 저장소 센스가 어떻게 작동할지 세부적으로 설정합니다. **사용자가 원하는 옵션으로 설정합니다.**

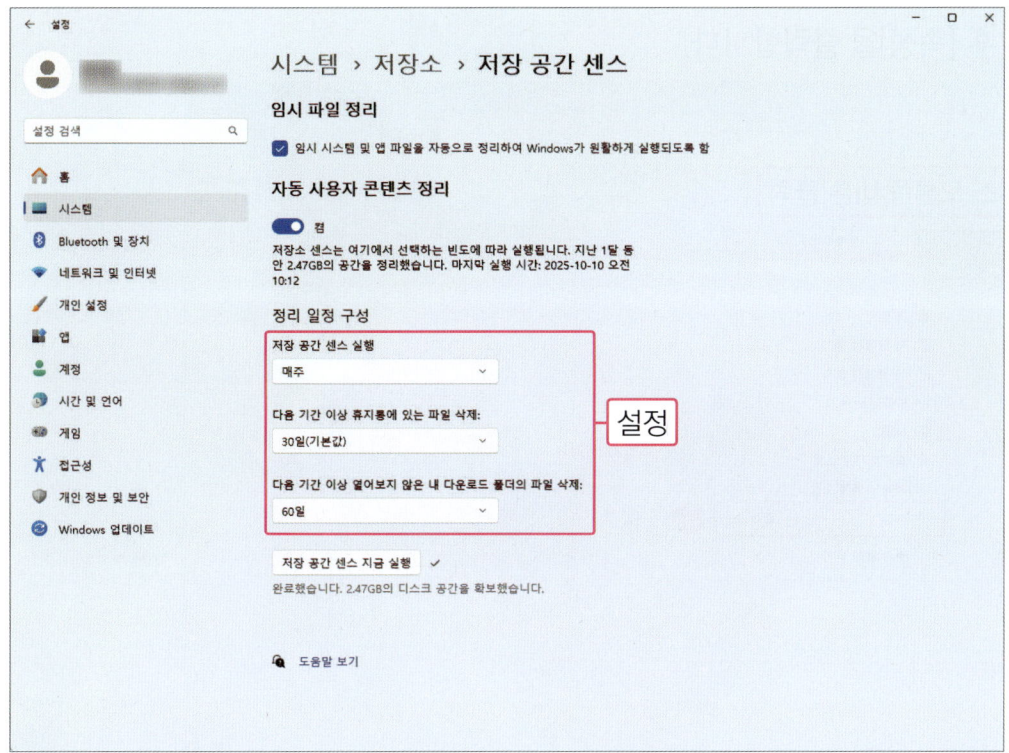

- **저장 공간 센스 실행:** '매일, 매주, 매월, 디스크 공간이 부족할 때' 중 원하는 주기를 선택합니다. 자주 실행할수록 공간 확보에 유리하지만, '매주'나 '매월'이 가장 안정적입니다.
- **다음 기간 이상 휴지통에 있는 파일 삭제:** 휴지통의 파일을 자동으로 삭제할 기간을 선택합니다. 중요한 파일을 실수로 버릴 수 있으니 여유 있는 기간을 설정하는 것을 권장합니다.
- **다음 기간 이상 열어보지 않은 내 다운로드 폴더의 파일 삭제:** 지정한 기간 동안 열지 않은 다운로드 폴더의 파일을 자동 삭제합니다. 중요한 파일은 다른 폴더로 옮기거나, 기간을 길게 설정하는 것을 권장합니다.

▶ 드라이브 최적화하기

01 [파일 탐색기]를 열고 탐색 창의 [내 PC]를 클릭합니다. [로컬 디스크 (C:)]를 마우스 오른쪽 버튼으로 클릭한 후 [속성]을 클릭합니다.

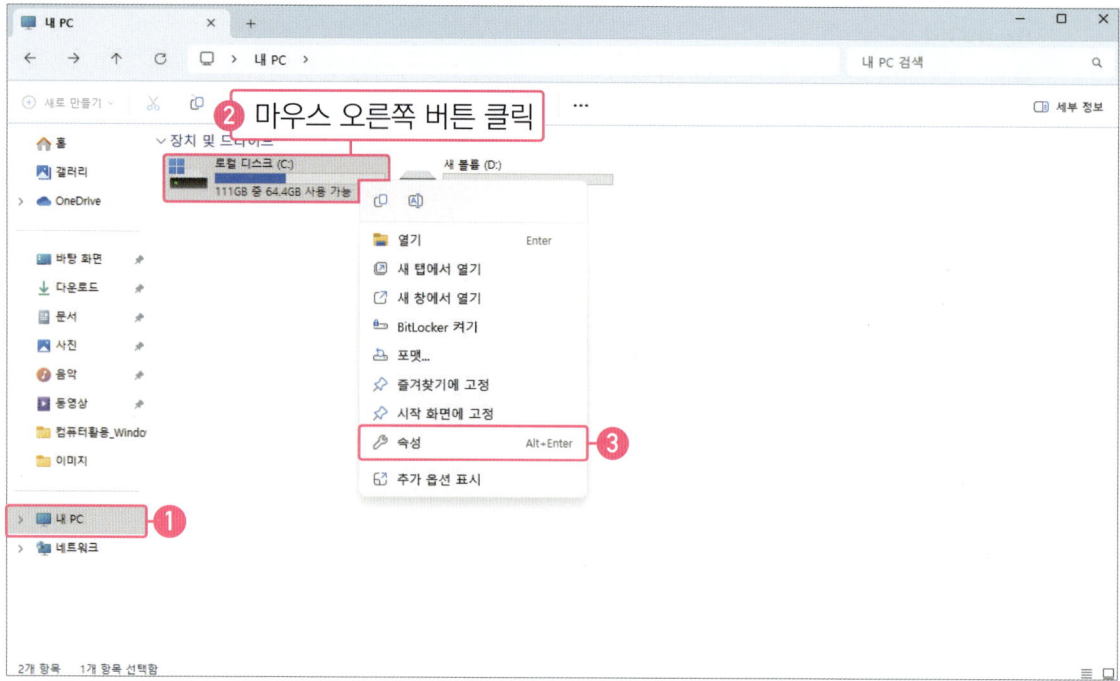

02 속성 화면이 나타납니다. [도구] 탭을 클릭한 후 [최적화] 버튼을 클릭합니다.

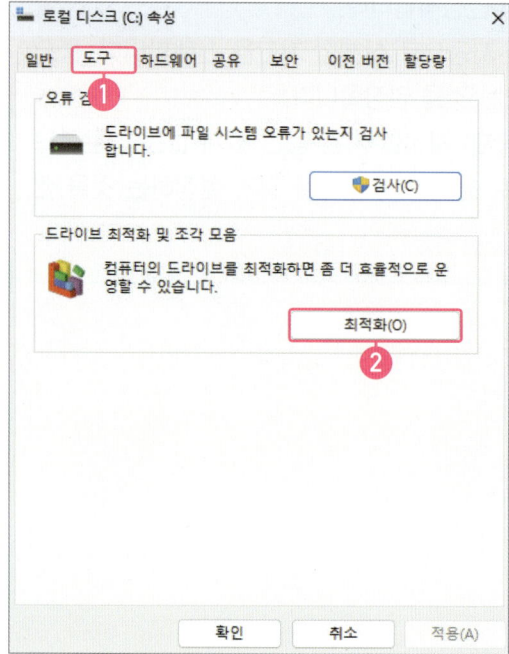

03 컴퓨터에 설치된 저장 장치가 나타납니다. '하드 디스크 드라이브'를 선택한 후 [분석] 버튼을 클릭합니다. 조각난 비중이 높으면 [최적화] 버튼을 클릭하여 디스크를 최적화합니다.

04 용량과 조각난 비중에 따라 시간이 걸릴 수도 있습니다.

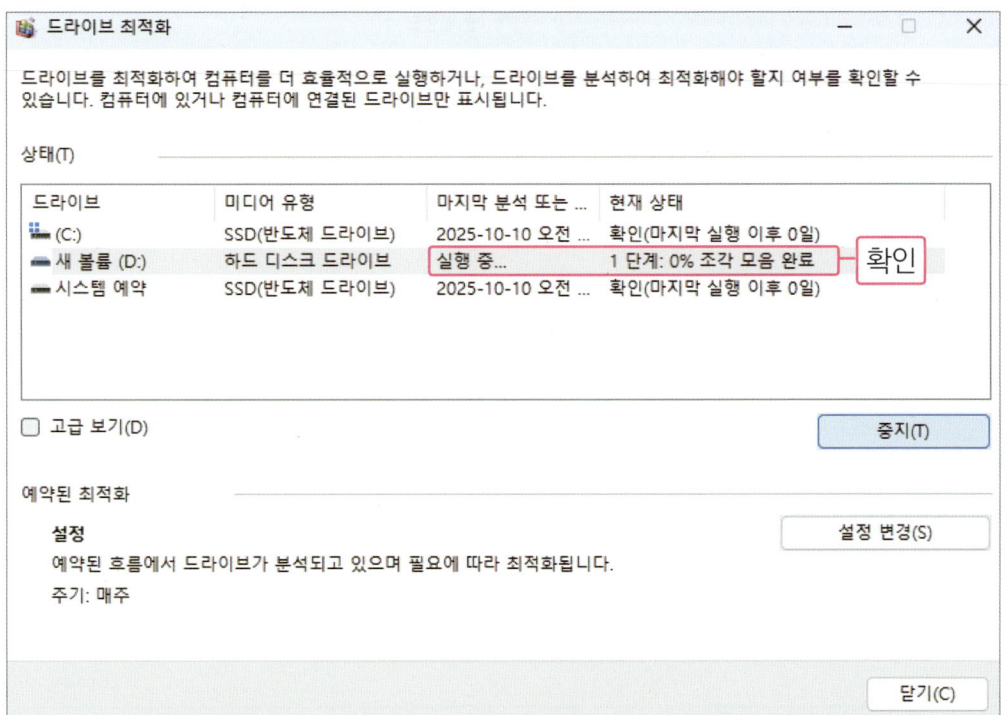

05 [예약된 최적화]의 [설정 변경] 버튼을 클릭합니다.

06 [예약 실행]의 체크를 해제하고 [확인] 버튼을 클릭합니다. [닫기] 버튼을 클릭합니다.

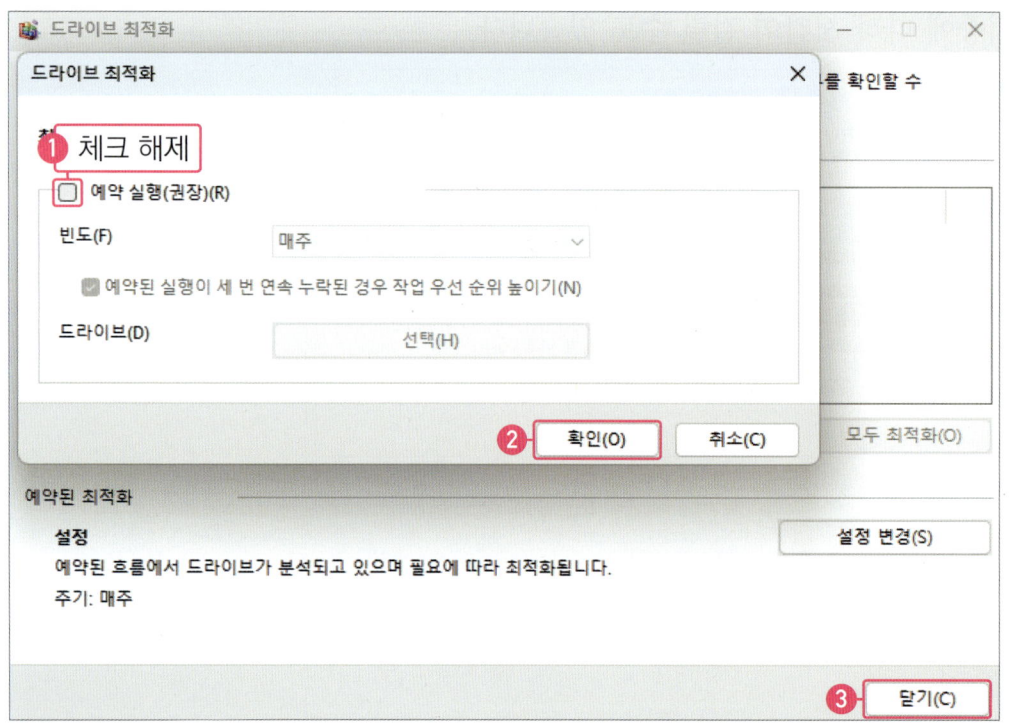

 하드 디스크 드라이브는 사용하면 할수록 수명이 줄어듭니다. 드라이브 최적화를 진행하는 동안에는 컴퓨터 속도가 느려져 작업에 영향을 줄 수도 있습니다. 따라서 예약 기능으로 자동 실행하기보다는 컴퓨터 사용 패턴에 맞춰 필요할 때 한 번씩 수동으로 최적화를 수행하는 것이 더 효율적입니다.

응용력 키우기

01 사용하지 않는 앱을 삭제해 봅니다.

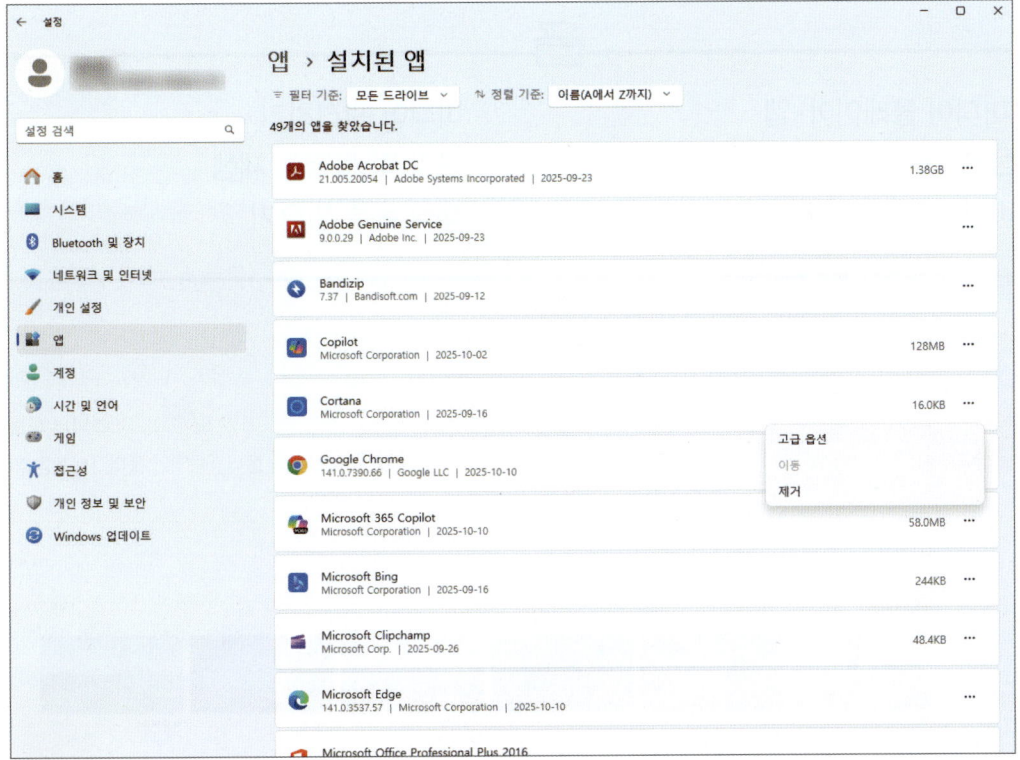

 · 잘 모르는 앱은 함부로 삭제하지 않도록 합니다.
· [설정]-[시스템]-[저장소]-[설치된 앱] → 설치된 앱 목록에서 ⋯ 클릭 → [제거] 버튼 클릭

02 드라이브 최적화 일정을 '매월' 단위로 예약해 봅니다.

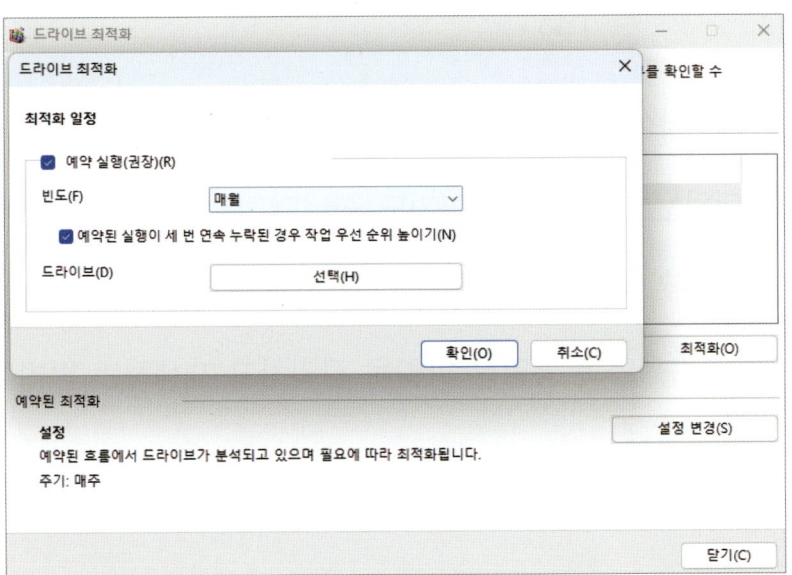

06 '미디어 플레이어' 앱 사용하기

- '미디어 플레이어' 앱
- 음악 라이브러리
- 비디오 라이브러리
- 미디어 관리하기
- 음악 및 동영상 재생
- 재생 목록 만들기

미/리/보/기

준비물 : 스피커 또는 이어폰
준비파일 : [예제음악] 폴더, [음악2] 폴더, [예제동영상] 폴더

컴퓨터는 인터넷을 하거나 문서를 작성하는 것뿐만 아니라, 음악을 감상하거나 동영상을 시청하는 등 일상에 즐거움을 더하는 유용한 도구이기도 합니다. 특히 요즘은 대부분의 미디어 콘텐츠가 디지털 파일 형태로 제공되기 때문에, 컴퓨터를 통해 손쉽게 저장하고 관리할 수 있습니다. 이번 장에서는 음악과 동영상 파일을 관리하고 재생하는 방법을 살펴보겠습니다.

 '미디어 플레이어' 앱 사용하기

▶ 음악 및 동영상 감상하기

오늘날 음악을 감상하는 방식은 매우 다양해졌습니다. LP나 CD와 같은 물리적 매체를 사용하지 않고도, 디지털 음원을 구입하거나 스트리밍 서비스를 통해 언제 어디서나 음악을 즐길 수 있습니다. 컴퓨터에 저장된 음악 파일을 이용하면 원하는 곡을 바로 재생하고 관리할 수 있어 훨씬 편리합니다. 동영상이나 영화 역시 컴퓨터에서 감상할 수 있습니다. 컴퓨터에 저장된 동영상 파일을 실행하거나 스트리밍으로 시청할 수 있으며, 음악 파일과 달리 동영상 파일은 다양한 형식으로 제공됩니다.

윈도우는 이러한 음악과 동영상을 편리하게 관리하고 감상할 수 있도록 '미디어 플레이어' 앱을 제공합니다. '미디어 플레이어' 앱은 내 컴퓨터에 저장된 음악과 동영상 파일을 한 곳에서 확인하고 재생할 수 있으며 재생 목록 만들기, 반복 재생 등 다양한 기능도 함께 활용할 수 있습니다.

▶ '미디어 플레이어' 앱의 화면 구성 살펴보기

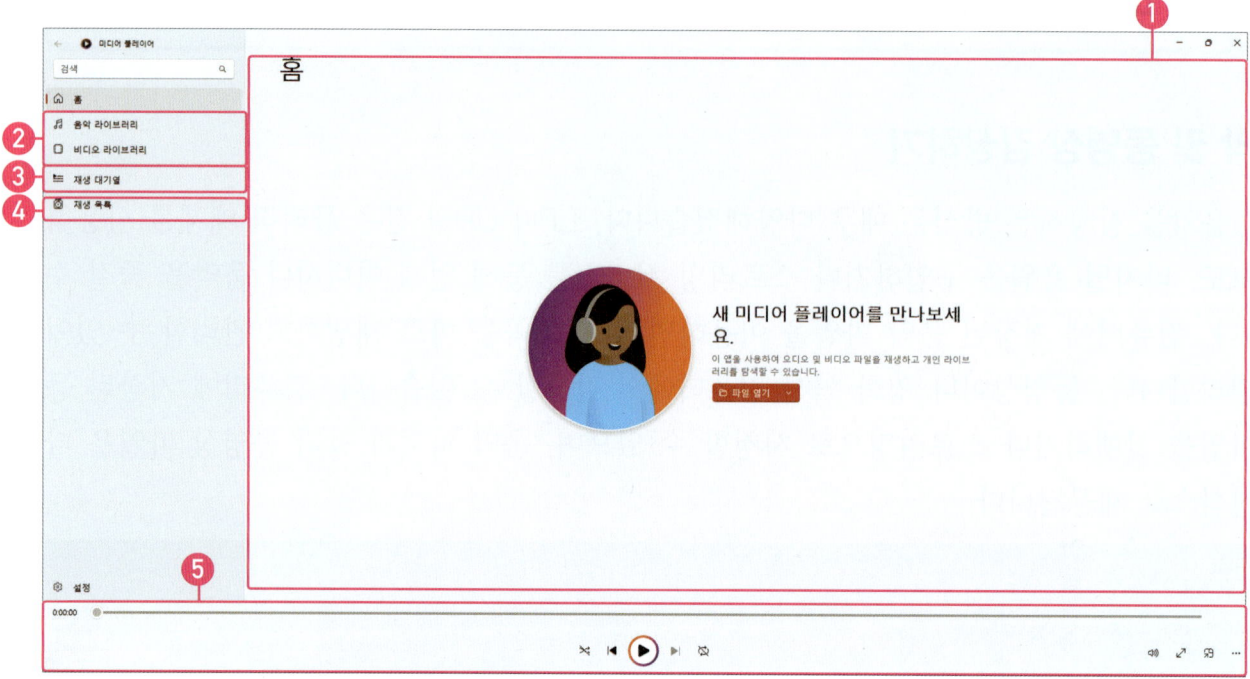

① **홈** : 재생한 음악과 동영상 목록이 표시되는 공간입니다. '파일 열기'를 통해 라이브러리에 없는 미디어 파일이나 폴더를 추가하여 재생할 수 있습니다.

② **라이브러리** : 음악과 동영상 파일을 체계적으로 관리할 수 있는 영역입니다. 윈도우 '라이브러리'와 연동되어 폴더와 파일을 쉽게 확인하고 정리할 수 있습니다.

③ **재생 대기열** : 재생 중인 미디어와 앞으로 재생될 미디어를 순서대로 정리할 수 있는 공간입니다. 자동으로 생성되거나, 사용자가 원하는 순서를 설정할 수 있습니다.

④ **재생 목록** : 사용자가 직접 재생 목록을 만들어 분류할 수 있습니다. 가요, 클래식, 돌잔치 영상, 생일 축하 영상 등 목적에 맞게 구성하여 편리하게 관리할 수 있습니다.

⑤ **제어 버튼** : 미디어의 재생, 일시 중지, 음량 조절 등 다양한 제어 기능을 수행하는 버튼들이 표시됩니다.

불법 파일에 관해

인터넷에서는 다양한 음악과 영화 등 여러 형태의 콘텐츠를 쉽게 접할 수 있습니다. 그러나 이 중 상당수는 저작권이 보호되는 작품으로, 원작자의 허락 없이 다운로드하거나 시청하는 것은 불법 행위입니다. 또 출처가 불분명한 파일에는 바이러스나 악성코드가 포함되어 있을 위험도 있습니다. 따라서 안전하고 올바른 인터넷 사용을 위해서는 반드시 정식 경로를 통해 콘텐츠를 이용하는 것이 중요합니다.

▲ 음악 라이브러리 화면 구성

❶ 음악 파일을 노래, 앨범, 아티스트별로 분류하여 원하는 방식으로 정렬할 수 있습니다.

❷ 현재 재생 중인 곡의 앨범 표지, 곡 제목, 아티스트 이름 등의 세부 정보를 표시합니다.

❸ 무작위 재생 : 선택한 재생 목록의 곡들을 순서와 상관없이 무작위로 재생합니다. 매번 다른 순서로 음악을 즐길 수 있습니다.

❹ 이전 : 이전 곡을 재생합니다.

❺ 재생/일시 중지 : 음악을 재생하거나 일시적으로 멈출 수 있는 기본 제어 기능입니다.

❻ 다음 : 다음 곡을 재생합니다.

❼ 반복 재생 : 한 번 클릭하면 전체 목록을 반복 재생할 수 있으며, 다시 클릭하면 현재 곡만 반복하도록 설정할 수 있습니다.

❽ 음량 조절 : 재생 중인 음악의 소리를 높이거나 줄일 수 있습니다.

❾ 전체 화면 : 음악을 화면 가득 표시하며 작업 표시줄도 숨겨 감상에 집중할 수 있습니다.

❿ 미니 플레이어 : 재생 중인 미디어를 화면 한쪽에 작게 띄워 두고 동시에 다른 작업을 수행할 수 있도록 합니다. 이때 미니 플레이어는 다른 창 위에 항상 표시됩니다.

⓫ 다른 옵션 : 재생 중인 음악과 관련된 세부 기능을 제공합니다.

▲ 비디오 라이브러리 화면 구성

① '비디오 폴더'를 선택하면 컴퓨터에 저장된 동영상 파일을 폴더별로 구분하여 보여 줍니다.

② 클릭하면 현재 선택한 동영상을 큰 화면으로 감상할 수 있습니다.

③ 무작위 재생 : 선택한 재생 목록의 동영상들을 순서와 상관없이 무작위로 재생합니다. 매번 다른 순서로 동영상을 즐길 수 있습니다.

④ 이전 : 이전 동영상을 재생합니다.

⑤ 재생/일시 중지 : 동영상을 재생하거나 일시적으로 멈출 수 있는 기본 제어 기능입니다.

⑥ 다음 : 다음 동영상을 재생합니다.

⑦ 반복 재생 : 한 번 클릭하면 전체 목록을 반복 재생할 수 있으며, 다시 클릭하면 현재 동영상만 반복하도록 설정할 수 있습니다.

⑧ 언어 및 자막 : 여러 음성 트랙이 포함된 동영상의 경우 원하는 언어를 선택할 수 있으며, 자막이 있다면 표시하거나 숨길 수 있습니다.

⑨ 음량 조절 : 재생 중인 동영상의 소리를 높이거나 줄일 수 있습니다.

⑩ 전체 화면 : 동영상을 화면 가득 표시하며 작업 표시줄도 숨겨 감상에 집중할 수 있습니다.

⑪ 미니 플레이어 : 재생 중인 미디어를 화면 한쪽에 작게 띄워 두고 동시에 다른 작업을 수행할 수 있도록 합니다. 이때 미니 플레이어는 다른 창 위에 항상 표시됩니다.

⑫ 다른 옵션 : 재생 중인 동영상과 관련된 세부 기능을 제공합니다.

 **미디어 다루기**

▶ **미디어 플레이어 실행하기**

01 [시작(■)] 버튼을 클릭한 후 '미디어 플레이어' 앱을 찾아 실행합니다.

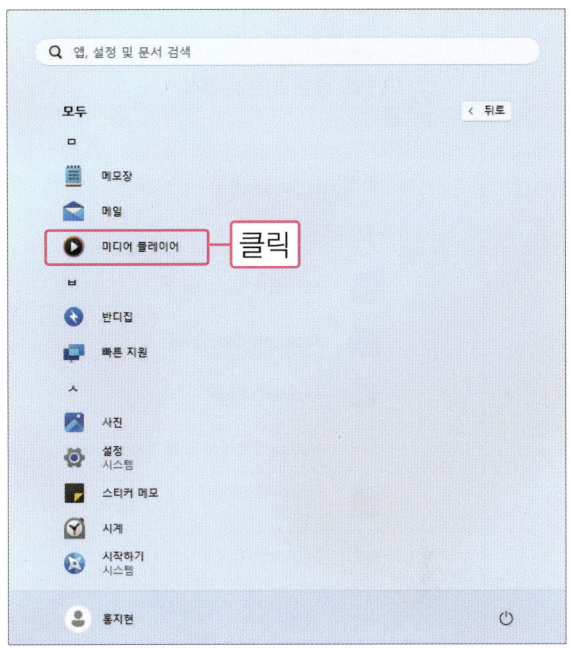

02 '미디어 플레이어' 앱은 윈도우 '라이브러리'와 연동되어 라이브러리에 포함된 음악을 자동으로 불러옵니다.

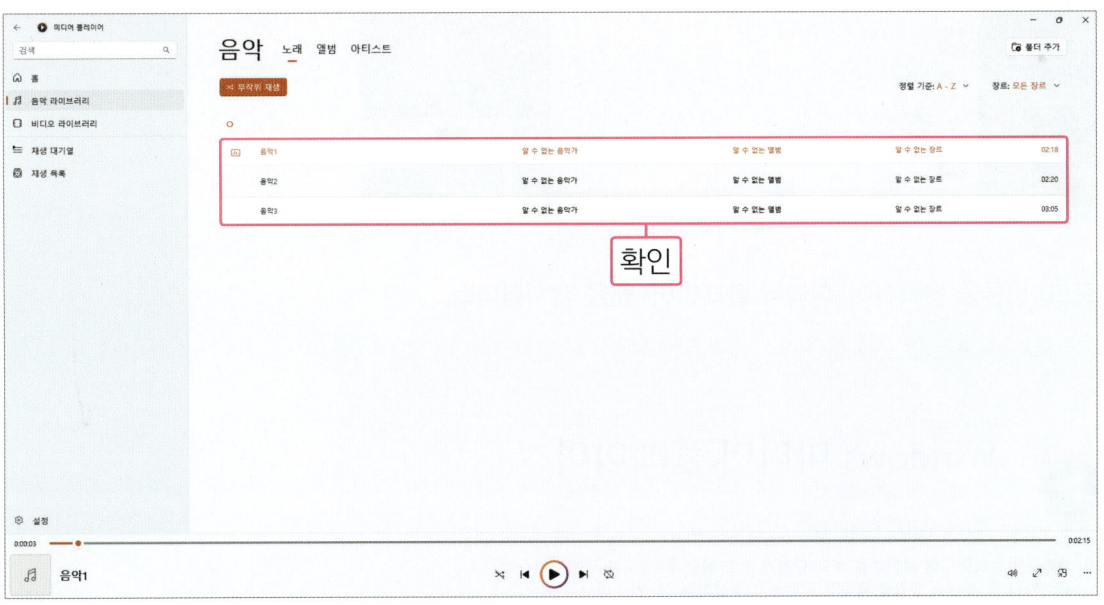

 목록에 표시되지 않은 경우, 제공하는 자료 중 [예제음악] 폴더의 파일들을 활용하거나 사용자의 컴퓨터에 보관 중인 음악 파일이 있는 폴더를 활용하여 실습합니다.

앱이 안 보여요

'미디어 플레이어' 앱이 사용자의 컴퓨터에 없는 경우 Microsoft Store에서 설치해야 합니다.

※ Microsoft 계정이 필요할 수 있습니다.

❶ [시작(■)] 버튼을 클릭한 후 'Microsoft Store' 앱을 찾아 실행합니다.

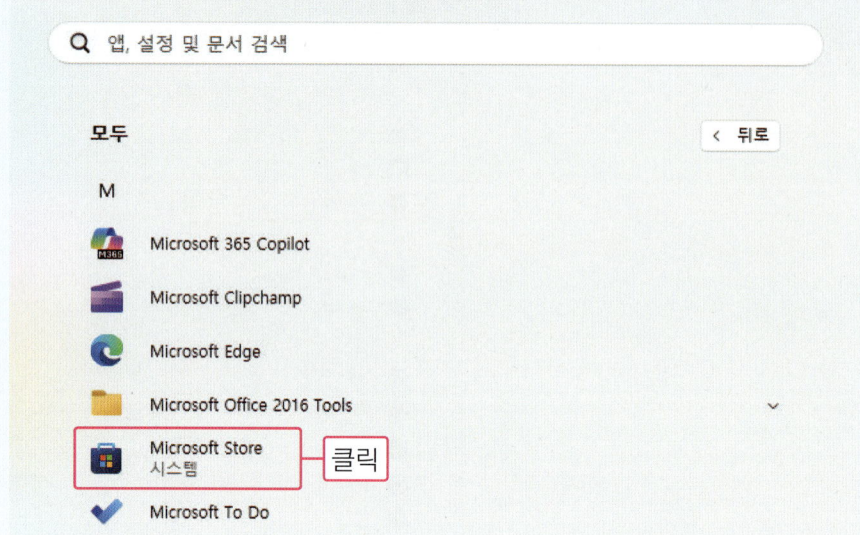

❷ 앱이 실행되면 검색창에서 '미디어 플레이어'를 검색한 후 결과 목록에서 'Windows 미디어 플레이어'를 클릭합니다.

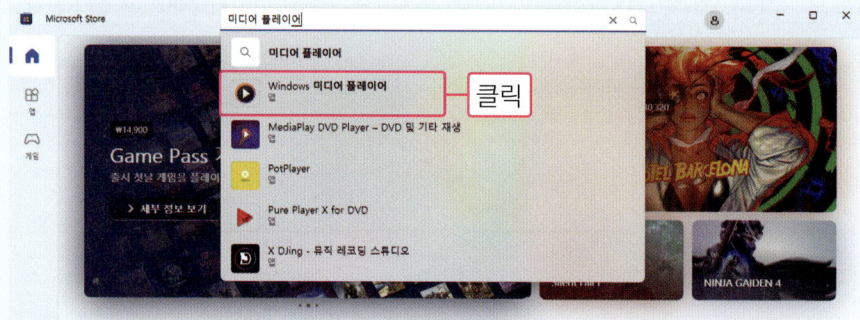

❸ [다운로드] 버튼을 클릭하여 '미디어 플레이어' 앱을 설치합니다.

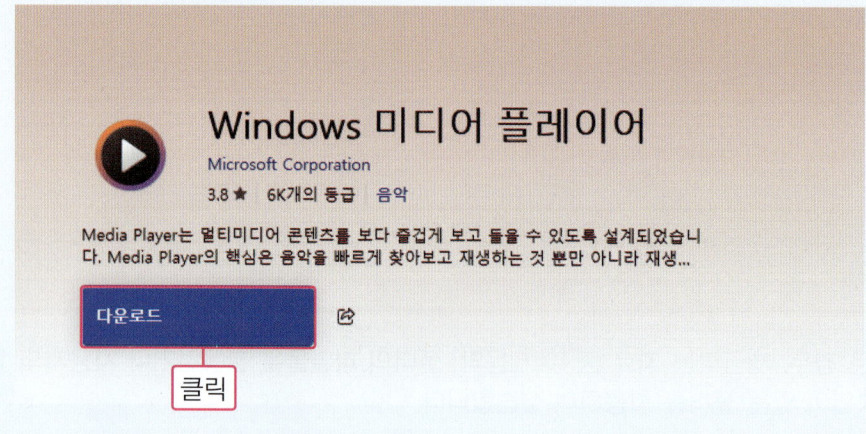

▶ 음악 라이브러리에 음악 추가하기

01 [음악 라이브러리]에 음악을 추가해 보겠습니다. 오른쪽 상단의 [폴더 추가] 버튼을 클릭합니다.

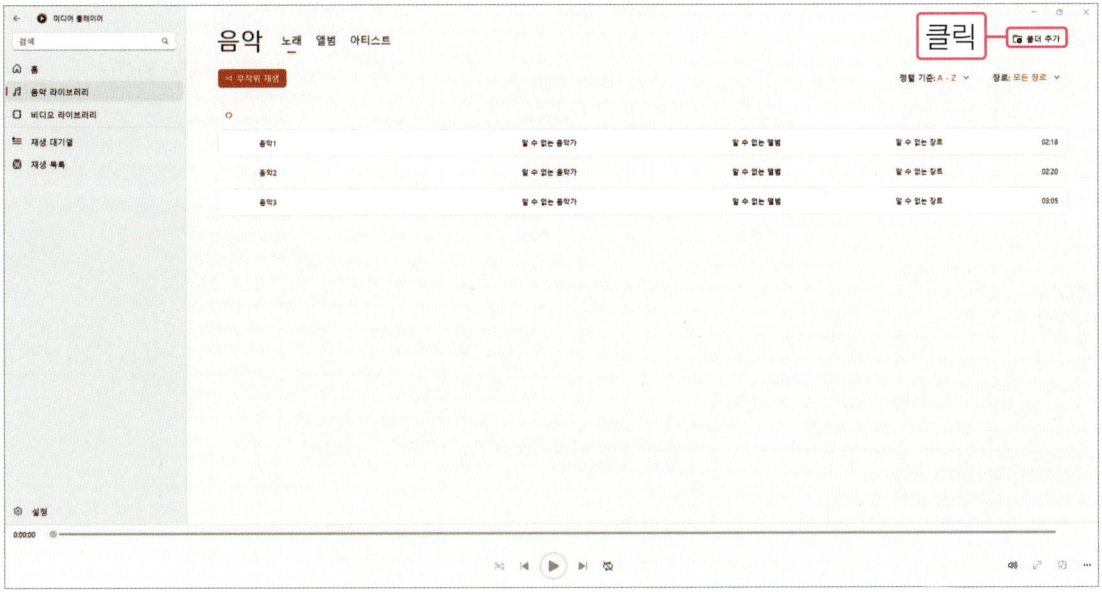

02 사용자의 컴퓨터에 음악 파일이 저장된 폴더(본문에서는 [음악2])를 선택한 후 [이 폴더를 음악에 추가] 버튼을 클릭합니다.

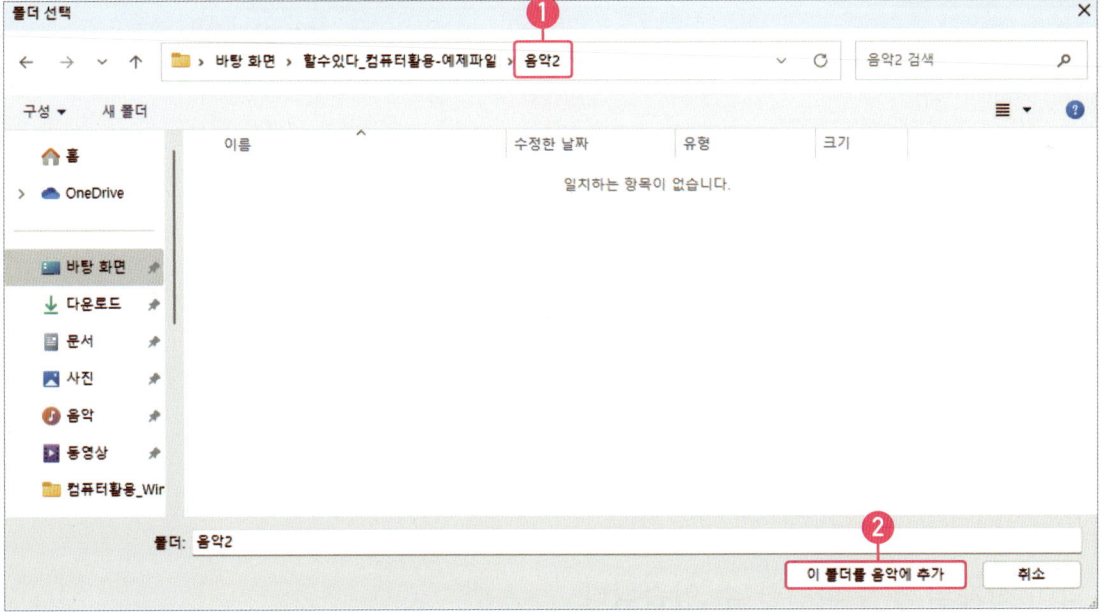

03 음악이 추가된 것을 확인할 수 있습니다. 이번에는 추가한 음악을 [음악 라이브러리]에서 삭제하기 위해 [설정]을 클릭합니다.

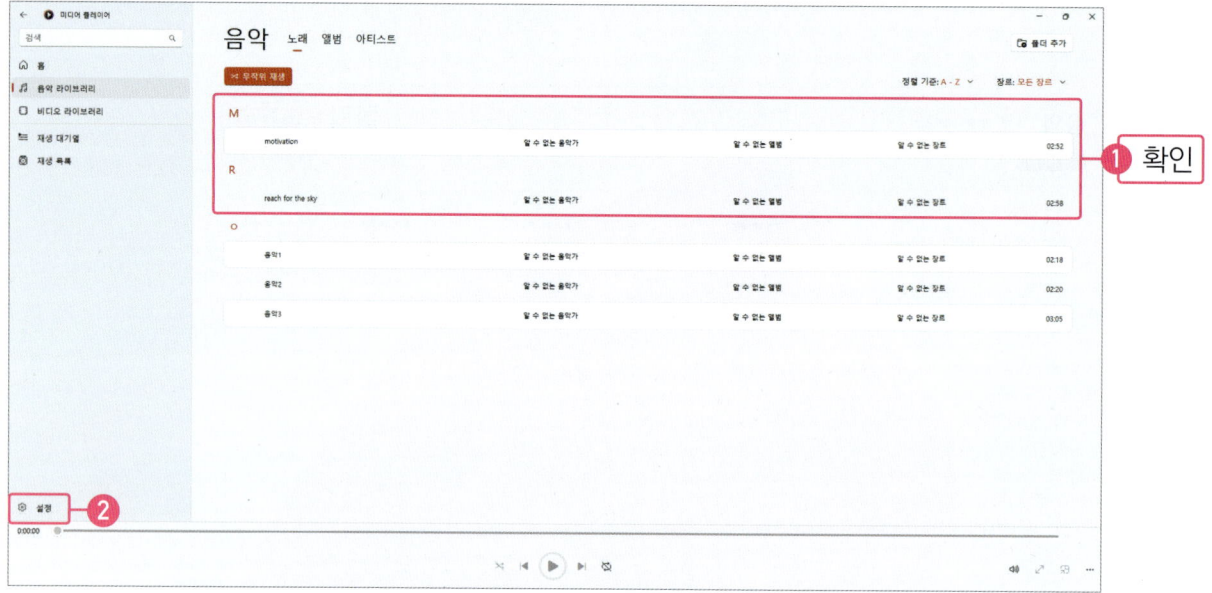

04 [음악 라이브러리 위치]를 클릭하여 확장합니다. 추가한 폴더를 확인한 후 ⊠(폴더 제거) 버튼을 클릭합니다. 제거 여부를 묻는 메시지 창이 나타나면 [폴더 제거] 버튼을 클릭합니다.

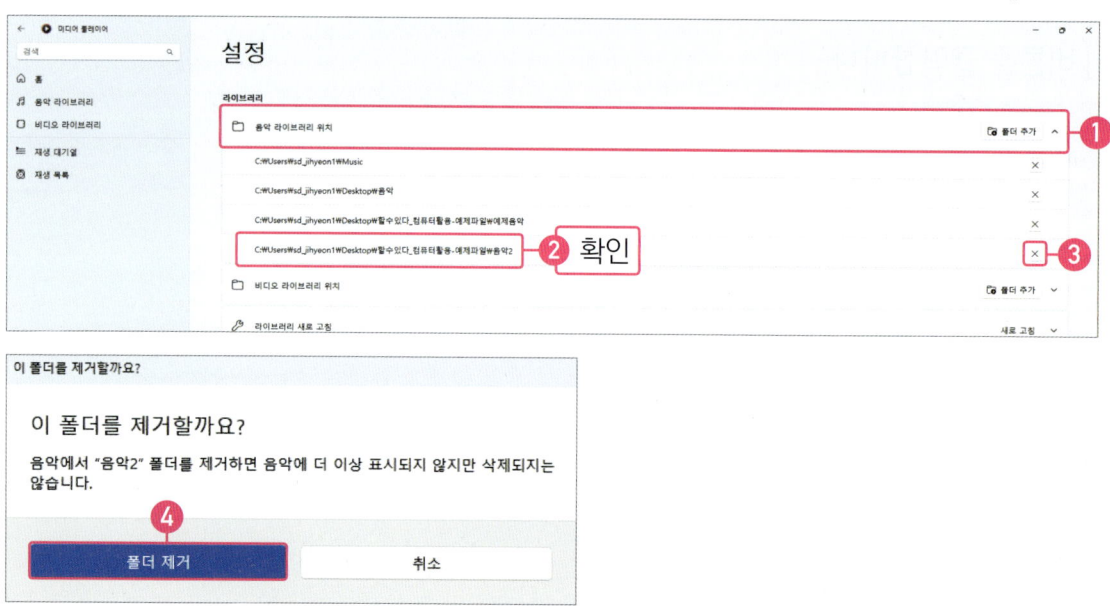

05 추가한 음악이 삭제된 것을 확인할 수 있습니다.

▶ 음악 감상하기

01 '음악1' 위로 마우스 커서를 이동하면 재생 버튼이 나타납니다. ▷(재생)을 클릭합니다.

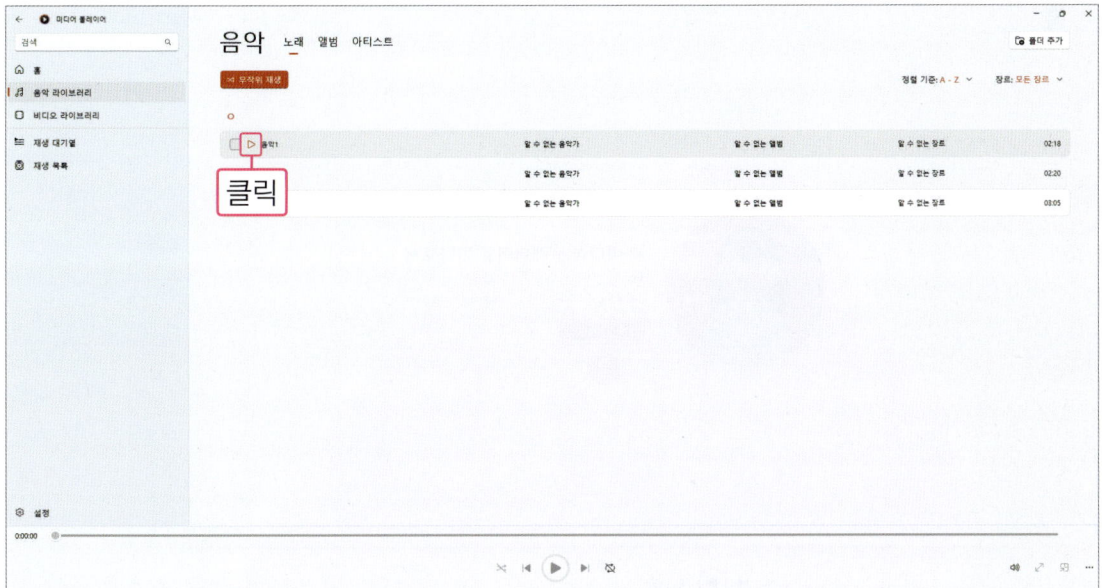

 음악 파일에 태그와 세부 정보가 포함되어 있다면 앨범 표지와 아티스트 이름, 발매 연도 등의 정보가 표시됩니다.

02 하단의 재생바가 움직이며 곡이 재생됩니다. ⏸(일시 중지) 버튼을 클릭합니다.

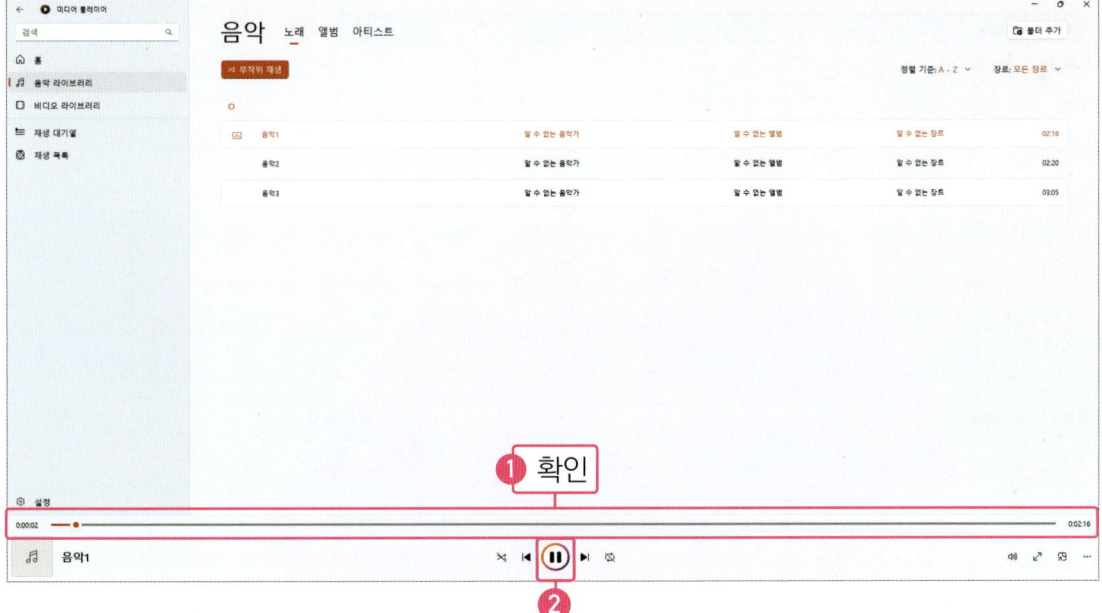

03 음악이나 동영상 파일을 '라이브러리'에 추가하지 않고 바로 실행하여 감상할 수도 있습니다. 음악 파일을 바로 재생하기 위해 [홈]을 클릭한 후 [파일 열기] 버튼을 클릭합니다.

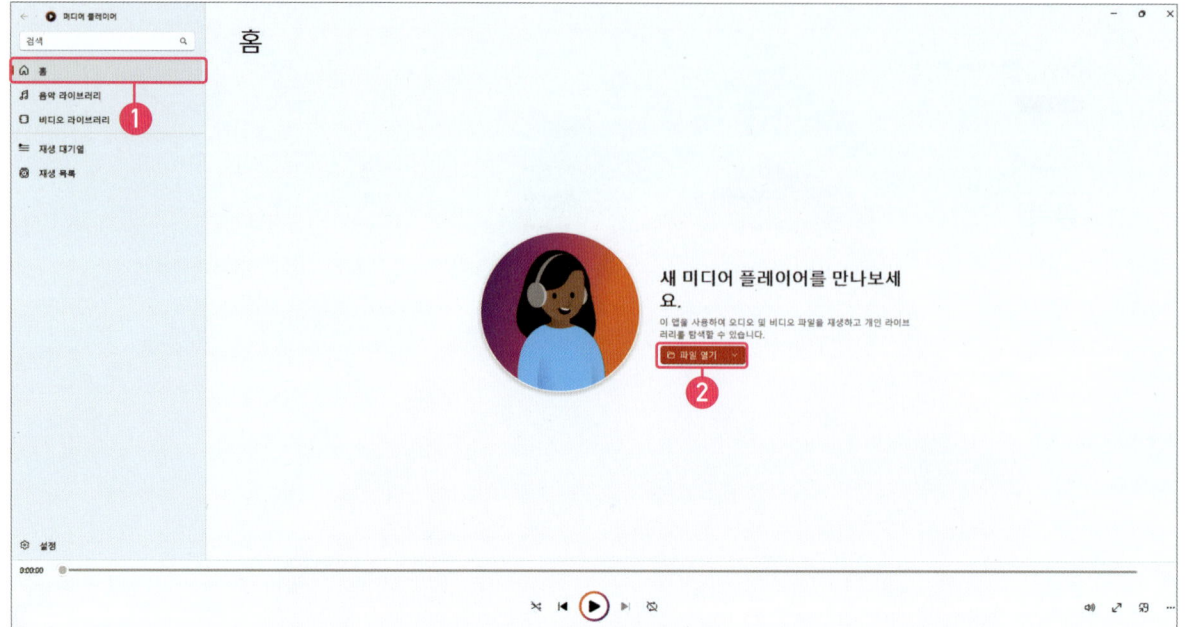

04 음악 파일을 선택하고 [열기] 버튼을 클릭합니다.

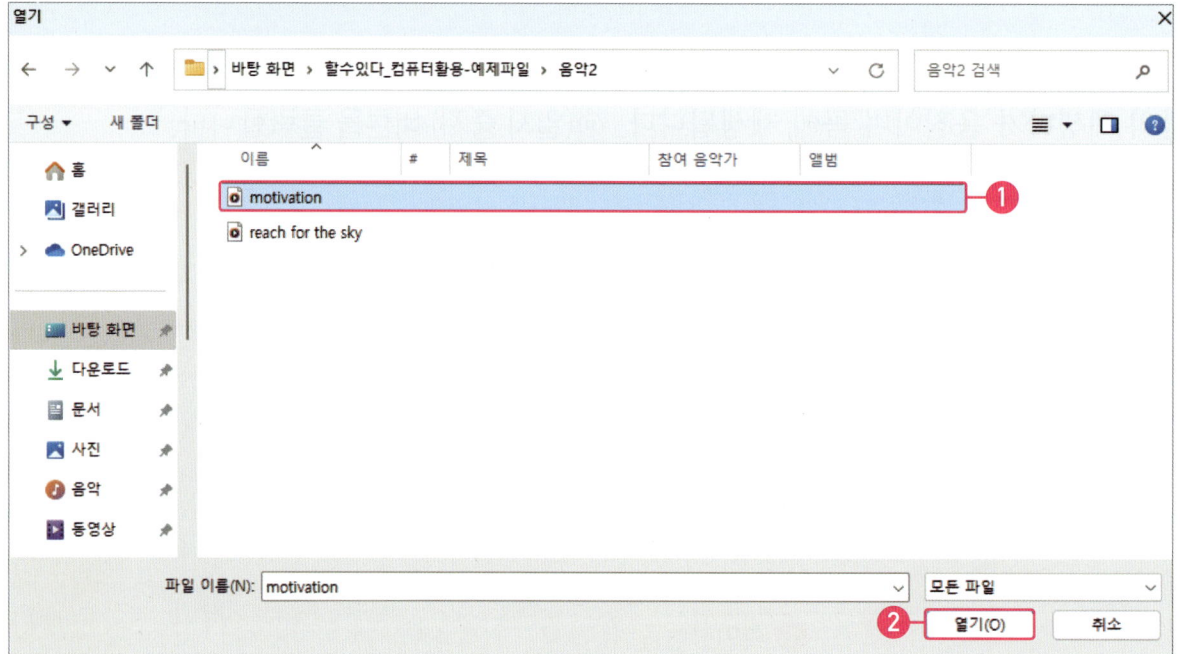

05 음악이 바로 재생되는 것을 확인할 수 있습니다. ⓘ(일시 중지) 버튼을 클릭하고 ←(뒤로)를 클릭합니다.

06 재생한 파일의 목록을 확인할 수 있습니다.

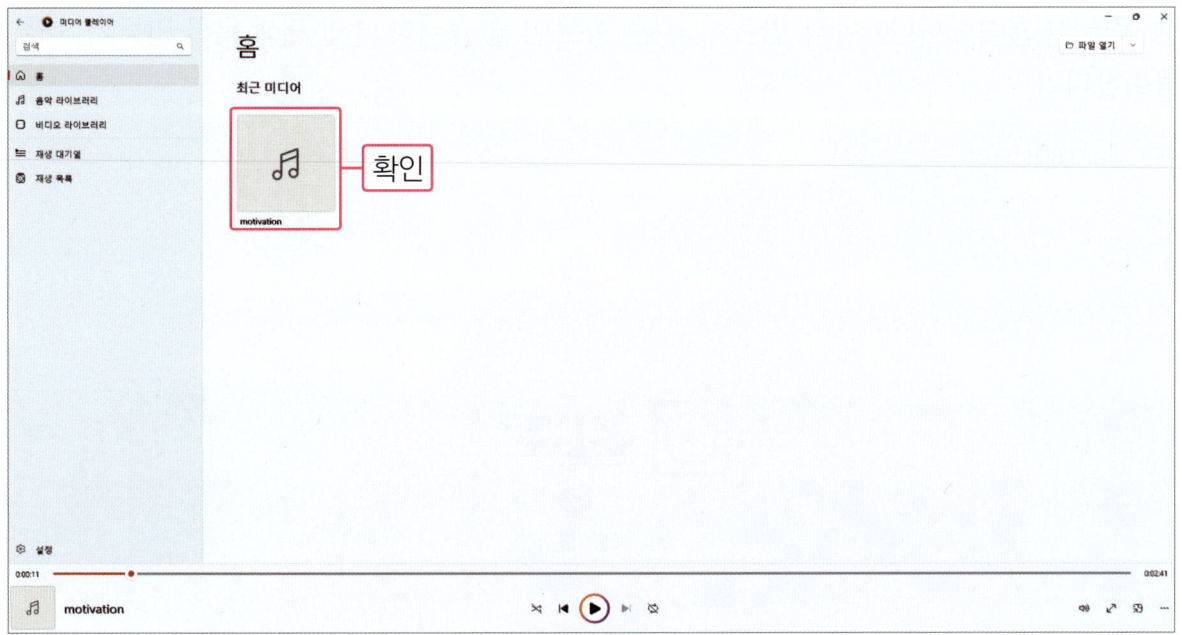

07 재생한 음악을 삭제해 보겠습니다. 음악 위로 마우스 커서를 이동하면 체크 상자가 나타납니다. 체크한 후 팝업 메뉴에서 [제거] 버튼을 클릭하면 재생한 음악이 삭제됩니다.

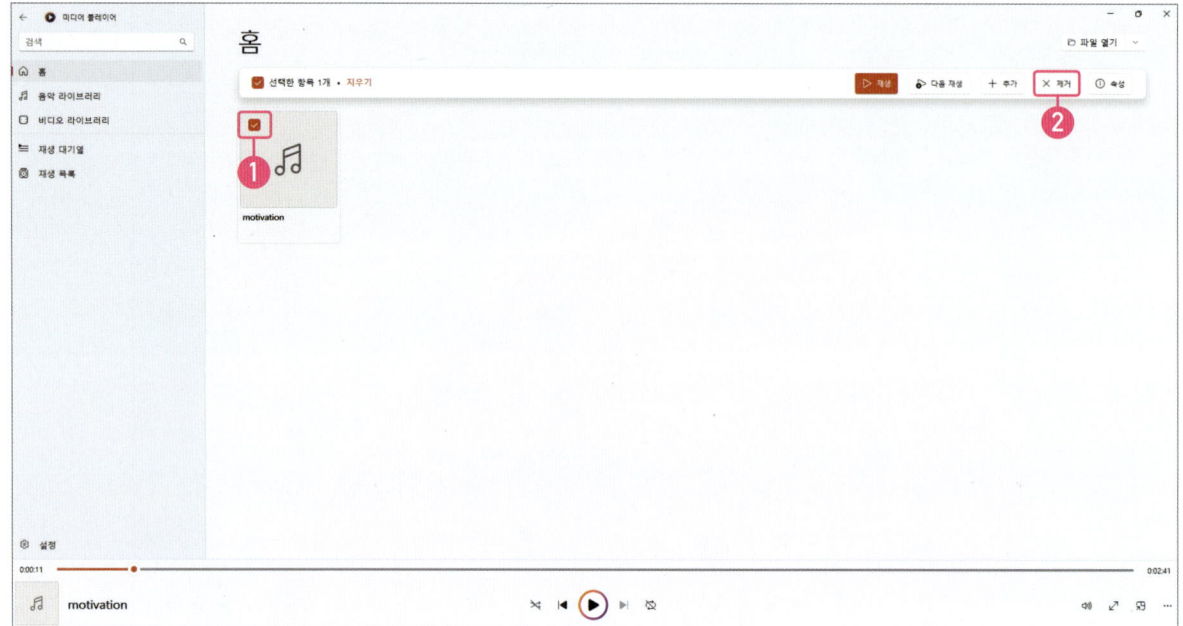

▶ 나만의 재생 목록 만들기 1

01 [재생 목록]을 클릭합니다. 아직 만들어 놓은 항목이 없습니다. [새 재생 목록 만들기] 버튼을 클릭합니다.

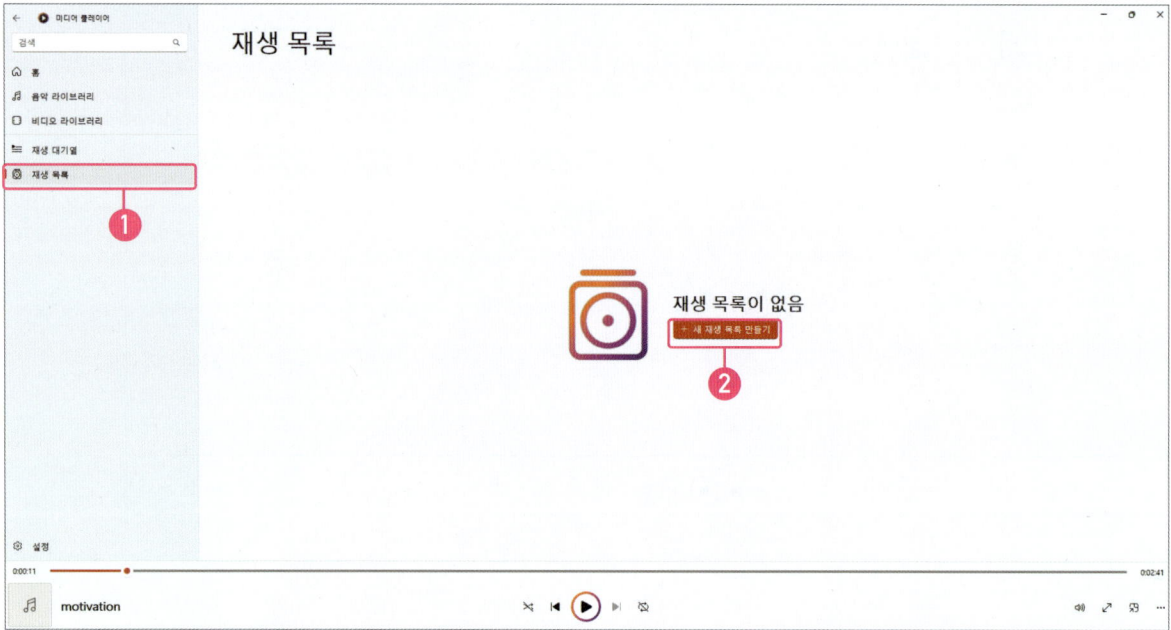

02 재생 목록의 이름을 '가벼운 음악'이라고 입력하고 [재생 목록 만들기] 버튼을 클릭합니다.

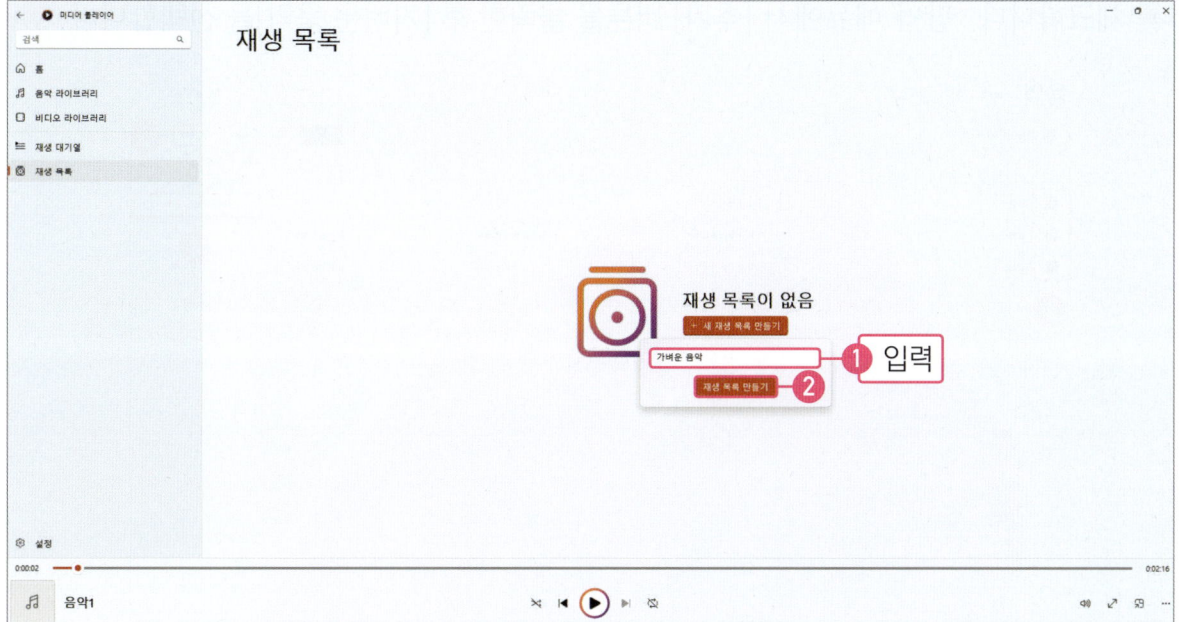

03 [재생 목록]에 '가벼운 음악'이 추가된 것을 확인할 수 있습니다. '가벼운 음악' 재생 목록을 클릭합니다.

04 '가벼운 음악' 재생 목록에 음악을 추가하기 위해 [음악 라이브러리]를 클릭한 후 음악 목록 전부를 체크합니다. 팝업 메뉴에서 [추가] 버튼을 클릭한 후 [가벼운 음악]을 선택합니다.

05 재생 목록의 [가벼운 음악]을 클릭하면 음악이 추가된 것을 확인할 수 있습니다.

▶ 나만의 재생 목록 만들기 2

음악을 듣다 보면 어떤 곡들은 나의 애장 목록에 모아 놓고 나중에 다시 듣고 싶을 때가 있습니다. 안타깝게도 미디어 플레이어는 즐겨찾기 기능은 제공하지 않습니다. 대신 자주 듣는 음악을 재생 목록에 추가해 관리할 수 있습니다.

01 재생 목록의 [가벼운 음악]에서 '음악2'를 마우스 오른쪽 버튼으로 클릭하고 [추가]-[새 재생 목록]을 선택합니다.

02 [새 재생 목록에 추가] 대화상자가 나타나면 재생 목록의 이름을 '좋아하는 음악'이라고 입력하고 [만들기] 버튼을 클릭합니다.

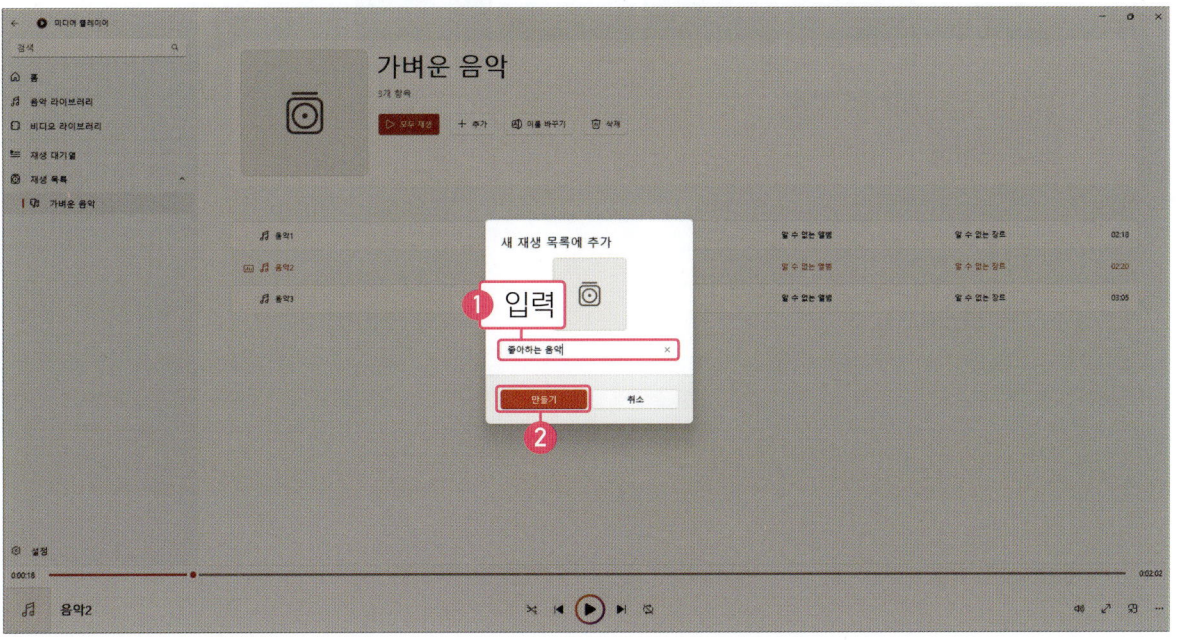

03 재생 목록에 [좋아하는 음악]이 추가된 것을 확인합니다. 재생 목록의 [좋아하는 음악]을 클릭하면 재생 중이었던 '음악2'가 재생 목록에 포함된 것을 확인할 수 있습니다.

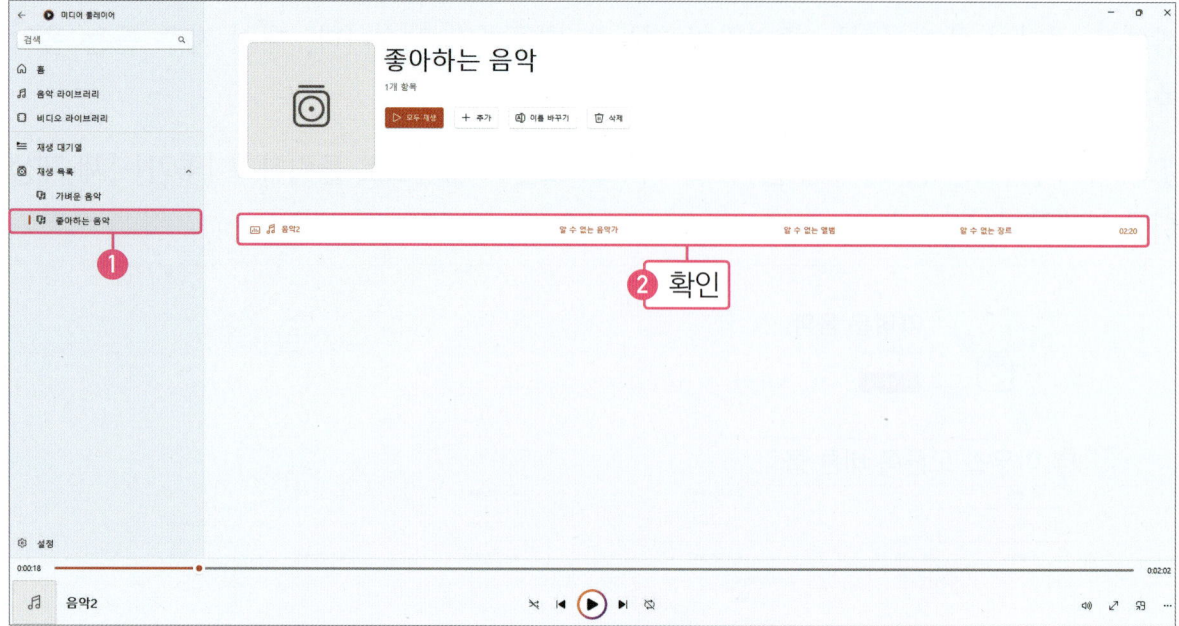

▶ **비디오 라이브러리에서 동영상 감상하기**

01 [비디오 라이브러리]를 클릭합니다. 음악과 마찬가지로 동영상 파일이 정렬되어 있습니다. 라이브러리 추가와 삭제, 동영상 파일 추가 등은 모두 [음악 라이브러리]를 다룰 때와 같습니다.

02 재생할 동영상 하나를 클릭합니다.

03 동영상이 재생됩니다. 왼쪽 상단의 ←(뒤로)를 클릭하여 [비디오 라이브러리]로 돌아옵니다.

04 왼쪽 하단에 작은 화면으로 동영상이 계속 재생되고 있습니다. 다른 동영상을 클릭하면 선택한 동영상으로 바뀌어 재생됩니다.

05 오른쪽 하단의 ▣(미니 플레이어)를 클릭합니다. 동영상이 작은 화면으로 재생됩니다. ▣(미니 플레이어 종료)를 클릭하면 원래 화면으로 돌아옵니다.

응용력 키우기

01 [음악 라이브러리]의 음악 중 하나를 '좋아하는 음악' 재생 목록에 추가해 봅니다.

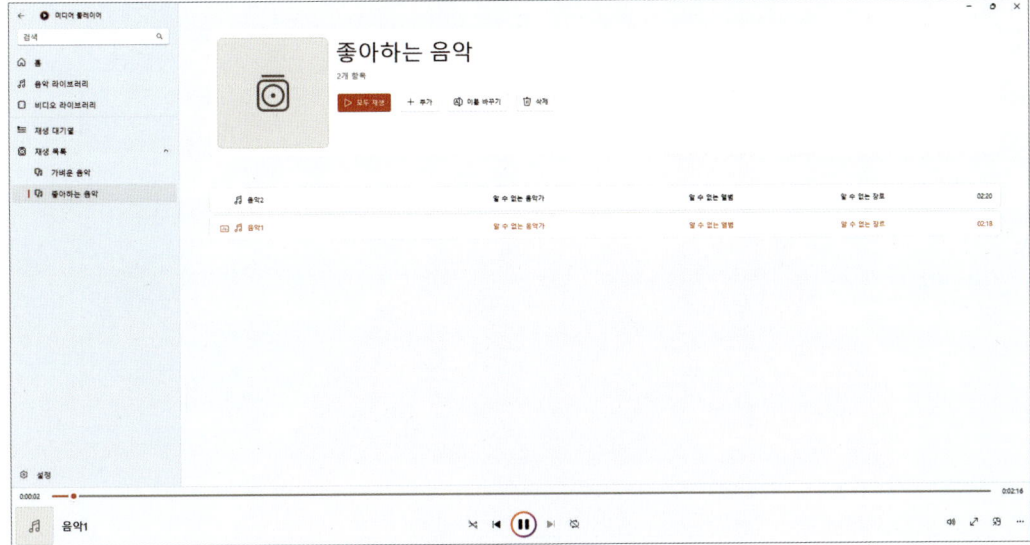

02 '가벼운 음악' 재생 목록의 음악 중 하나를 삭제해 봅니다.

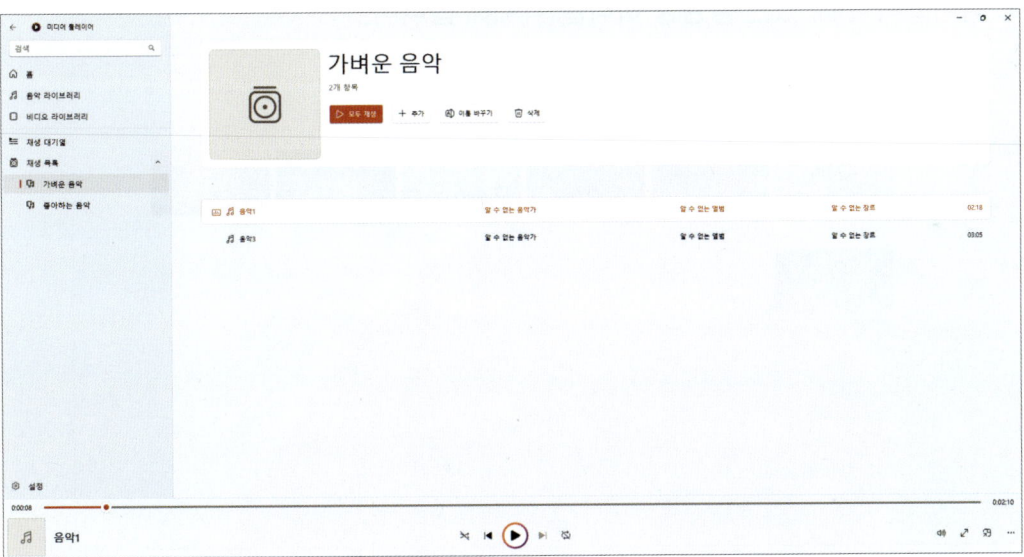

03 '야경'이라는 재생 목록을 만든 후 [비디오 라이브러리]에 있는 동영상 목록 중 두 개를 추가해 봅니다.

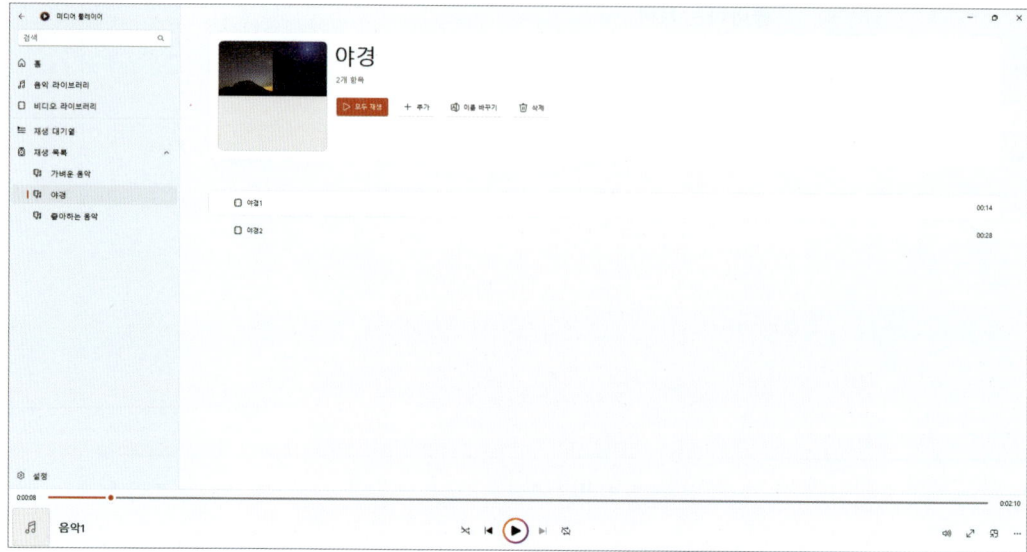

04 [비디오 라이브러리]에 있는 동영상 하나를 삭제해 봅니다.

 [음악/비디오 라이브러리]에 있는 파일의 삭제는 윈도우 '라이브러리'에서 합니다.

07 '사진' 앱 사용하기

- '사진' 앱
- 사진 관리하기
- 슬라이드 쇼
- 자르기
- 색감 조절
- AI 지우기

미/리/보/기

📁 준비파일 : [예제사진] 폴더, [과일] 폴더

이번 장에서는 윈도우 11에서 제공하는 '사진' 앱을 활용하여 사진을 효율적으로 관리하는 방법을 알아보겠습니다. 사진을 불러오고 정리하는 기본 기능을 익히고 간단한 보정 기능을 실습하며 주요 편집 도구까지 활용해 보겠습니다.

 '사진' 앱 살펴보기

▶ '사진' 앱의 화면 구성 살펴보기

① **갤러리** : 사진 앱에 저장된 모든 사진과 동영상이 표시됩니다. 사진이나 동영상을 더블 클릭하면 뷰어가 실행되어 큰 화면에서 감상하거나 편집할 수 있습니다.

② **즐겨찾기** : 마음에 드는 사진에 하트 아이콘을 표시하면 해당 항목이 자동으로 '즐겨찾기' 폴더에 모입니다.

③ **OneDrive/iCloud** : 각각 마이크로소프트와 애플에서 제공하는 클라우드 서비스입니다. 계정을 연결하면 언제 어디서나 사진을 동기화하고 백업할 수 있습니다. 저장 용량이 제한되어 있으며 추가 용량이 필요한 경우 요금이 부과될 수 있습니다.

④ **폴더** : 사진이나 동영상이 저장된 폴더를 사용자가 직접 추가하거나 삭제할 수 있습니다.

⑤ **슬라이드 쇼 시작** : 선택한 사진이나 폴더를 슬라이드 쇼 형식으로 재생할 수 있습니다.

⑥ **정렬** : 찍은 날짜, 파일 이름 등 원하는 기준에 따라 정렬할 수 있습니다.

⑦ **필터** : 필터 기능을 이용하면 사진만 또는 동영상만 따로 볼 수 있습니다.

⑧ **갤러리 유형 및 크기** : 갤러리에 표시되는 사진의 배치 스타일과 크기를 다양하게 변경할 수 있습니다.

 사진 정리하고 관리하기

▶ 사진 관리하고 슬라이드 쇼 만들기

01 [시작(■)] 버튼을 클릭한 후 '사진' 앱을 찾아 실행합니다.

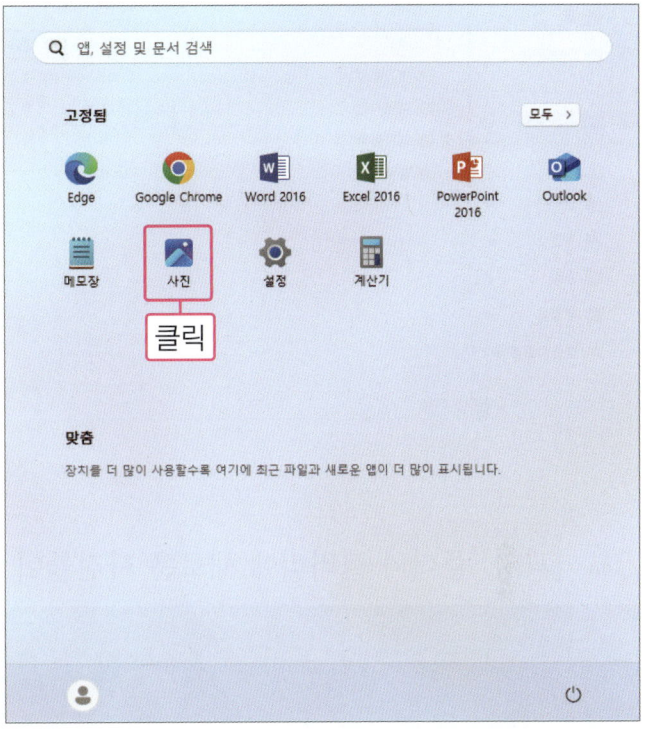

02 사진을 추가하기 위해 왼쪽 목록에서 [이 PC]를 마우스 오른쪽 버튼으로 클릭한 후 [폴더 추가]를 클릭합니다.

 '사진' 앱은 윈도우 '라이브러리'와 연동되어 라이브러리에 포함된 사진과 동영상을 자동으로 불러옵니다.

127

03 사용자의 컴퓨터에 추가할 사진이 있는 폴더(본문에서는 [과일])를 선택한 후 [폴더 선택] 버튼을 클릭합니다.

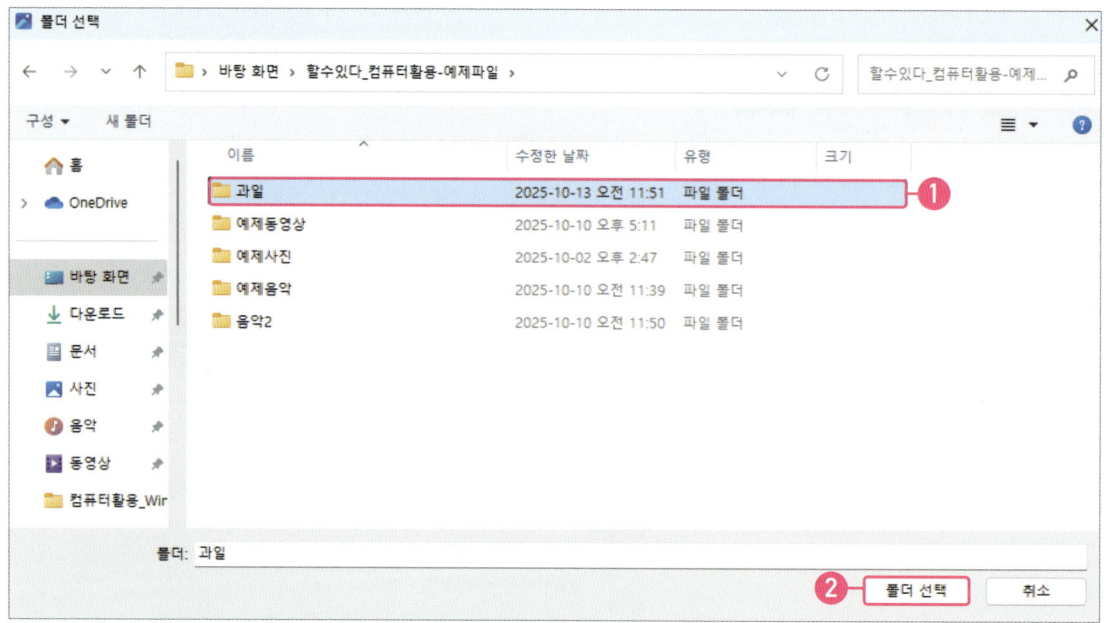

04 [과일] 폴더와 갤러리에 새로운 사진들이 추가된 것을 확인할 수 있습니다.

05 **02~03**과 같은 방법으로 동영상 폴더를 추가해 봅니다. 동영상 파일도 사진 앱에서 감상할 수 있습니다.

- 새로 추가한 폴더가 바로 표시되지 않을 수도 있습니다. 이 경우에는 사진 앱을 종료한 뒤 실행하면 폴더가 정상적으로 추가됩니다.
- 폴더를 제거하고 싶을 때는 해당 폴더를 마우스 오른쪽 버튼으로 클릭한 후 [폴더 삭제]를 선택하면 목록에서 삭제할 수 있습니다.

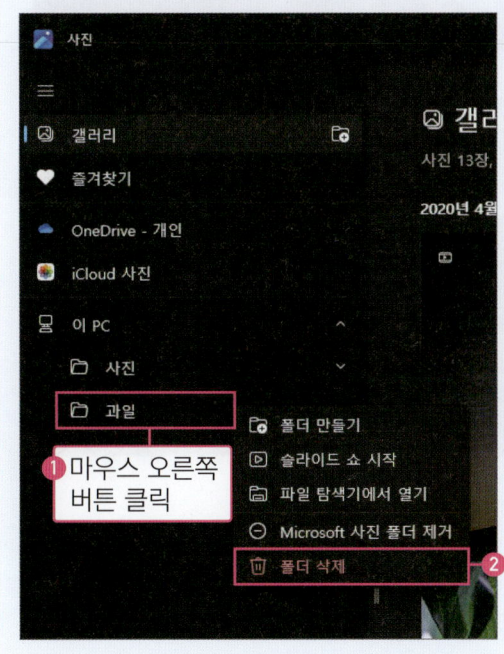

06 사진과 동영상을 한눈에 보기 위해 ▦(갤러리 유형 및 크기)를 클릭하고 [작게]를 선택합니다.

07 갤러리에서 동영상을 제외한 사진만 보기 위해 ▽(필터)를 클릭하고 [사진]을 선택합니다.

08 갤러리의 사진을 다른 순서로 정렬하기 위해 ↕(정렬)을 클릭하고 [만든 날짜]를 클릭합니다.

09 정리된 갤러리에서 보고 싶은 사진 하나를 더블 클릭합니다.

10 뷰어가 실행되면서 사진을 감상할 수 있습니다. 하단 메뉴에서 ♥(즐겨찾기에 추가)를 클릭합니다. 사진을 앞뒤로 넘기면서 3~4장을 즐겨찾기에 추가해 봅니다.

11 사진 앱으로 돌아와 [즐겨찾기]를 클릭하면 **10**에서 즐겨찾기한 사진들이 보이는 것을 확인할 수 있습니다. ▶(슬라이드 쇼 시작)을 클릭합니다.

12 전체 화면으로 전환되고 음악과 함께 슬라이드 쇼가 진행됩니다.

[슬라이드 쇼 종료]를 클릭하면 슬라이드 쇼를 마치고 사진 앱으로 돌아갑니다.

03 사진 보정하기

▶ **사진 자르기**

01 갤러리에서 보정할 사진(본문에서는 '여행3')을 클릭합니다.

사진 위로 마우스 커서를 가져가면 파일 이름이 보입니다.

02 뷰어가 실행됩니다. 사진 속 섬을 더 잘 보이게 편집해 보겠습니다. 상단 메뉴에서 [편집] 버튼을 클릭합니다.

03 편집 화면이 실행됩니다. 사진을 비율에 맞춰 자르기 위해 하단의 [자유]를 클릭합니다.

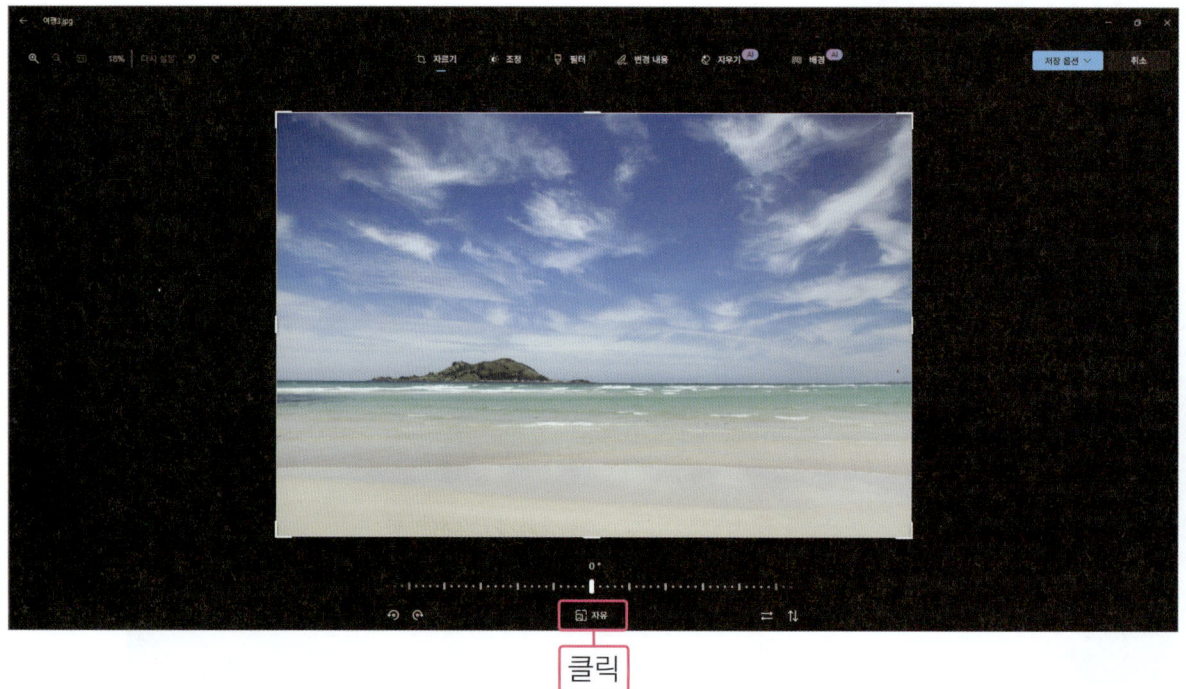

04 하단 메뉴에서 [4:3]을 선택하면 프레임 비율이 바뀝니다.

05 프레임 안에서 마우스 휠을 굴리면 사진의 크기를 확대하거나 축소할 수 있습니다. 또 드래그하면 사진의 위치를 이동할 수 있습니다. 적당한 크기와 위치를 잡습니다.

06 보정한 사진을 저장하기 위해 [저장 옵션]-[복사본으로 저장]을 선택합니다.

07 [다른 이름으로 저장] 대화상자가 나타나면 [예제사진] 폴더에 [파일 이름]은 '여행3-복사본'이라고 입력한 후 [저장] 버튼을 클릭합니다.

- [저장]을 선택하면 수정한 내용이 원본 사진에 그대로 적용되어, 원본 사진은 사라지고 보정된 사진만 남습니다.
- [클립보드로 복사]를 선택하면 현재 사진이 복사되어, 문서나 그림 편집 프로그램 등 다른 앱에 바로 붙여넣을 수 있습니다.

08 뷰어에 보정한 사진이 나타나면 확인한 후 ✕를 클릭해 뷰어를 닫습니다.

09 사진 앱으로 돌아오면 갤러리에 보정한 사진이 추가된 것을 확인할 수 있습니다.

▶ 사진 색감 보정하기

01 갤러리에서 보정할 사진(본문에서는 '과일1')을 클릭합니다.

02 사진을 더 밝고 화사하게 보정해 보겠습니다. [편집] 버튼을 클릭합니다.

03 [조정]을 클릭하여 화면을 전환합니다. 오른쪽에 있는 슬라이드들을 드래그하여 그림과 같이 설정합니다.

04 보정이 완료되면 사진을 길게 클릭해 나타나는 원본 사진과 비교해 봅니다.

05 [저장 옵션]-[복사본으로 저장]을 클릭합니다. [다른 이름으로 저장] 대화상자가 나타나면 [과일] 폴더에 [파일 이름]은 '과일1-복사본'이라고 입력한 후 [저장] 버튼을 클릭합니다.

06 갤러리에서 보정할 사진(본문에서는 '과일2')을 클릭합니다.

07 이번에는 필터 기능으로 보정해 보겠습니다. [편집] 버튼을 클릭합니다.

08 [필터]를 클릭하여 화면을 전환합니다. 오른쪽 필터에서 [펀치]를 선택하고 [강도]는 드래그하여 '60'으로 설정합니다.

 자동 보정

[자동 보정] 기능은 사진의 밝기, 대비, 색온도, 선명도 등을 자동으로 분석해 가장 보기 좋은 상태로 보정해 주는 기능입니다. 사용자가 값을 조절하지 않아도 사진의 전반적인 색감과 노출이 자연스럽게 수정됩니다.

09 [저장 옵션]-[복사본으로 저장]을 클릭합니다. [다른 이름으로 저장] 대화상자가 나타나면 [과일] 폴더에 [파일 이름]은 '과일2-복사본'이라고 입력한 후 [저장] 버튼을 클릭합니다.

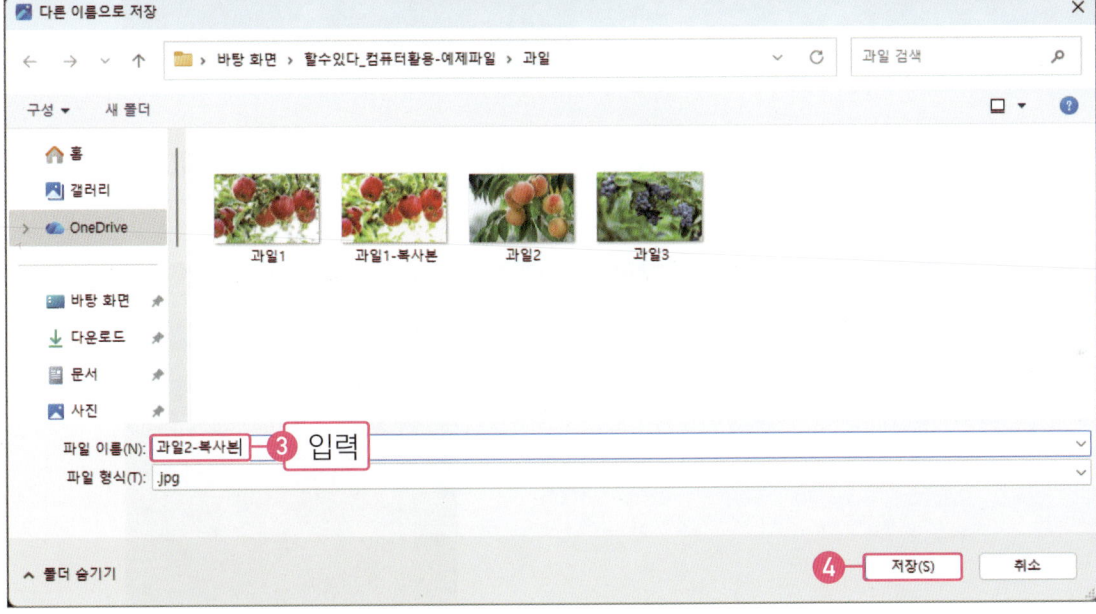

▶ AI 활용하기

윈도우 11의 사진 앱에서는 AI 지우기와 AI 배경 기능이 추가되었습니다.

01 갤러리에서 보정할 사진(본문에서는 '여행9')을 클릭한 후 [편집] 버튼을 클릭합니다.

02 [지우기]를 클릭하여 화면을 전환합니다. 사진에서 제거하려는 영역을 칠합니다. 본문에서는 섬을 지워보겠습니다.

03 섬이 깨끗이 지워졌습니다. 만약 제대로 지워지지 않았다면 한 번 더 칠해 제거합니다.

04 [저장 옵션]-[복사본으로 저장]을 클릭합니다. [다른 이름으로 저장] 대화상자가 나타나면 [예제사진] 폴더에 [파일 이름]은 '여행9-복사본'이라고 입력한 후 [저장] 버튼을 클릭합니다.

 **AI 배경**
[배경] 기능은 사진 속 배경 영역을 자동으로 인식하여 수정할 수 있도록 도와줍니다. 배경을 흐리게 하거나 완전히 제거할 수 있으며, 다른 색상으로 교체하는 것도 가능합니다.

응용력 키우기

01 갤러리를 '찍은 날짜'별, '정사각형' 유형으로 정리해 봅니다.

02 '여행7' 사진을 선택하여 아랫부분을 잘라내고 복사본으로 저장해 봅니다.

03 '여행10' 사진을 선택한 후 '고대비 흑백' 필터를 적용하고 사진의 가장자리를 어둡게 만들어 저장해 봅니다.

04 보정한 사진을 별도의 폴더에 모은 후 사진 앱에 추가해 봅니다.

사진 선택–[이동/복사]–[폴더로 이동]–[사진]–[폴더 만들기]–[이동]

08 '사진 레거시' 앱 사용하기

- '사진 레거시' 앱
- 동영상 회전 및 자르기
- 사진으로 동영상 제작
- 배경 음악 삽입
- 동작 효과 적용
- 재생 시간 조정
- 사용자 지정 오디오
- 텍스트 추가

미/리/보/기

준비파일 : [예제동영상] 폴더

현재 다양한 동영상 편집 도구가 배포되어 있습니다. 사용자는 자신의 편집 목적이나 활용 수준에 맞춰 프로그램을 선택하면 됩니다. 그중에서도 윈도우가 제공하는 편집 도구는 간단하고 빠르게 동영상을 편집할 수 있습니다. 이번 장에서는 '사진 레거시' 앱을 설치하여 동영상을 편집해 보겠습니다.

 '사진 레거시' 앱 살펴보기

▶ '사진 레거시' 앱의 화면 구성 살펴보기

❶ **컬렉션** : 사진과 동영상이 타일 형태로 표시됩니다. 저장된 사진, 동영상, 앨범을 한 화면에서 확인할 수 있습니다.

❷ **앨범** : 앨범을 만들어 원하는 사진과 동영상을 정리할 수 있는 공간입니다.

❸ **피플** : 얼굴 인식 기능을 통해 사진 속 인물을 자동으로 구분하고 사람별로 정리합니다. 연락처와 연동되어 있다면 이름과 함께 정리합니다.

❹ **폴더** : 사진이 있는 폴더를 추가할 수 있습니다.

❺ **비디오 편집기** : 사진과 동영상을 불러와 음악, 자막, 전환 효과 등을 추가해 동영상을 제작할 수 있습니다.

❻ **검색** : 파일 이름뿐 아니라 촬영 장소, 인물, 사물 등으로 사진과 동영상을 빠르게 찾아줍니다.

❼ **새로 만들기** : 사용자가 직접 동영상을 제작하거나 자동으로 믹싱하여 동영상을 제작할 수 있습니다.

❽ **선택** : 여러 사진과 동영상을 선택하여 새 비디오 프로젝트를 만들거나 앨범에 추가할 수 있습니다. 인쇄, 공유, 복사, 삭제 등의 작업도 수행할 수 있습니다.

❾ **가져오기** : 컴퓨터에 저장된 폴더를 불러오거나 스마트폰, 카메라 등 외부 저장 장치에서 사진과 동영상을 불러올 수 있습니다.

02 동영상 편집하기

▶ '사진 레거시' 앱 설치하기

'사진 레거시' 앱은 윈도우에 기본으로 설치되어 있지 않아 추가로 설치해야 합니다.

01 '사진' 앱을 실행한 후 (설정)을 클릭하고 [사진 레거시]-[사진 레거시 받기]를 클릭합니다.

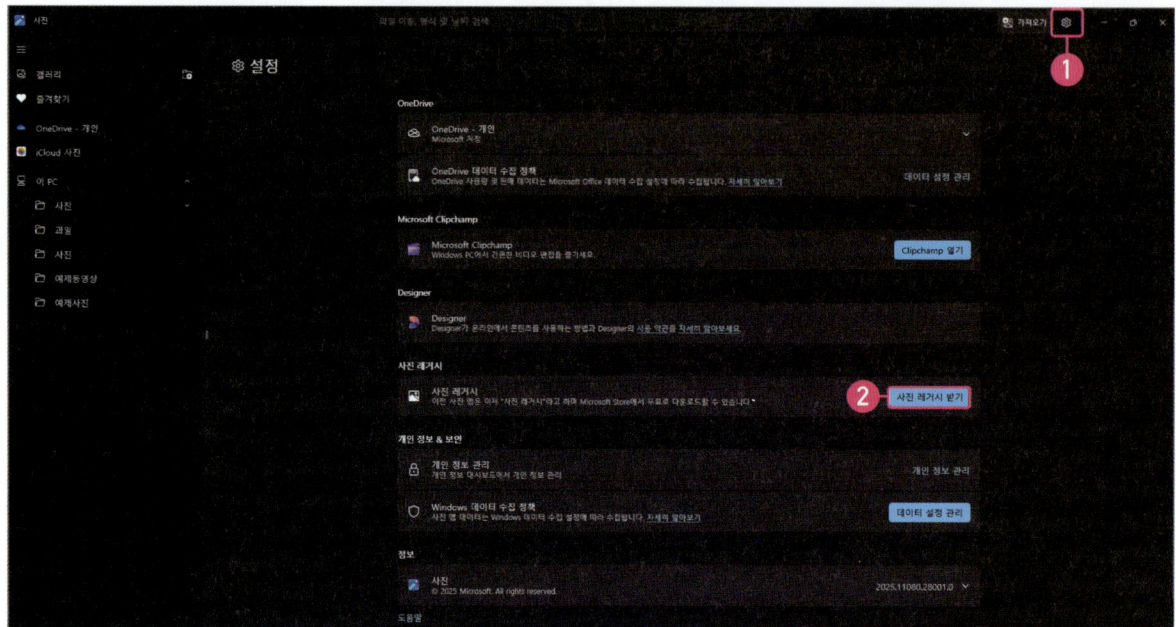

02 Microsoft Store가 실행되고 [다운로드] 버튼을 클릭하면 앱이 설치됩니다.

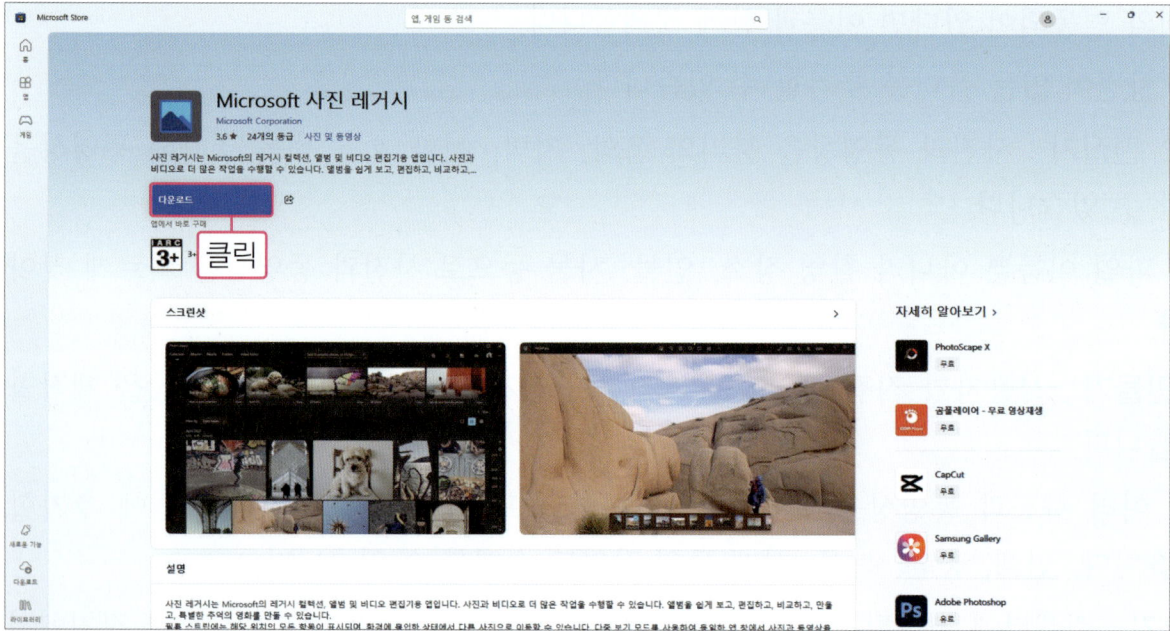

▶ 동영상 편집하기

01 컬렉션에서 '새'를 클릭합니다.

02 동영상이 재생됩니다. 선택한 동영상의 화면이 세로 방향으로 되어 있어 수정 편집해 보겠습니다. (뒤로)를 클릭해 컬렉션 화면으로 돌아갑니다.

> 잠깐
> - '사진 레거시' 앱은 윈도우 '라이브러리'와 연동되어 라이브러리에 포함된 사진과 동영상을 자동으로 불러옵니다.
> - 일부 PC 환경에서는 동영상이 컬렉션에 표시되지 않는 경우가 있습니다. 이 경우에는 폴더의 이름을 변경하거나 [가져오기]로 다시 추가하면 대부분 정상적으로 표시됩니다.

03 동영상 위로 마우스 커서를 이동하면 체크 상자가 나타납니다. 체크한 후 (새로 만들기)를 클릭하고 [새 비디오 프로젝트]를 선택합니다.

 [새로 만들기]의 상세 메뉴
① 새 비디오 프로젝트 : 편집할 새 비디오 프로젝트를 생성합니다.
② 자동 비디오 : 선택한 사진이나 동영상으로 윈도우가 자동 편집한 동영상을 만듭니다.
③ 백업 가져오기 : 저장해 둔 프로젝트를 불러와 이어서 편집합니다.
④ 앨범 : 선택한 사진을 모아 하나의 앨범으로 구성합니다.

04 [비디오 이름 지정] 대화상자가 나타나면 '영상수정'이라고 입력한 후 [확인] 버튼을 클릭합니다.

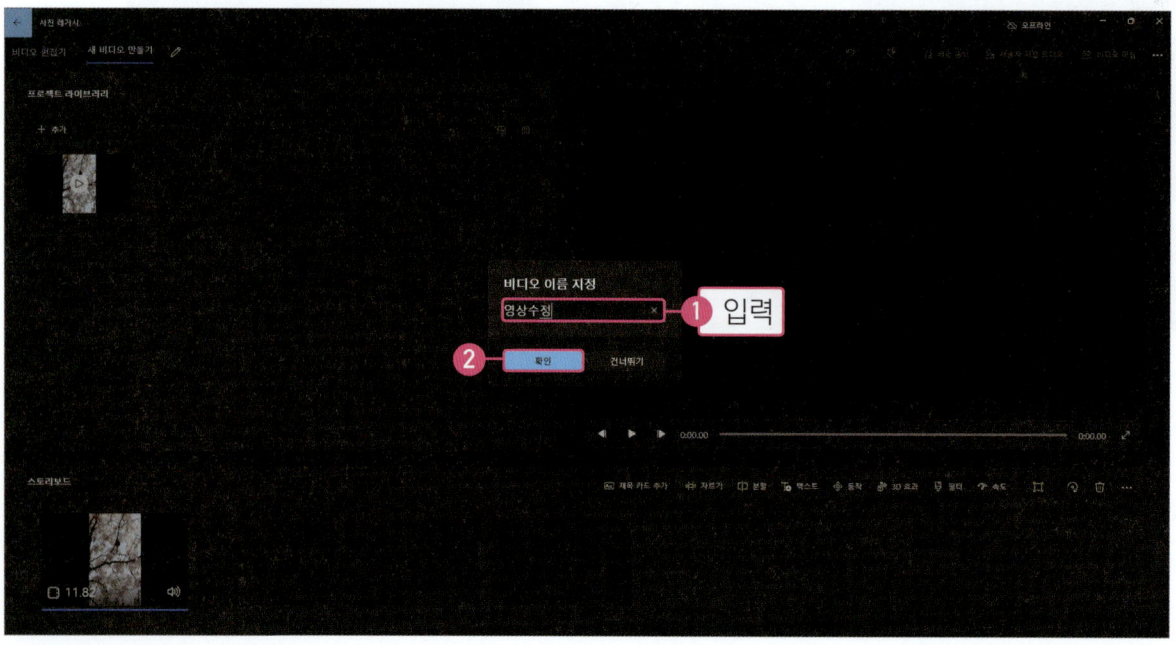

05 프리뷰 모니터에서 ▶(재생) 버튼을 클릭해 동영상을 확인합니다. ⏸(일시 중지) 버튼을 클릭해 멈추고 ↻(회전)을 세 번 클릭합니다.

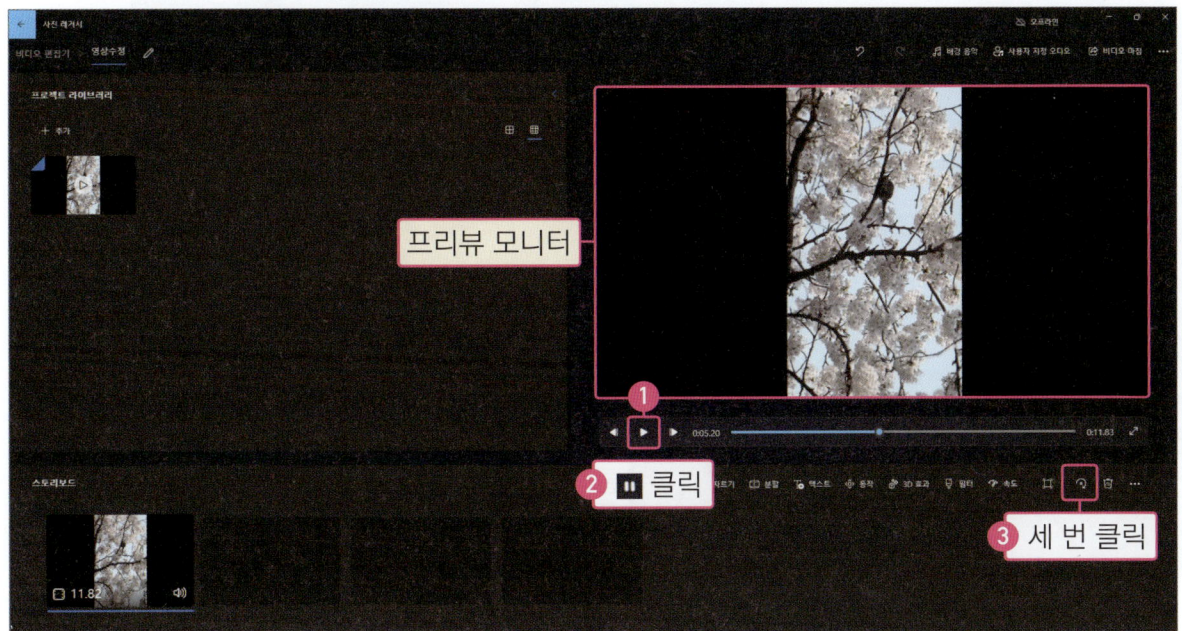

 Space Bar 키를 한 번씩 누를 때마다 재생과 일시 중지가 반복됩니다.

06 동영상 회전 시 화면이 축소되어 가장자리에 검은 띠가 생길 수 있습니다. ▯(검은색 표시줄 제거 또는 표시)를 클릭하고 [검은색 막대 제거]를 선택해 동영상을 확대합니다.

07 이번엔 동영상을 잘라보겠습니다. [자르기]를 클릭합니다.

08 화면이 바뀌면 하단의 왼쪽 포인터를 '3초' 정도로 드래그하여 조절한 후 [완료] 버튼을 클릭합니다.

09 수정된 동영상을 별도의 파일로 만들기 위해 [비디오 마침]을 클릭합니다. [비디오 마침] 대화상자가 나타나면 [내보내기] 버튼을 클릭합니다.

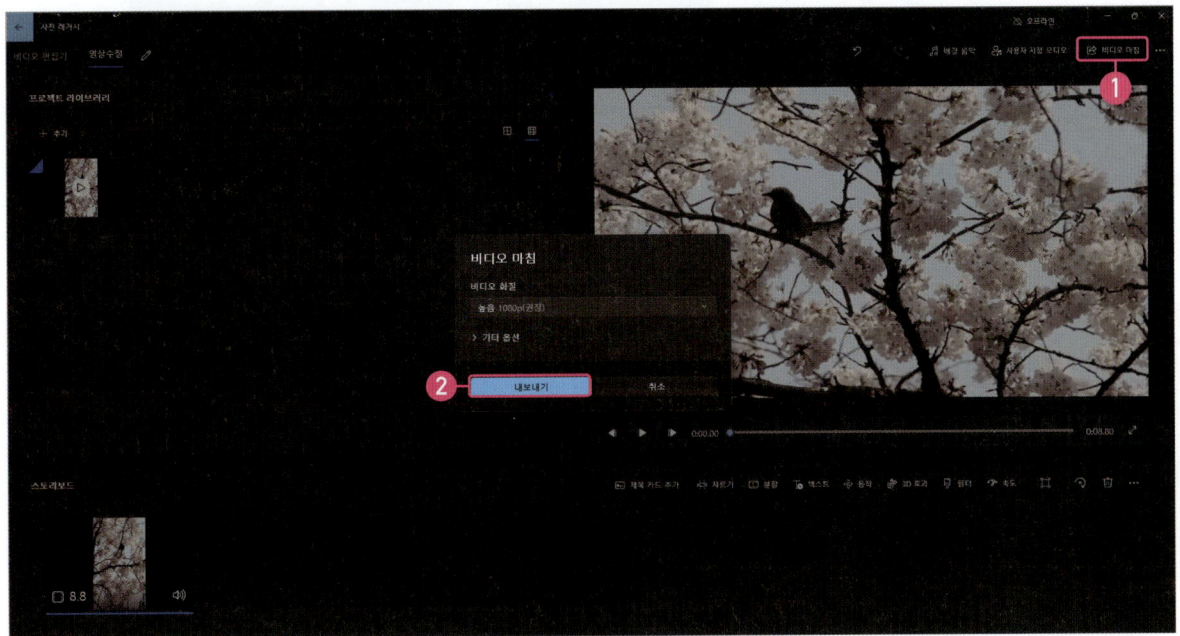

10 [다른 이름으로 저장] 대화상자가 나타나면 [예제동영상] 폴더에 [파일 이름]은 '새-수정'이라고 입력한 후 [내보내기] 버튼을 클릭합니다.

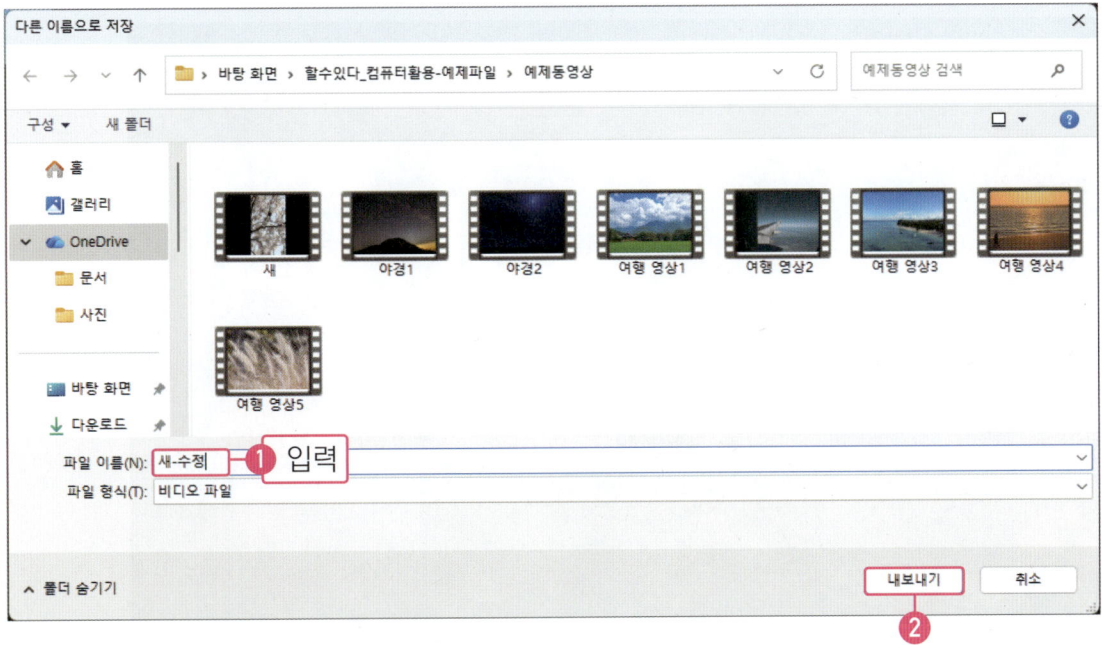

11 렌더링이 끝나면 미리 보기가 자동 재생됩니다.

▶ **사진으로 동영상 만들기**

01 컬렉션에서 동영상으로 만들 사진들(본문에서는 [여행] 폴더의 사진 전부)을 체크한 후 (새로 만들기)를 클릭하고 [새 비디오 프로젝트]를 선택합니다.

02 [비디오 이름 지정] 대화상자가 나타나면 '제주도'라고 입력한 후 [확인] 버튼을 클릭합니다.

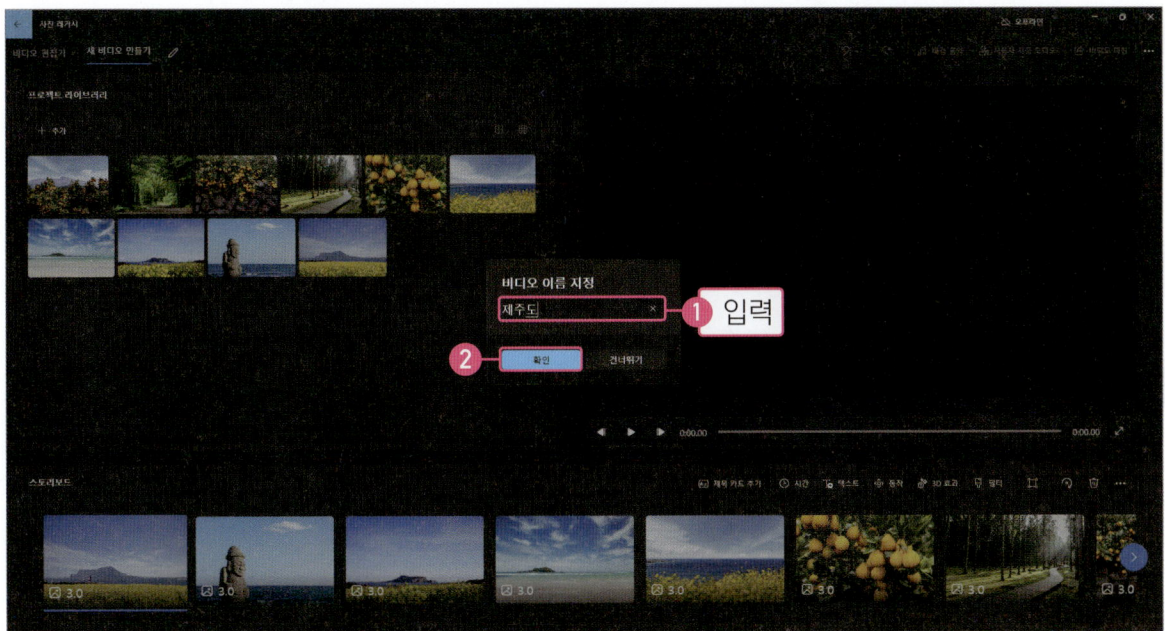

03 프리뷰 모니터에서 ▶(재생) 버튼을 클릭해 동영상을 확인합니다. 동영상이 3초씩 순서대로 재생되는 것을 확인한 후 ■(일시 중지) 버튼을 클릭합니다.

04 드래그하여 사진을 원하는 순서로 배치합니다.

05 담고 싶지 않은 사진이 있다면 [스토리보드]에서 사진을 마우스 오른쪽 버튼으로 클릭한 후 [이 사진 제거]를 클릭합니다.

 사진을 제거할 때는 [스토리보드]에서 사진을 선택한 후 Delete 키를 눌러도 됩니다.

06 [배경 음악]을 클릭합니다.

07 [배경 음악 선택] 대화상자가 나타나면 배경 음악 목록을 아래로 내려 'Come with Me'를 선택합니다. '비디오를 음악 비트와 동기화'에 체크하고, [음악 볼륨]을 '70' 정도로 조절한 후 [완료] 버튼을 클릭합니다.

 [음악 볼륨]은 컴퓨터 볼륨이 아니라 동영상에 들어가는 음악 볼륨을 설정하는 것입니다.

08 사진들의 재생 시간이 변경된 것을 확인합니다. 프리뷰 모니터에서 ▶(재생) 버튼을 클릭해 동영상이 음악에 맞춰 진행되는 것을 확인합니다.

09 사진에 움직임을 주겠습니다. 원하는 사진을 선택하고 [동작]을 클릭합니다.

10 오른쪽 동작에서 [왼쪽에서 확대]를 선택합니다. ▶(재생) 버튼을 클릭해 확인한 후 [완료] 버튼을 클릭합니다.

11 [시간]을 클릭합니다. 시간을 '2초'로 설정합니다.

12 같은 방법으로 나머지 사진들의 시간과 동작을 수정합니다. 작업이 끝나면 [비디오 마침]-[내보내기]를 클릭합니다.

13 [다른 이름으로 저장] 대화상자가 나타나면 동일한 폴더에 [파일 이름]은 '제주도'라고 입력하고 [내보내기]를 클릭합니다.

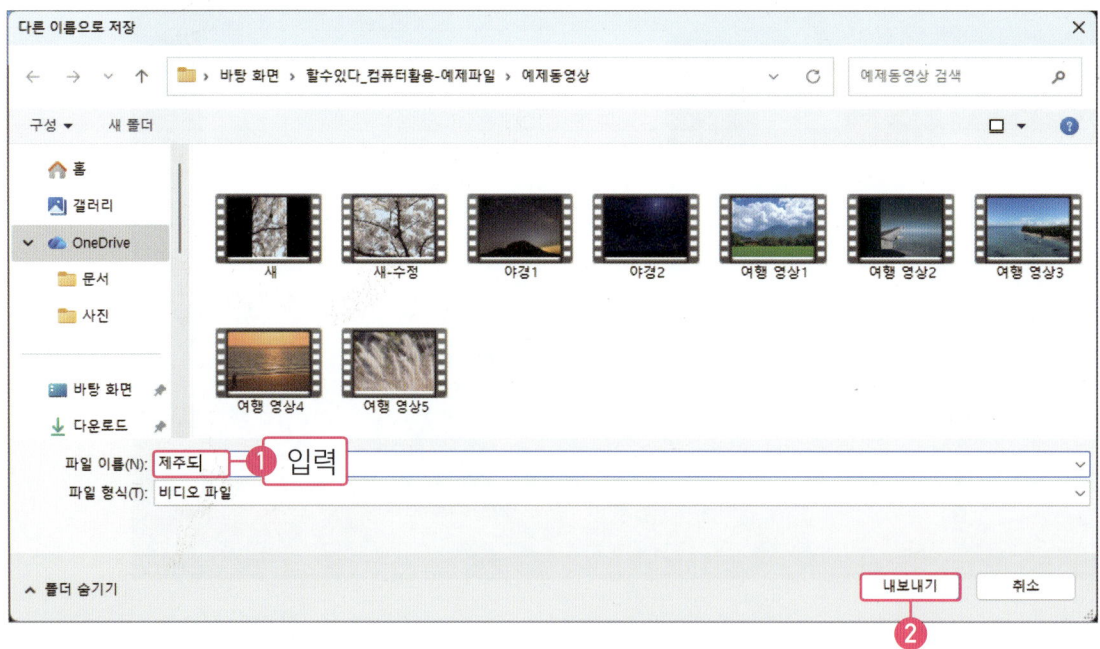

14 렌더링이 끝나면 미리 보기가 자동 재생됩니다.

▶ 동영상 붙이기

01 [프로젝트 라이브러리]에서 [추가]-[컬렉션에서]를 클릭합니다.

02 추가할 동영상을 선택(본문에서는 '야경2')하고 [추가] 버튼을 클릭합니다.

03 추가된 동영상을 [스토리보드]의 맨 앞으로 드래그합니다.

04 프리뷰 모니터에서 ▶(재생) 버튼을 클릭해 확인합니다.

05 [자르기]를 클릭합니다.

06 하단의 오른쪽 포인터를 '8초' 정도로 드래그하여 조절한 후 [완료] 버튼을 클릭합니다.

07 [텍스트]를 클릭합니다.

08 텍스트 입력란에 '제주도'라고 입력하고 [애니메이션 텍스트 스타일]은 '클래식', [레이아웃]은 '위쪽'을 선택합니다. [완료] 버튼을 클릭합니다.

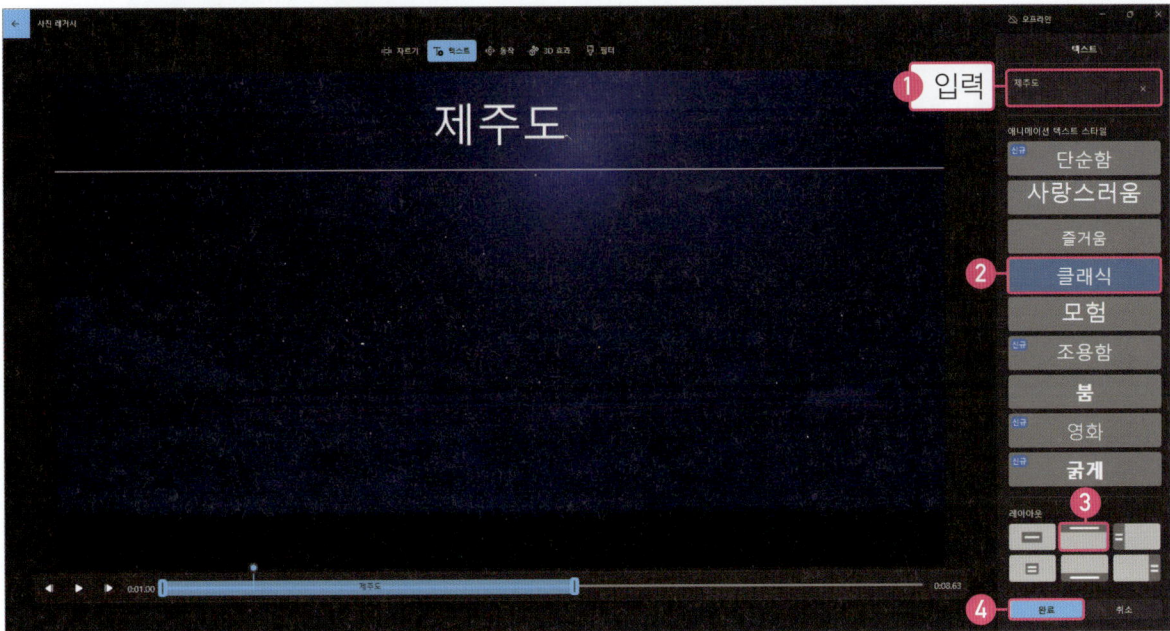

▶ **배경 음악 교체하기**

01 [배경 음악]을 클릭합니다. [배경 음악 선택] 대화상자가 나타나면 배경 음악을 '없음'으로 선택하고 [완료] 버튼을 클릭합니다.

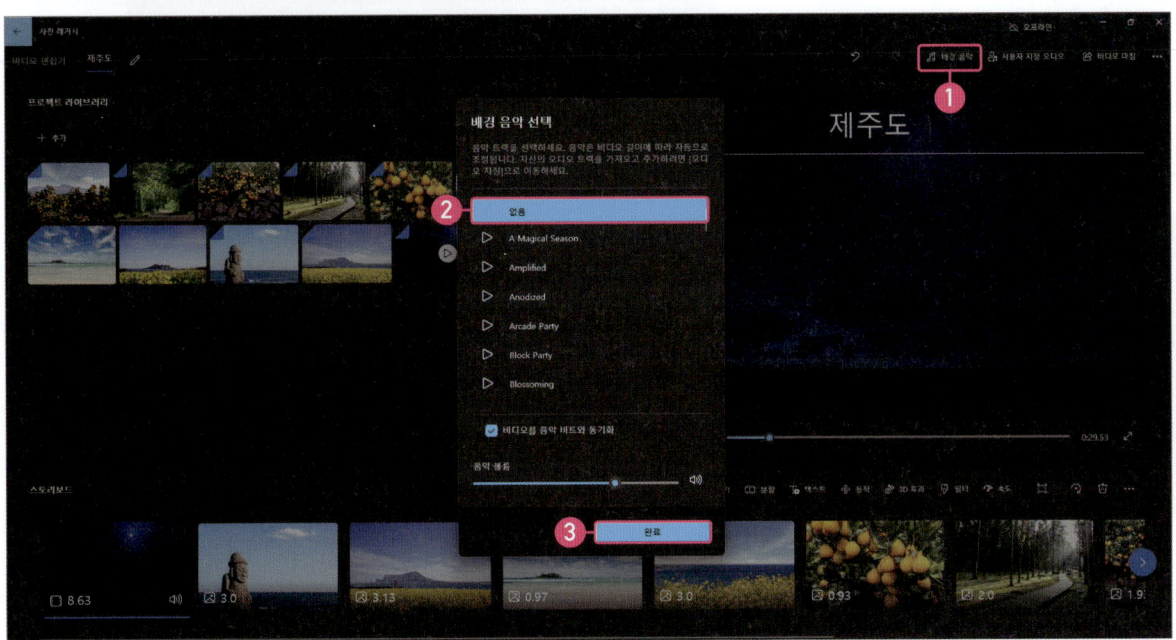

167

02 [사용자 지정 오디오]를 클릭합니다.

03 [오디오 파일 추가] 버튼을 클릭합니다. [열기] 대화상자가 나타나면 삽입하고 싶은 음악 파일(본문에서는 '음악2')을 찾아 선택하고 [열기] 버튼을 클릭합니다.

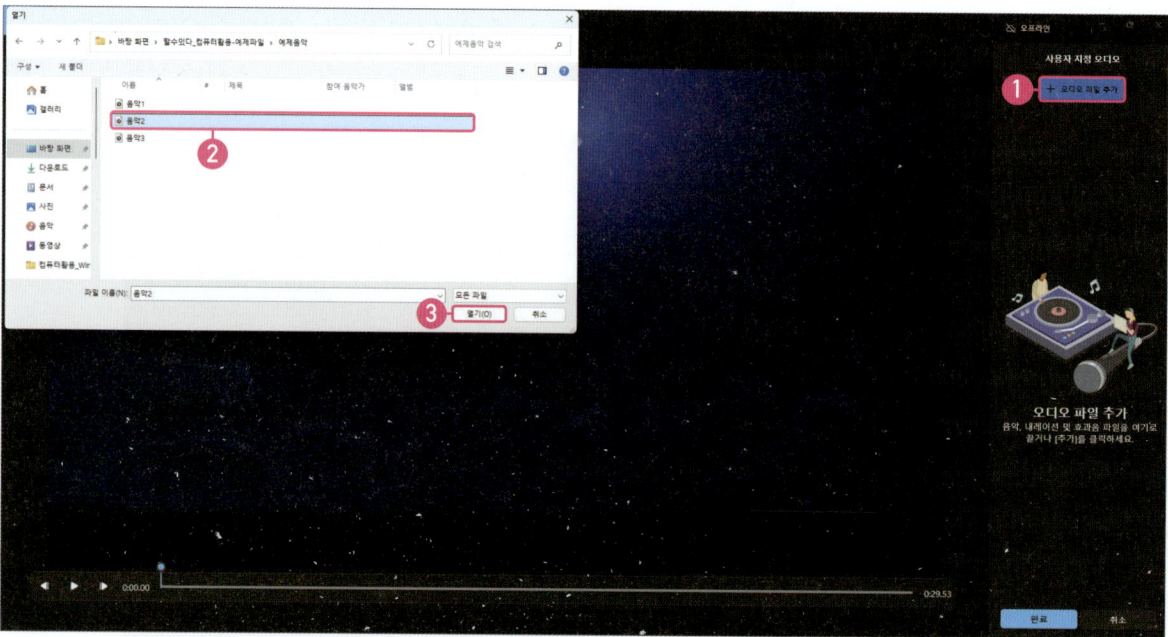

04 오디오 클립을 동영상의 전체 구간에 맞춰 조정한 후 ▶(재생) 버튼을 클릭해 확인합니다. 확인이 끝나면 [완료] 버튼을 클릭합니다.

05 프리뷰 모니터에서 동영상을 확인합니다. 수정할 부분이 있으면 앞의 방법을 참고해 수정한 후 [비디오 마침]-[내보내기]를 클릭합니다.

06 [다른 이름으로 저장] 대화상자가 나타나면 [예제동영상] 폴더에 [파일 이름]은 '제주도2'라고 입력한 후 [내보내기] 버튼을 클릭합니다.

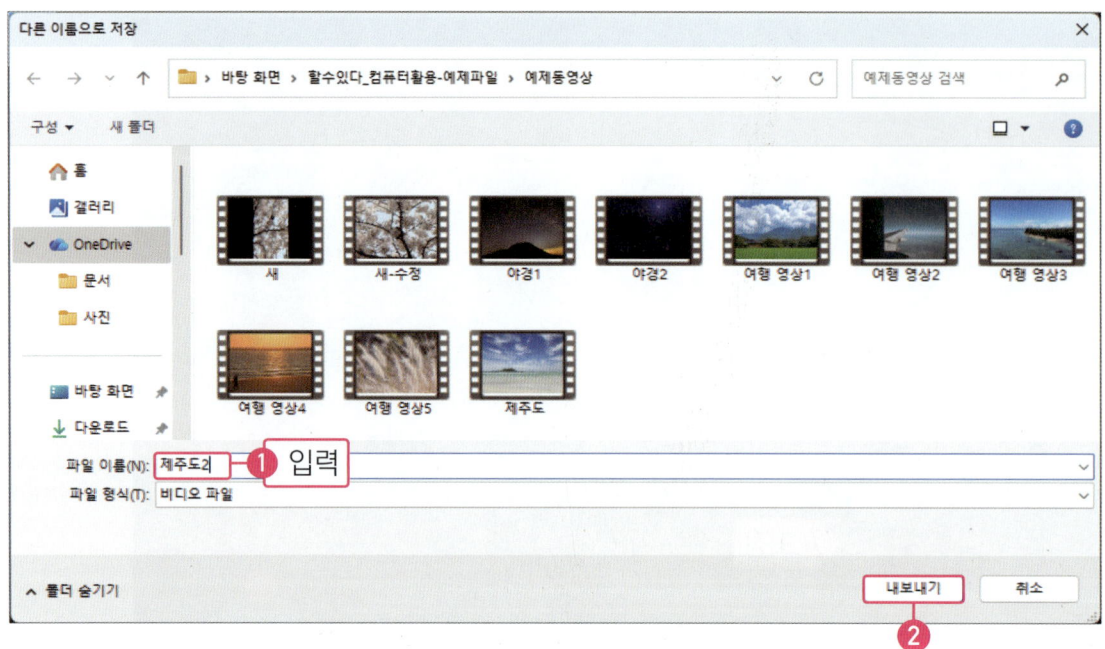

07 렌더링이 끝나면 미리 보기가 자동 재생됩니다.

응용력 키우기

01 앞에서 실습한 '제주도2' 비디오 프로젝트를 열어 '새-수정' 동영상을 추가해 다음과 같이 만들어 봅니다.

> - **동영상 삽입 위치 :** [스토리보드] 중간 16초 정도
> - **동영상 길이 :** 3초
> - **텍스트 입력 및 효과 :** '봄', [사랑스러움], [타이틀2]

02 01의 프로젝트에서 윈도우 '라이브러리'의 [음악] 폴더에 있는 '음악3' 파일을 불러온 후 두 개의 음악을 연결해 봅니다. '봄' 타이틀이 시작되는 부분에서 '음악2'가 끝나고 '음악3'이 시작하도록 해봅시다.

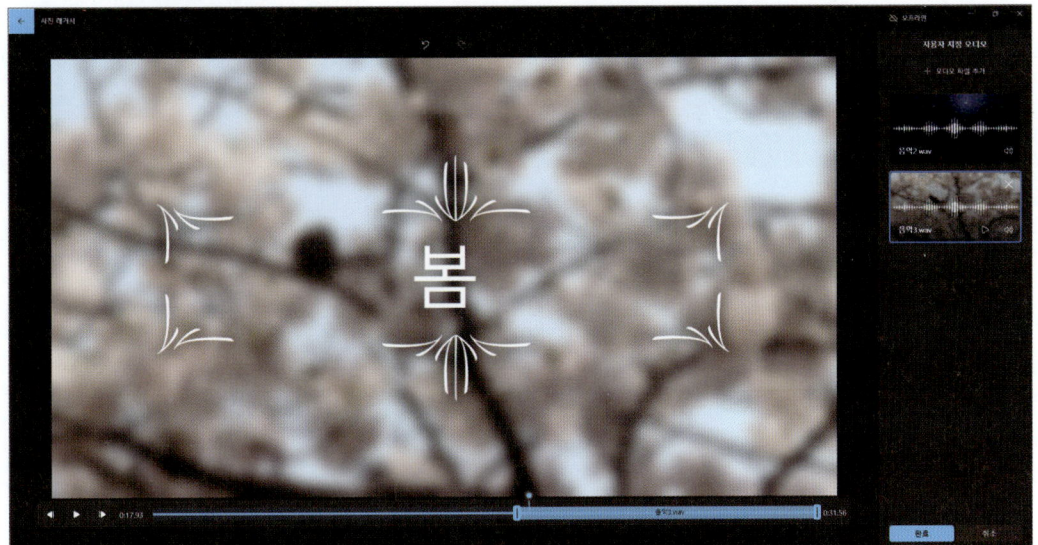

 '스티커 메모'와 '날씨' 앱 사용하기

- '스티커 메모' 앱
- 새 메모
- 메모에 그림 삽입
- '날씨' 앱
- 날씨 확인
- 즐겨 찾는 장소의 날씨

미/리/보/기

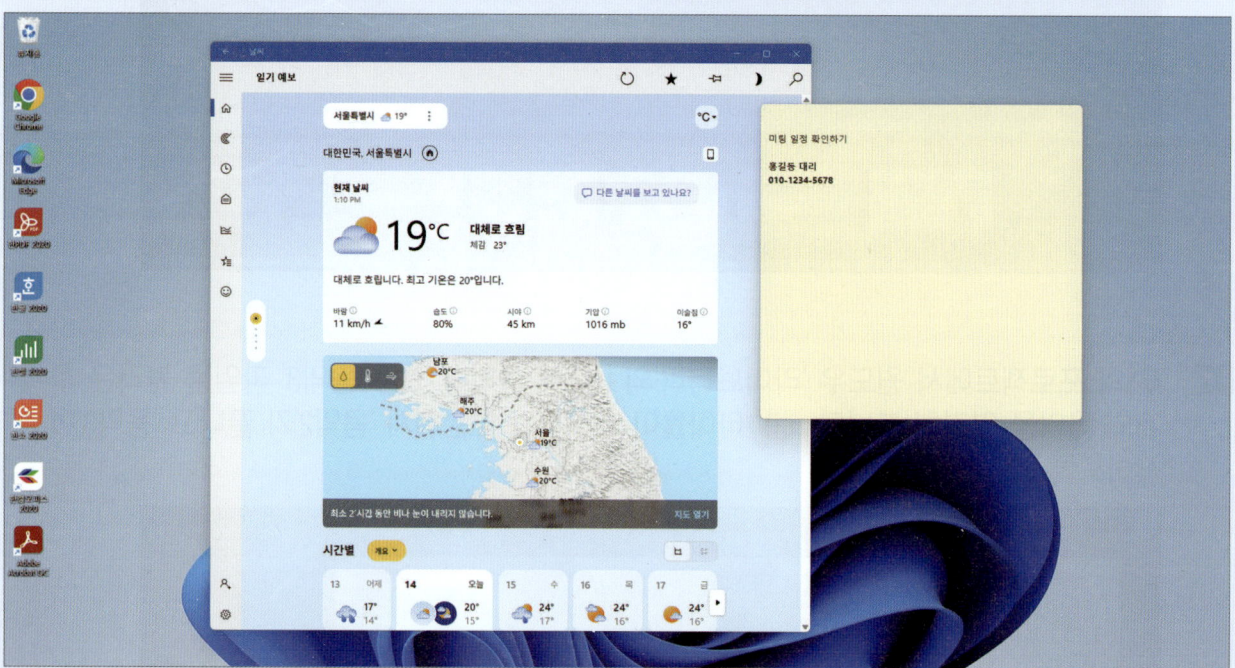

윈도우에는 사용자의 편의를 위한 다양한 보조 앱이 포함되어 있습니다. 이러한 앱들은 업무나 일상에서 부족한 부분을 보완해 줍니다. 이번 장에서는 윈도우 11에서 기본 제공하는 '스티커 메모' 앱과 '날씨' 앱의 주요 기능과 사용 방법을 알아보겠습니다.

 '스티커 메모'와 '날씨' 앱 살펴보기

▶ '스티커 메모' 앱 화면 구성 살펴보기

'스티커 메모' 앱은 간단한 내용을 빠르게 기록하고 화면에 고정해 둘 수 있는 메모 도구입니다. 윈도우에서는 별도의 문서 작성 프로그램을 열지 않아도 바탕 화면 위에서 바로 메모를 작성하고 수정할 수 있습니다. 입력한 내용은 사용자가 메모를 삭제하지 않는 한 컴퓨터를 껐다가 켜도 그대로 유지되므로, 중요한 일정을 간단히 기록해 두기에 적합합니다.

'스티커 메모' 앱을 실행하면 다음과 같은 메모가 나타납니다.

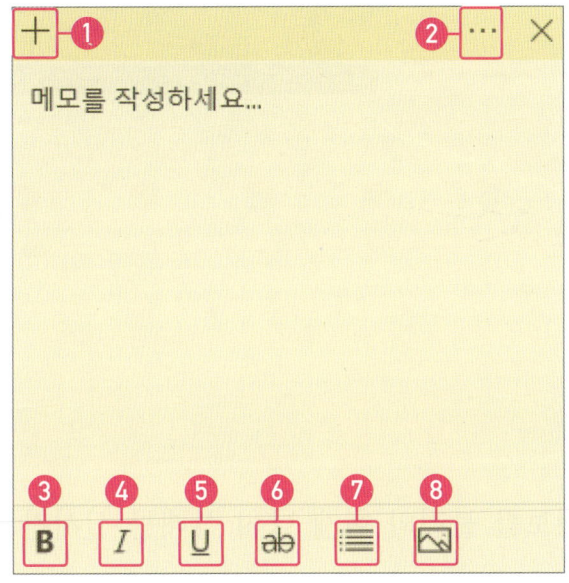

❶ 새 메모 : 새로운 스티커 메모를 생성합니다. 필요한 내용을 즉시 작성할 수 있습니다.

❷ 메뉴 : 메모의 색 바꾸기, 노트 목록 불러오기, 메모 삭제를 할 수 있습니다.

❸ 굵게 : 글을 굵게 표현합니다.

❹ 기울임꼴 : 글을 기울임꼴로 표현합니다.

❺ 밑줄 : 글에 밑줄을 긋습니다.

❻ 취소선 : 글에 취소선을 긋습니다.

❼ 글머리 기호 전환 : 글머리 서식을 만듭니다.

❽ 이미지 추가 : 이미지를 추가합니다.

▶ '날씨' 앱 화면 구성 살펴보기

윈도우 11에 포함된 '날씨' 앱은 사용자가 지정한 지역의 일주일 날씨와 오늘의 시간별 날씨 정보를 제공합니다. 기온뿐만 아니라, 습도, 자외선 지수, 강수량 등 다양한 기상 데이터를 함께 확인할 수 있어 일상생활에 유용합니다.

'날씨' 앱을 실행하면 다음과 같은 창이 나타납니다.

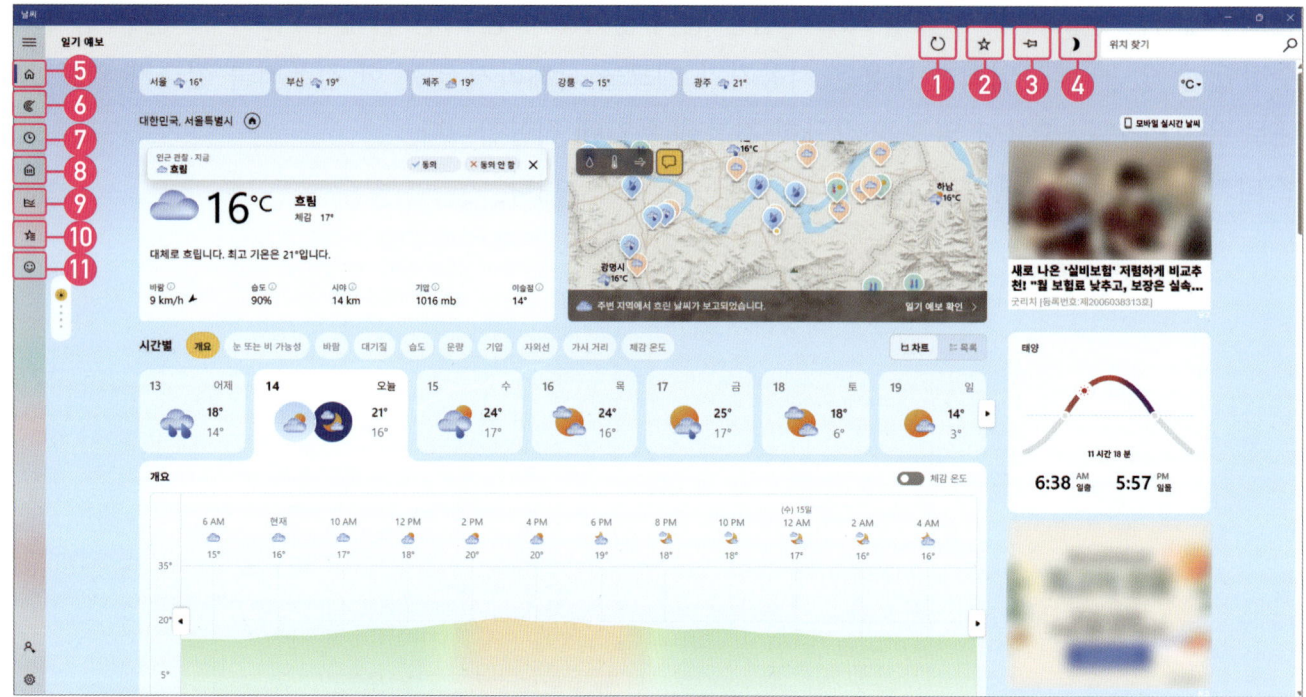

❶ **새로고침** : 최신 기상 정보를 불러와 현재 날씨 상태를 실시간으로 반영합니다.

❷ **즐겨찾기에 추가** : 자주 확인하는 지역을 등록할 수 있습니다.

❸ **고정** : 현재 지역의 날씨 정보를 윈도우 시작 메뉴에 타일 형태로 고정할 수 있습니다.

❹ **어두운 테마 켜기** : '날씨' 앱의 테마를 어둡게 합니다.

❺ **일기 예보** : 기본 화면으로 현재 위치의 온도, 기상 상태 등을 보여줍니다.

❻ **지도** : 기온, 강수량, 바람, 습도 등을 현재 사용자의 위치를 중심으로 넓은 범위의 지도로 보여줍니다.

❼ **시간별 일기 예보** : 하루 동안의 기온과 강수 등 날씨 변화를 시간별로 제공합니다.

❽ **생활** : 자외선 지수, 우산 준비 여부 등 날씨에 따른 생활 정보를 알려 줍니다.

❾ **과거 날씨** : 연도와 월을 선택해 이전 기간의 기온, 강수량 등 과거 기상 데이터를 확인할 수 있습니다.

❿ **즐겨찾기** : '즐겨찾기에 추가'에 등록한 지역이 정리되어 있습니다.

⓫ **피드백 허브** : 앱 사용 중 불편하거나 개선이 필요한 점을 마이크로소프트에 전달할 수 있는 기능입니다.

02 스티커 메모 붙이기

▶ **스티커 메모 만들기**

01 [시작()] 버튼을 클릭한 후 '스티커 메모' 앱을 찾아 실행합니다.

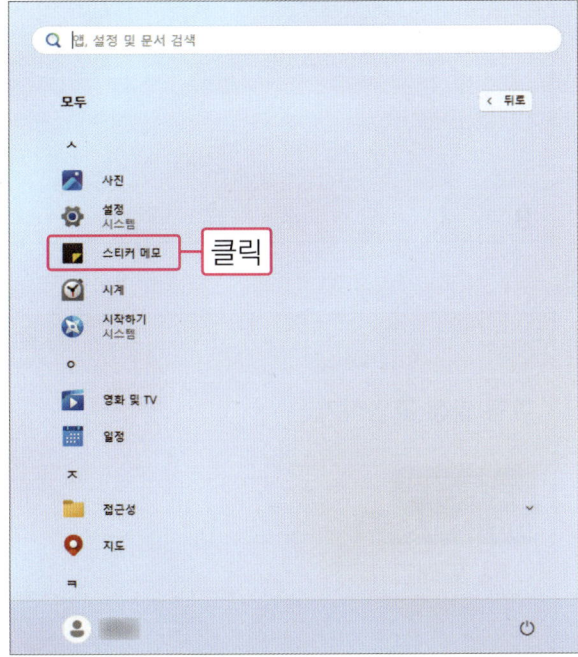

 스티커 메모를 사용한 적이 있다면 실행 시 이전에 작성했던 메모들이 자동으로 표시됩니다. 마지막으로 닫은 위치에 따라 메모 목록 창이 함께 나타날 수도 있습니다. 새로운 메모를 작성하려면 ➕(새 메모)를 클릭하여 실습해 봅니다.

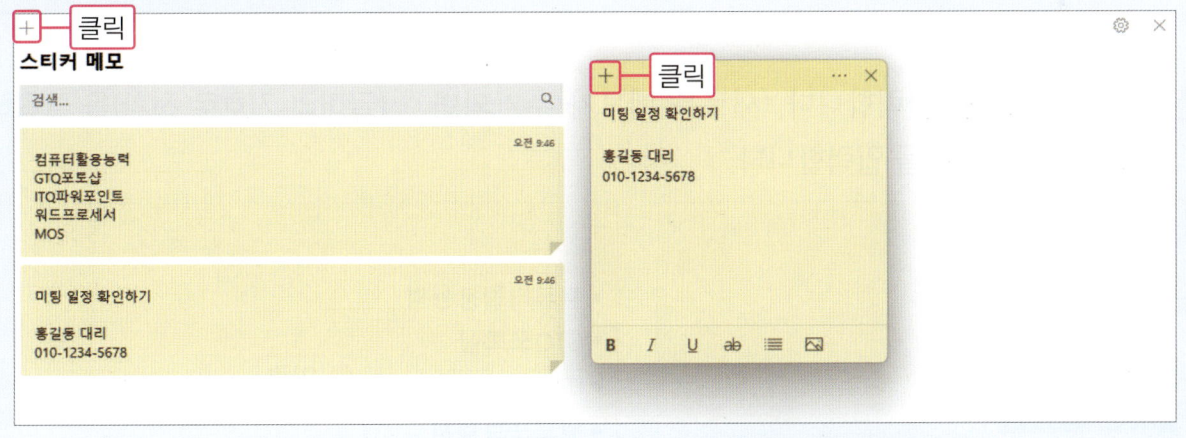

02 스티커 메모가 나타나면 다음과 같은 내용을 입력합니다.

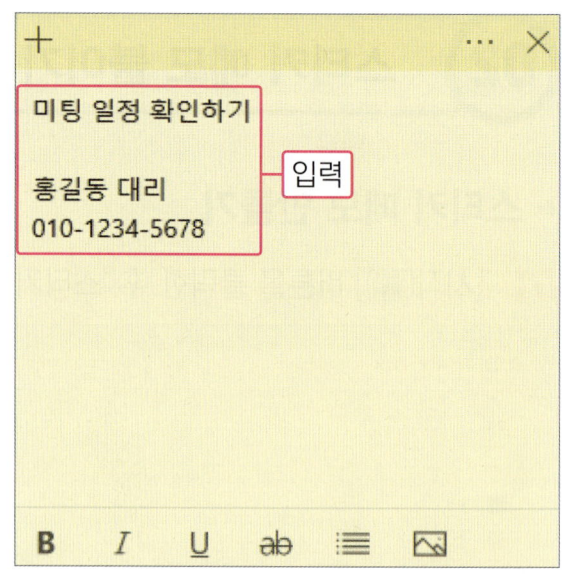

03 강조할 내용을 드래그하여 블록으로 지정한 후 B(굵게)를 클릭해 서식을 적용합니다.

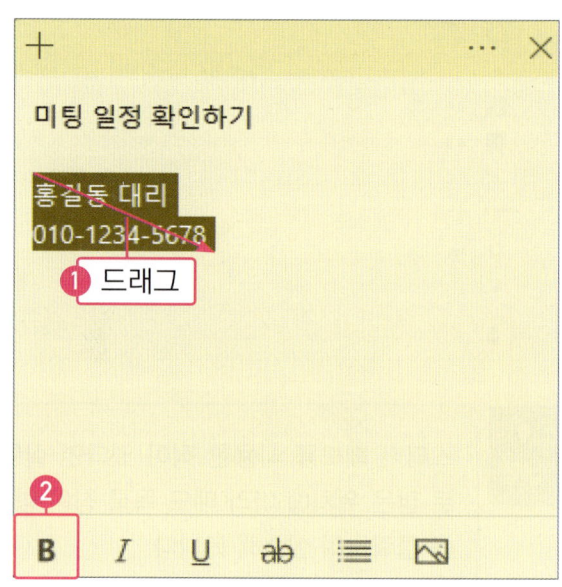

04 ➕(새 메모)를 클릭합니다. 새로운 메모가 추가되면 ≡(글머리 기호로 전환)을 클릭하고 다음과 같은 내용을 입력합니다.

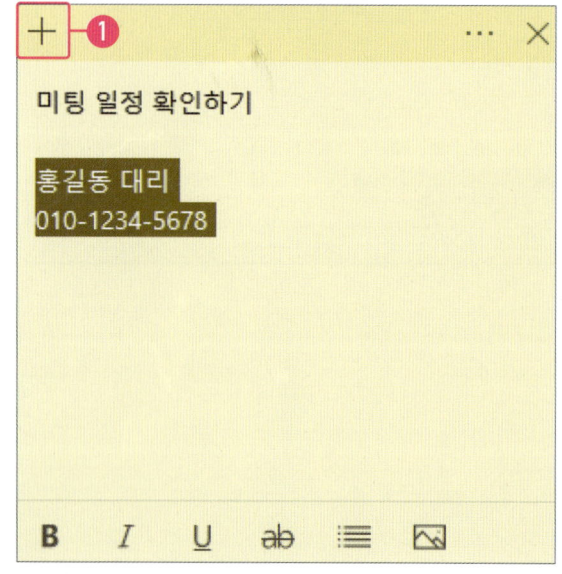 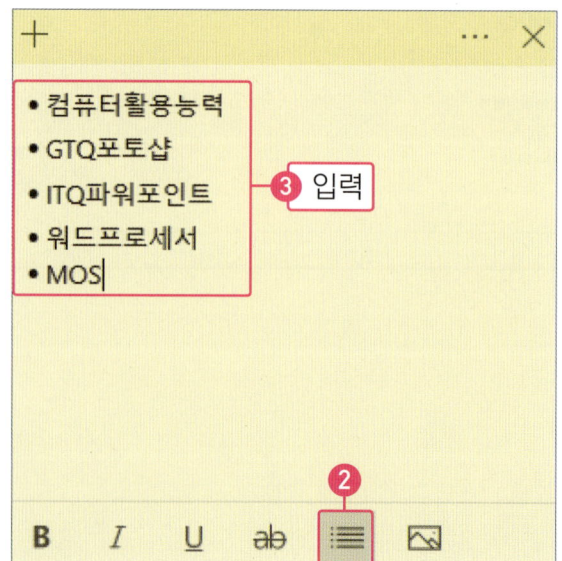

05 '컴퓨터활용능력'을 드래그하여 블록으로 지정한 후 I(기울임꼴)을 클릭합니다. 'GTQ포토샵'을 드래그하여 블록으로 지정한 후 U(밑줄)을 클릭합니다. '워드프로세서'를 드래그하여 블록으로 지정한 후 ab(취소선)을 클릭합니다. 서식이 적용되는 것을 확인합니다.

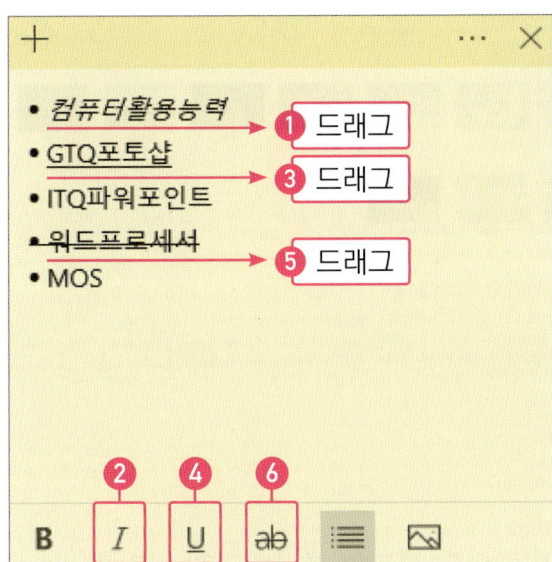

▶ **스티커 메모의 색 변경 및 이미지 삽입하기**

01 +(새 메모)를 클릭합니다. 추가된 메모의 ⋯(메뉴)를 클릭합니다. 원하는 색상을 선택합니다.

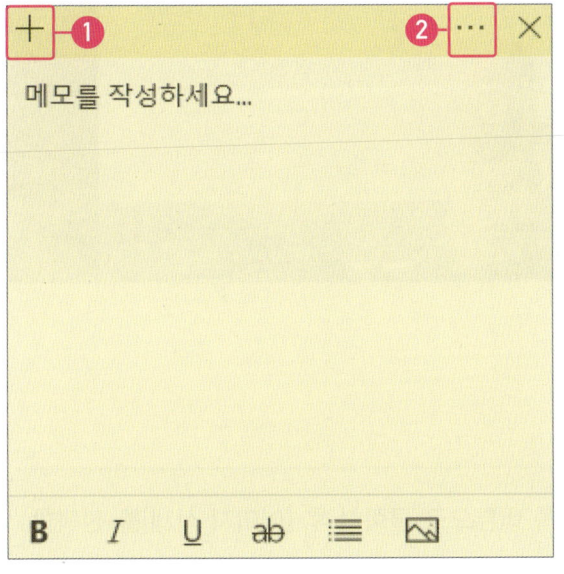 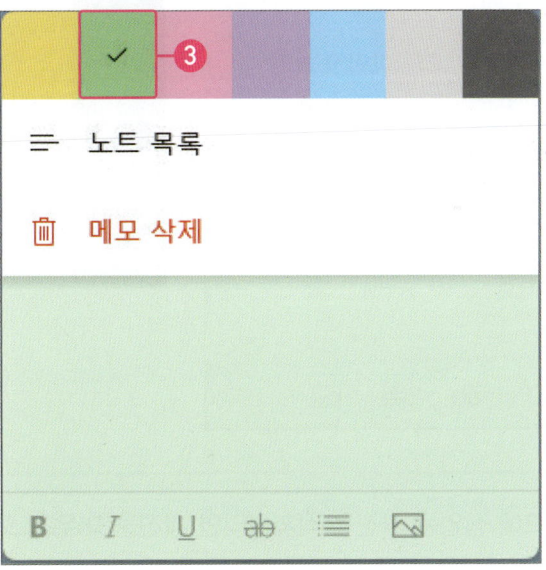

02 메모의 색상이 변경됩니다. ▣(이미지 추가)를 클릭합니다. [열기] 대화상자가 나타나면 사진을 선택하고 [열기] 버튼을 클릭합니다.

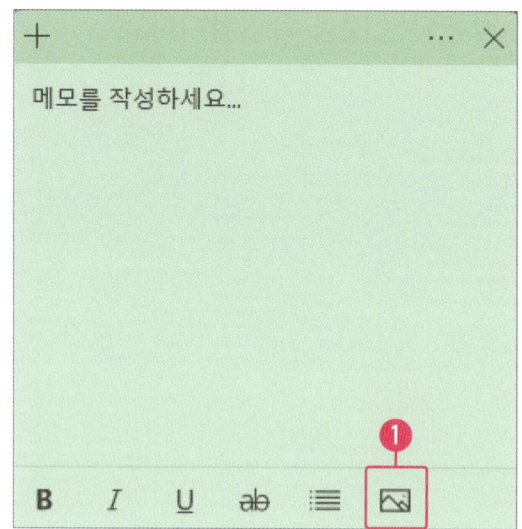
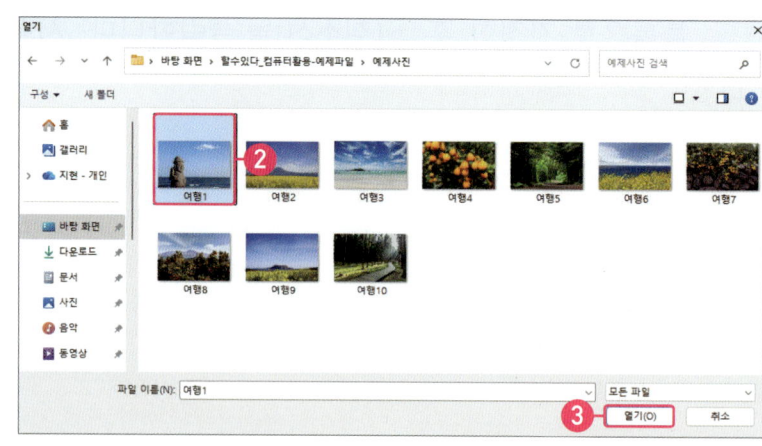

03 메모에 사진이 삽입됩니다. 사진을 마우스 오른쪽 버튼으로 클릭한 후 [이미지 보기]를 선택하면 삽입된 이미지를 확인할 수 있습니다.

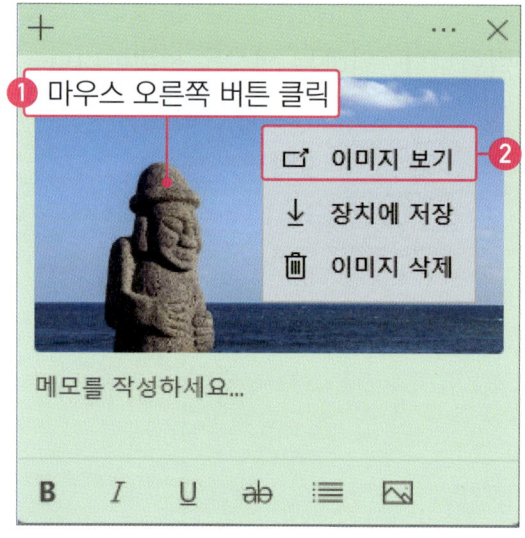

- 메모에 삽입된 사진을 삭제하려면 사진을 마우스 오른쪽 버튼으로 클릭한 후 [이미지 삭제]를 선택합니다.
- 사진은 원본 파일이 컴퓨터에 저장되어 있으므로 별도로 [장치에 저장]을 실행할 필요가 없습니다.

▶ 스티커 메모 숨기기/표시하기 및 삭제하기

01 처음 작성한 메모의 ▦(메뉴)를 클릭한 후 [노트 목록]을 선택합니다.

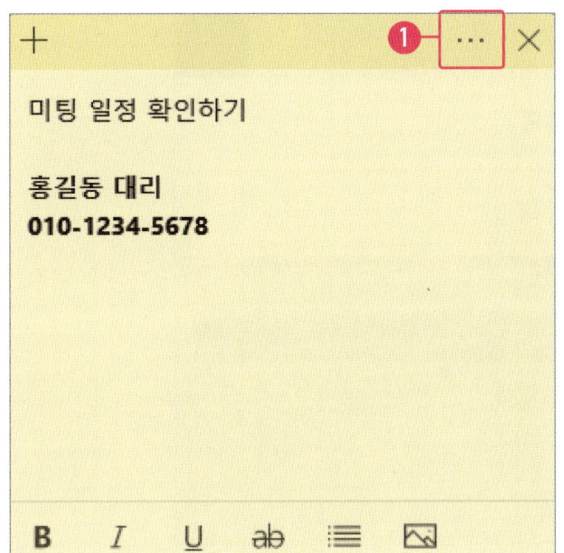
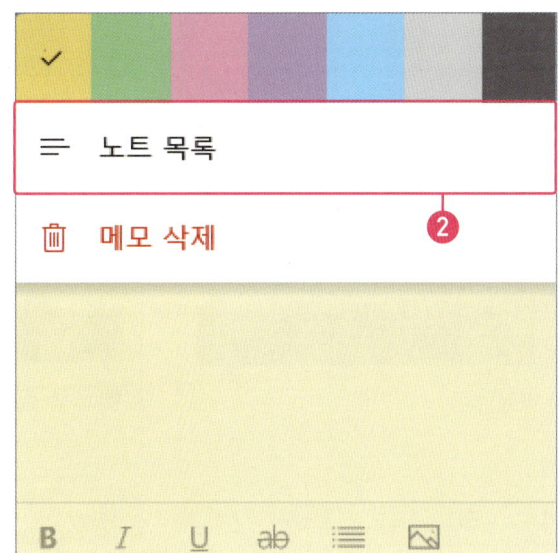

02 스티커 메모 목록 창이 나타납니다. 스티커 메모 목록에는 닫은 메모를 포함해 작성한 스티커 메모 항목들이 보입니다. 사진이 삽입된 메모를 더블 클릭합니다.

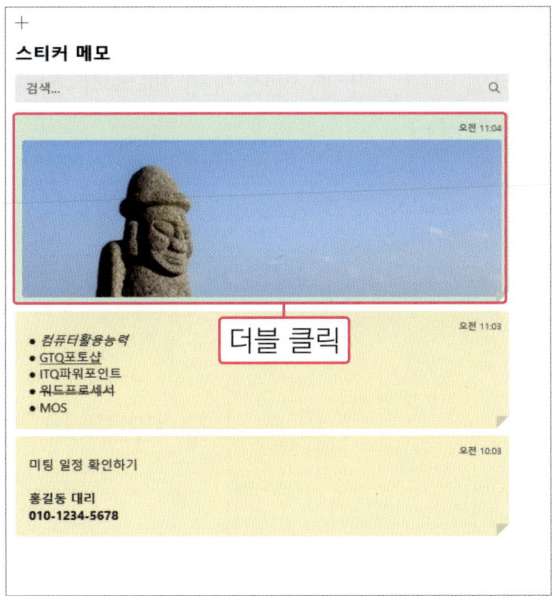

03 선택한 메모가 다시 바탕 화면에 나타납니다. 메모 창에서 (메뉴)를 클릭한 후 [메모 삭제]를 선택합니다.

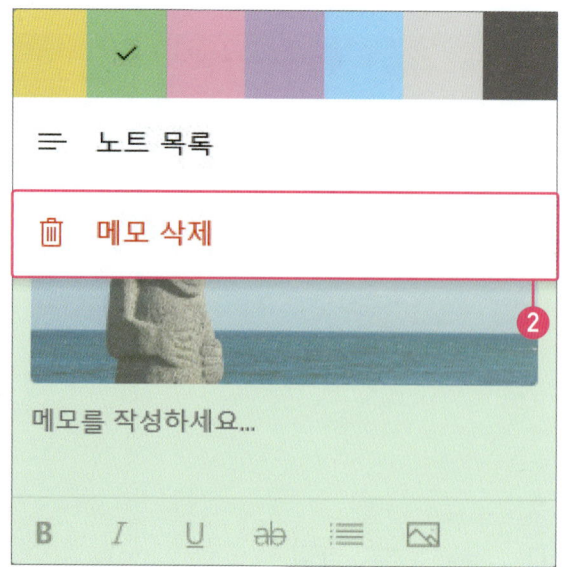

> 잠깐! 스티커 메모를 삭제하면 보관되지 않고 완전히 제거됩니다. 따라서 삭제 전 중요한 내용이 없는지 확인하는 것이 좋습니다.

04 삭제를 묻는 메시지 창이 나타나면 [삭제] 버튼을 클릭합니다. 바탕 화면에서 메모가 사라지고 스티커 메모 목록에도 사라진 것을 확인할 수 있습니다.

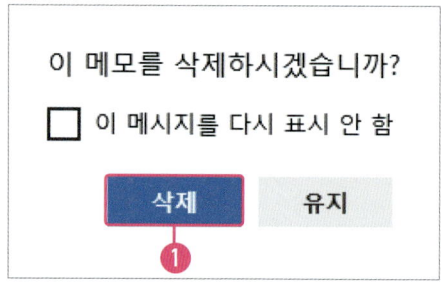
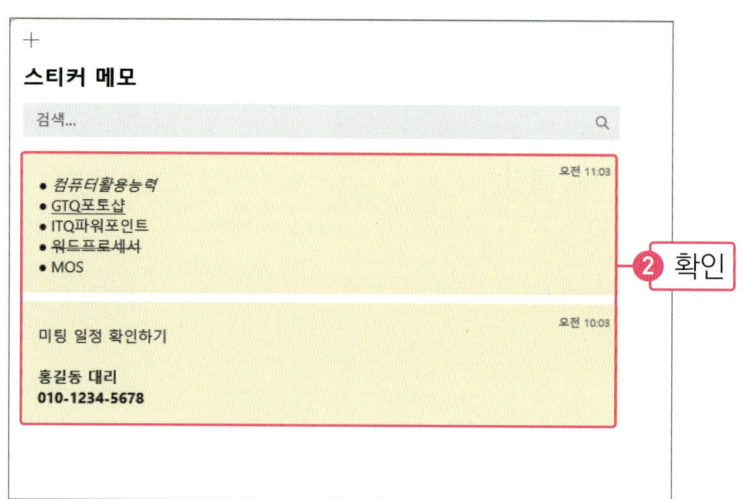

03 날씨 알아보기

01 [시작(■)] 버튼을 클릭한 후 '날씨' 앱을 찾아 실행합니다.

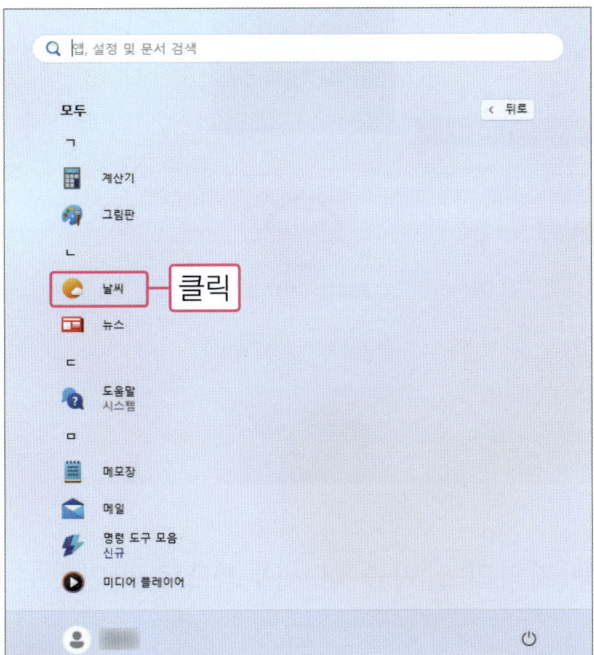

> **잠깐** '날씨' 앱이 설치되어 있지 않다면 Microsoft Store에서 'MSN 날씨'를 검색해 설치합니다.

02 날씨 앱이 실행되면 (설정)을 클릭합니다. [온도 표시 단위]는 '섭씨'를 선택하고 [시작 위치]-[기본 위치]에서 사용자의 지역을 검색하여 선택합니다.

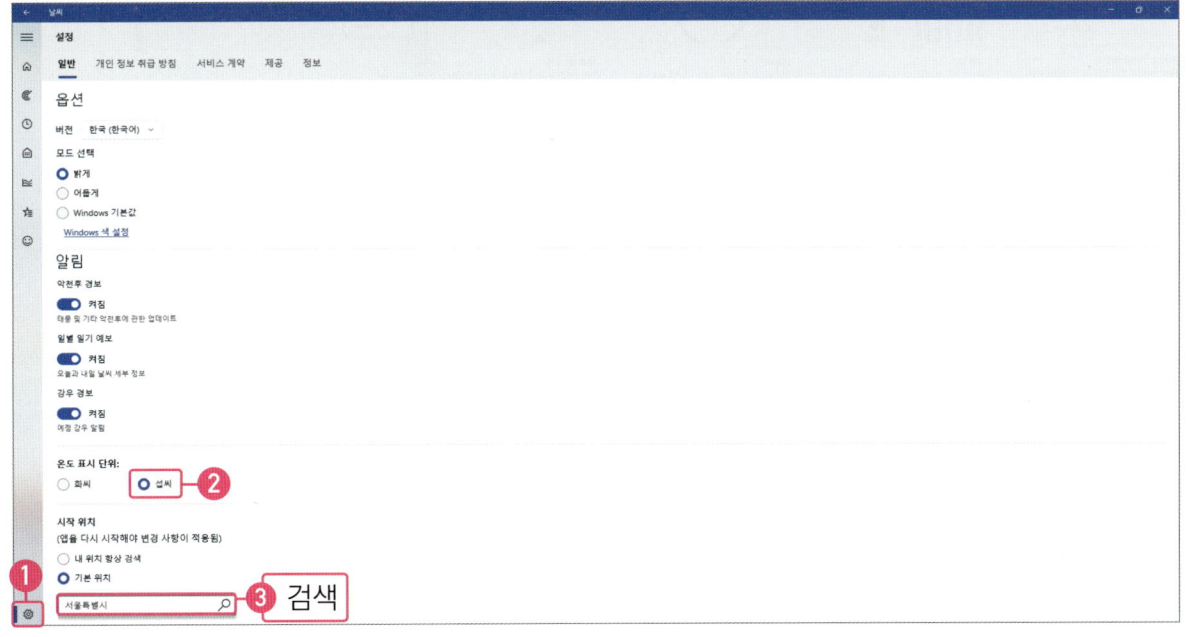

03 (일기 예보)를 클릭하면 현재 위치의 날씨가 표시됩니다.

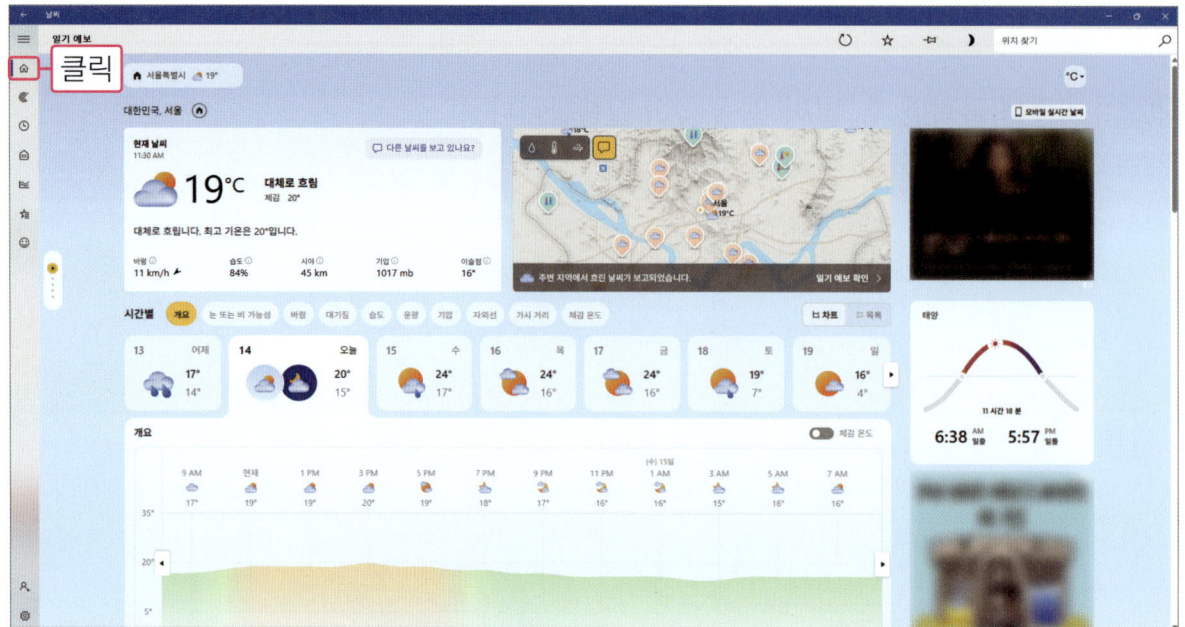

04 아래로 스크롤하면 체감 온도, 습도, 자외선 등 지역의 날씨를 더 세부적으로 확인할 수 있습니다.

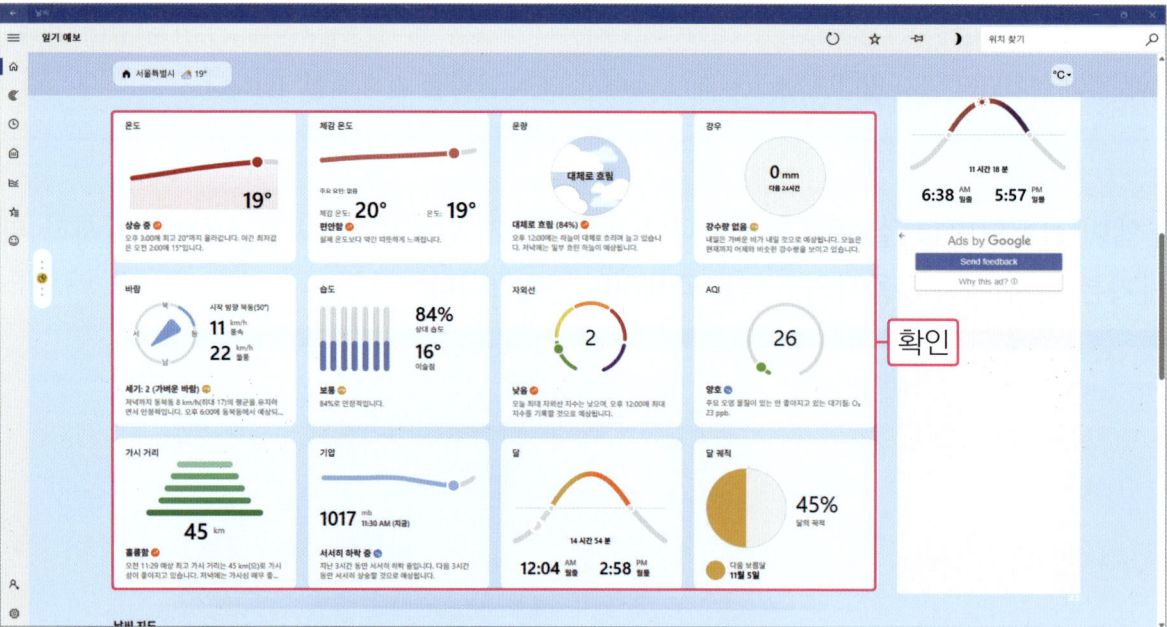

05 (지도)를 클릭합니다. 현재 위치를 중심으로 지도가 나타납니다. 마우스 휠을 굴려 확대/축소할 수 있고, 드래그하여 지도를 움직일 수 있습니다. 또 특정 위치를 클릭한 후 휠을 굴리면 그 지역을 중심으로 확대/축소됩니다.

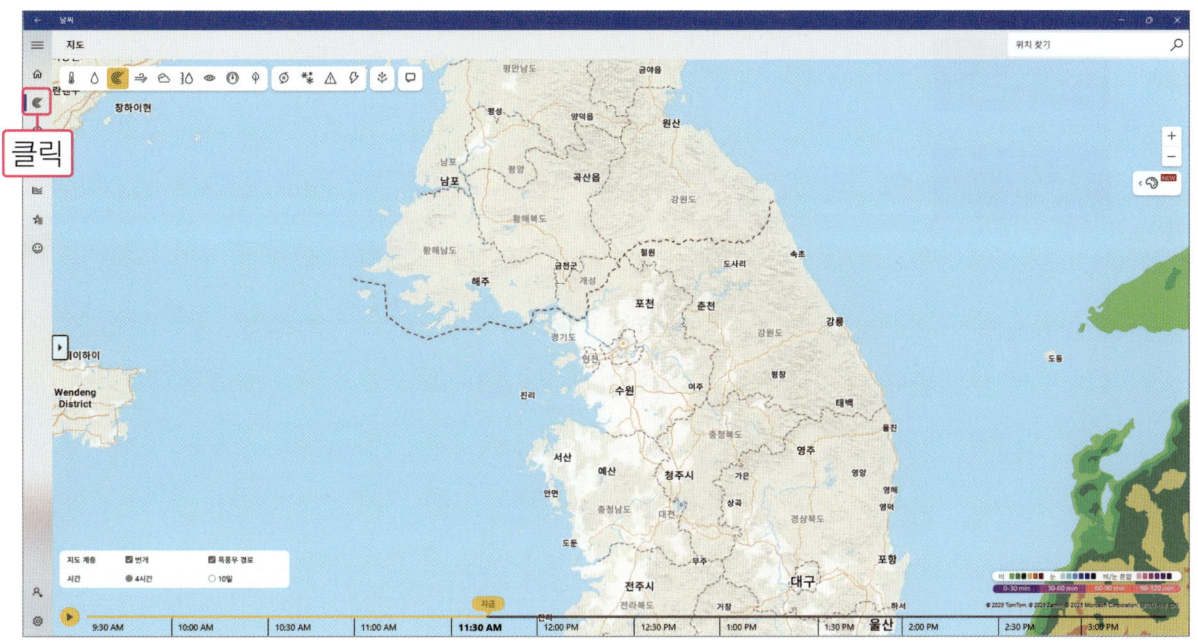

06 (기온)을 클릭합니다. (재생) 버튼을 클릭하여 지역의 온도 변화를 확인해 봅니다.

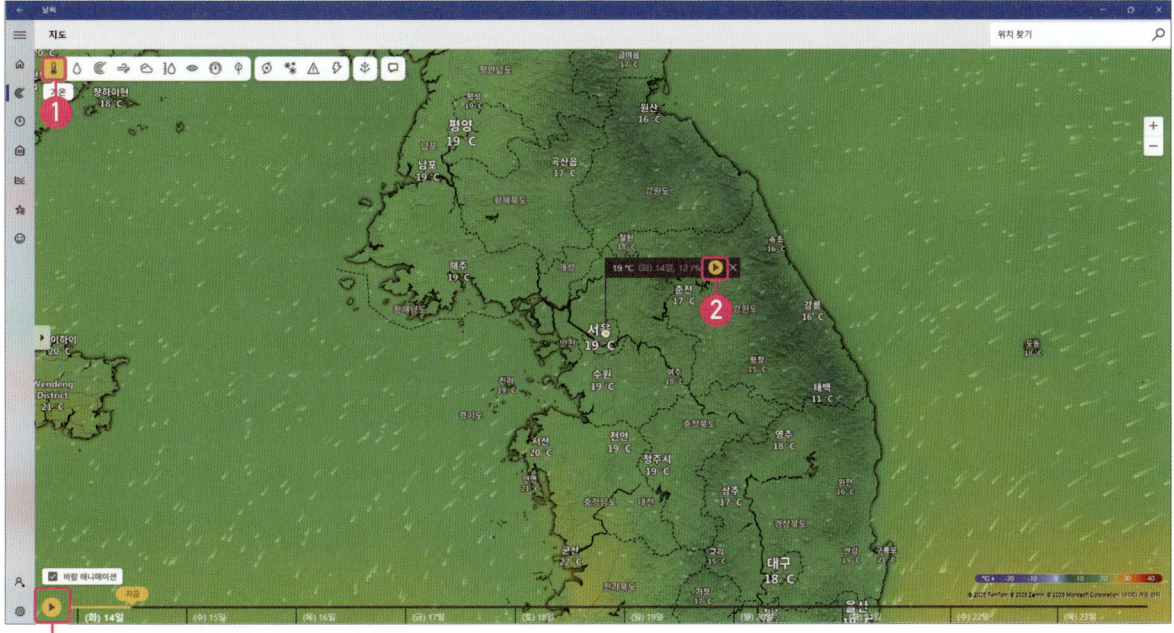

이곳의 재생 버튼을 클릭해도 됩니다.

07 좋아하는 장소를 추가할 수 있습니다. ▣(즐겨찾기)를 클릭한 후 ➕(즐겨찾기에 추가) 버튼을 클릭합니다. [즐겨찾기에 추가]에 '뉴욕'을 입력하여 선택합니다.

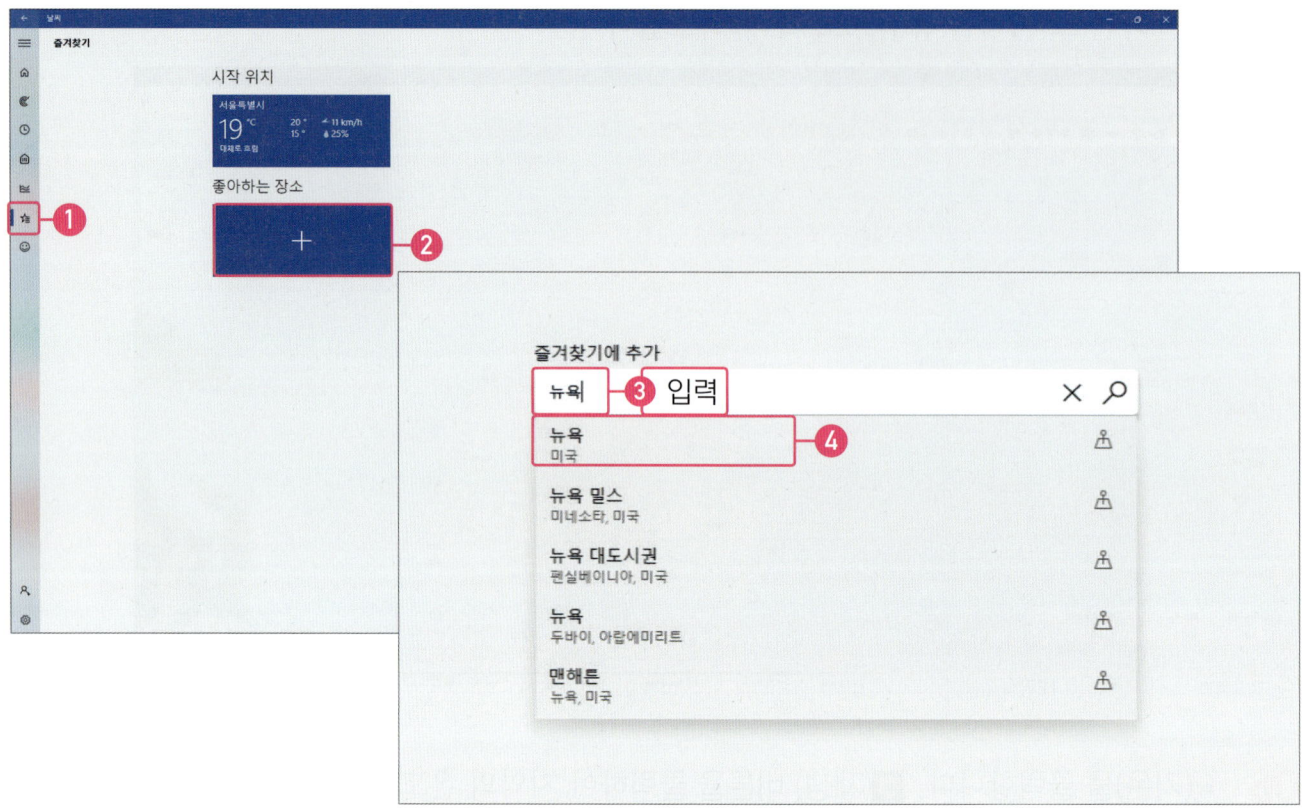

08 같은 방법으로 [좋아하는 장소]에 다른 지역도 추가해 봅니다.

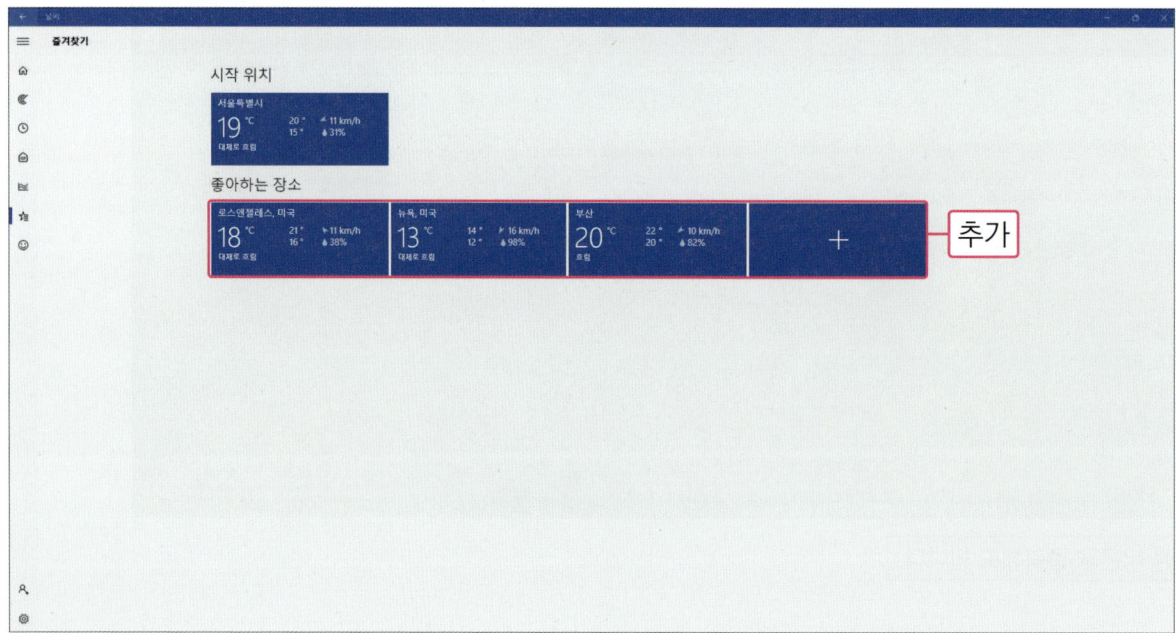

01 스티커 메모를 작업 표시줄에 고정해 봅니다.

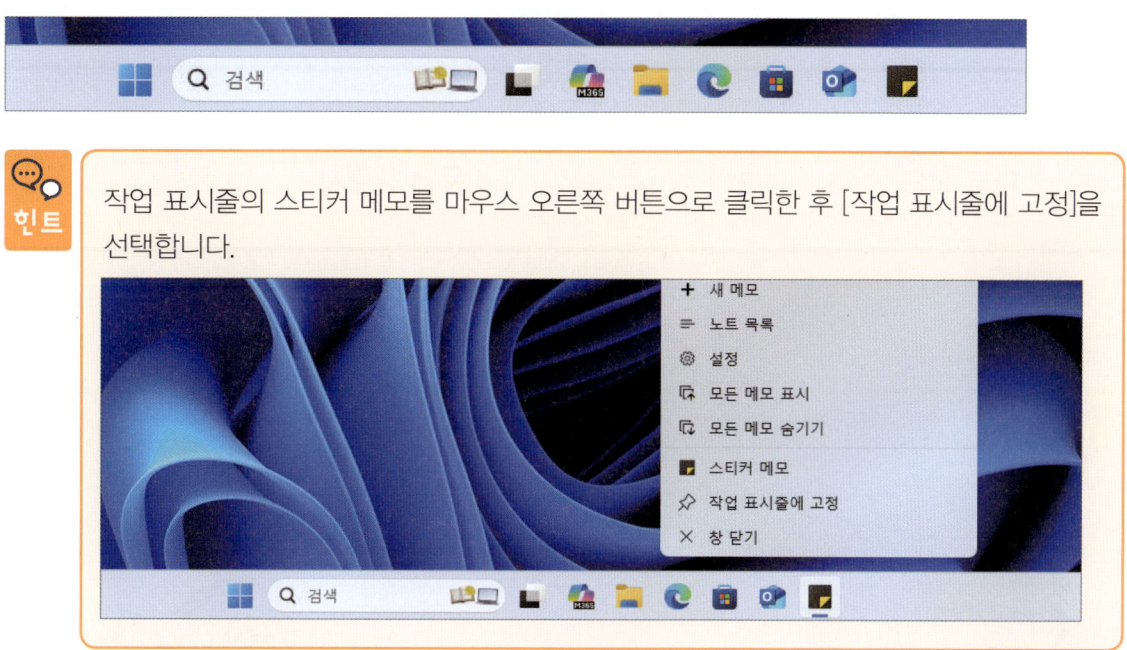

힌트: 작업 표시줄의 스티커 메모를 마우스 오른쪽 버튼으로 클릭한 후 [작업 표시줄에 고정]을 선택합니다.

02 '날씨' 앱에서 다른 지역을 [즐겨찾기]에 추가해 보고 [지도]에서 그 지역 기온의 변화를 살펴봅니다.

10 다양한 기능 활용하기

- 야간 모드
- 다크 모드
- 집중 세션
- 문제 해결사

미/리/보/기

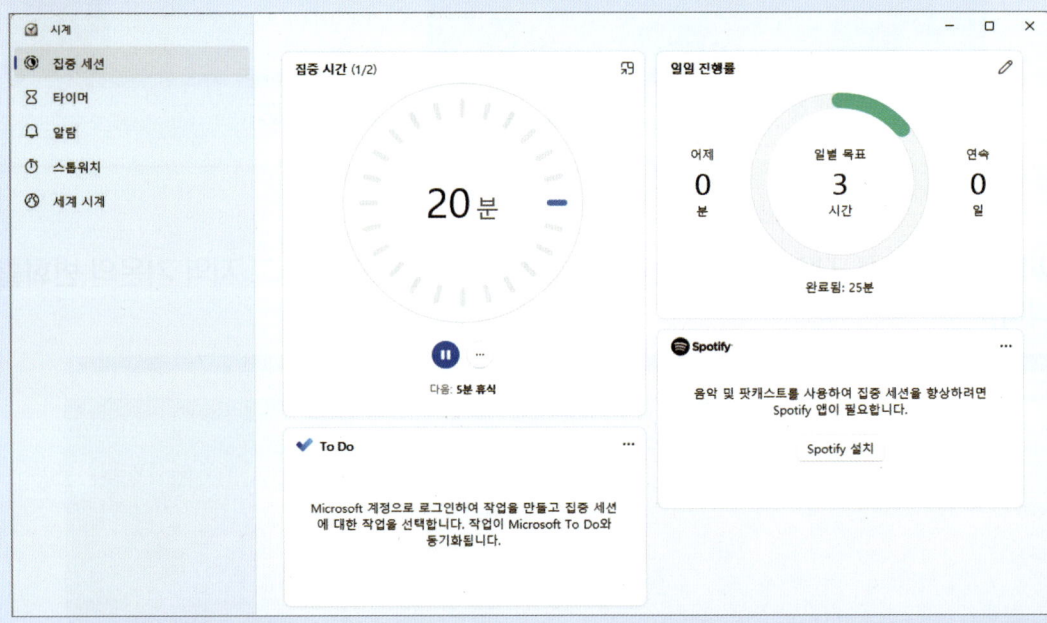

윈도우 11의 설정에는 사용자의 편의를 위한 다양한 기능이 포함되어 있습니다. 설정 메뉴 안에는 외형을 꾸미는 개인화 항목부터 시스템 성능을 조정하거나 보안 수준을 강화하는 세부 설정까지 폭넓게 구성되어 있습니다. 이번 장에서는 그중에서도 컴퓨터 활용에서 알아두면 도움이 되는 지원 기능 몇 가지를 살펴보겠습니다.

01 다양한 지원 기능 살펴보기

▶ 야간 모드

모니터에서 나오는 블루라이트는 눈의 피로를 쉽게 유발할 수 있습니다. '야간 모드'는 따뜻한 색을 사용해 블루라이트를 차단하여 장시간 사용 시 눈의 부담을 완화하고 편안하게 화면을 볼 수 있도록 도와주는 기능입니다.

▶ 다크 모드

'다크 모드'는 화면 색조를 낮추어 시각적 피로를 완화하는 모드입니다. 윈도우 11은 기본 설정으로 '라이트 모드'를 제공하며, 사용자는 설정을 통해 '다크 모드'로 변경할 수 있습니다.

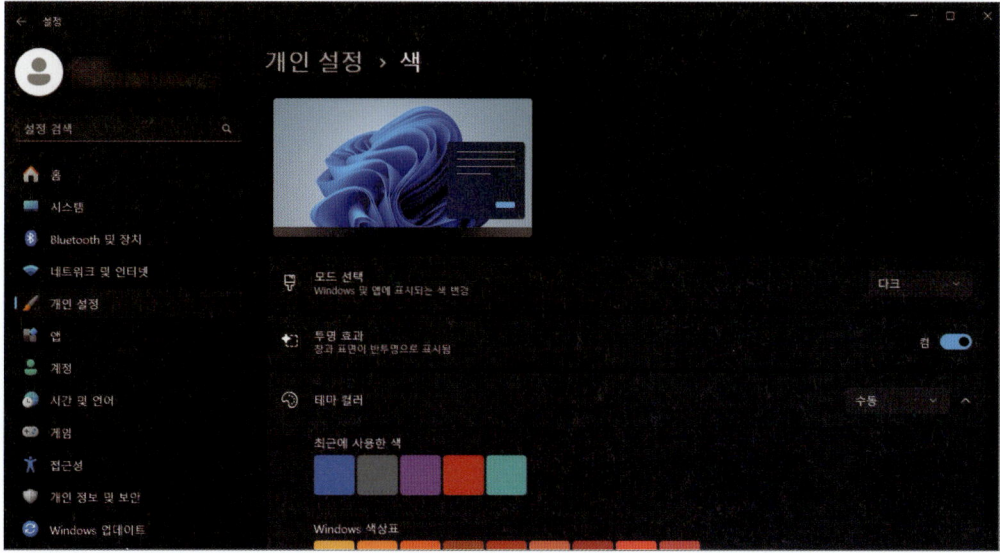

▶ 집중 세션

윈도우 11의 집중 세션은 사용자가 일정 시간 동안 몰입할 수 있도록 돕는 기능입니다. 이 기능을 실행하면 화면에 집중 타이머가 표시되고, 방해 금지 모드가 자동으로 활성화되어 불필요한 알림이 표시되지 않습니다. 집중 세션은 여러 번의 집중 구간과 휴식 구간으로 나뉘어 있습니다. 사용자가 30분 이상의 시간을 지정하면 윈도우가 자동으로 적절한 휴식 시간을 배분하여 무리하지 않고 집중력을 유지할 수 있도록 돕습니다.

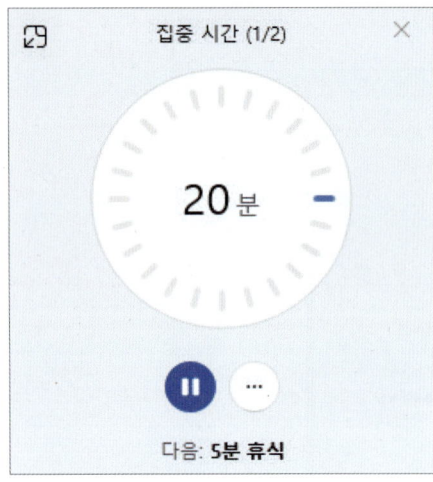

▶ 문제 해결

장치에 문제가 생겼을 때는 '문제 해결사'를 실행하여 원인을 진단하고 해결 방안을 찾을 수 있습니다. 이 기능을 이용하면 컴퓨터의 상태를 자동으로 점검할 수 있습니다.

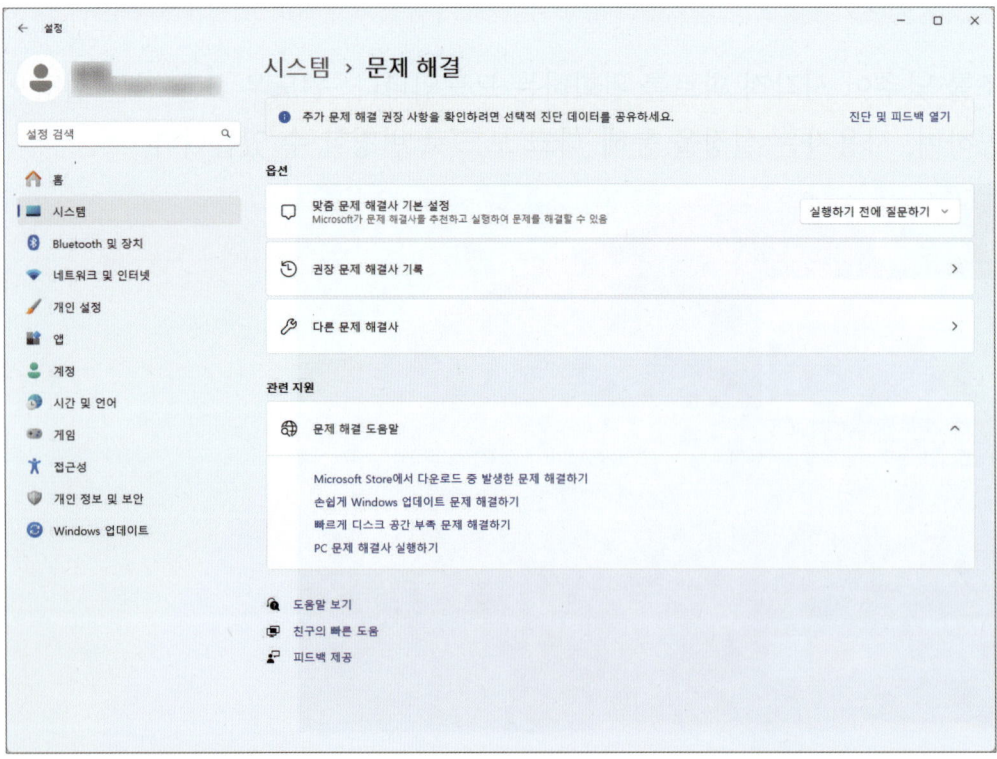

▶ 집중 세션

01 [시작(▤)]-[설정]-[시스템]-[집중]을 클릭합니다.

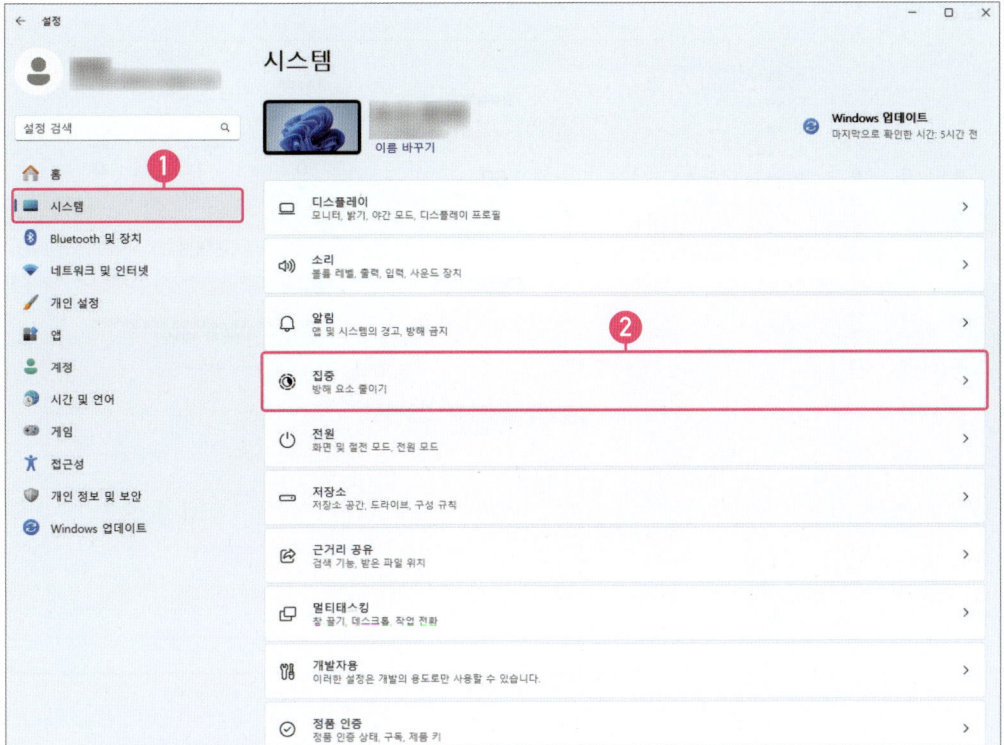

02 [세션 기간]을 '30분'으로 설정하고 [집중 세션 시작] 버튼을 클릭합니다.

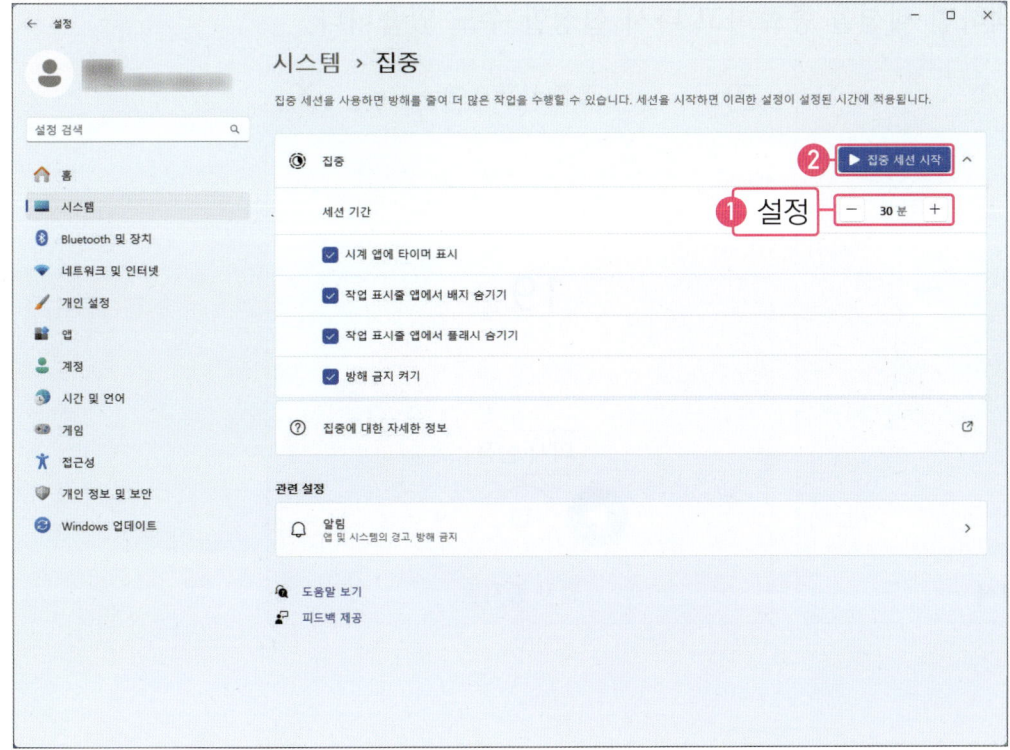

집중 세션을 시작할 수 있는 다른 경로
- 작업 표시줄의 [날짜 및 시간]–[집중]
- [시작]–[시계]–[집중 세션 시작]

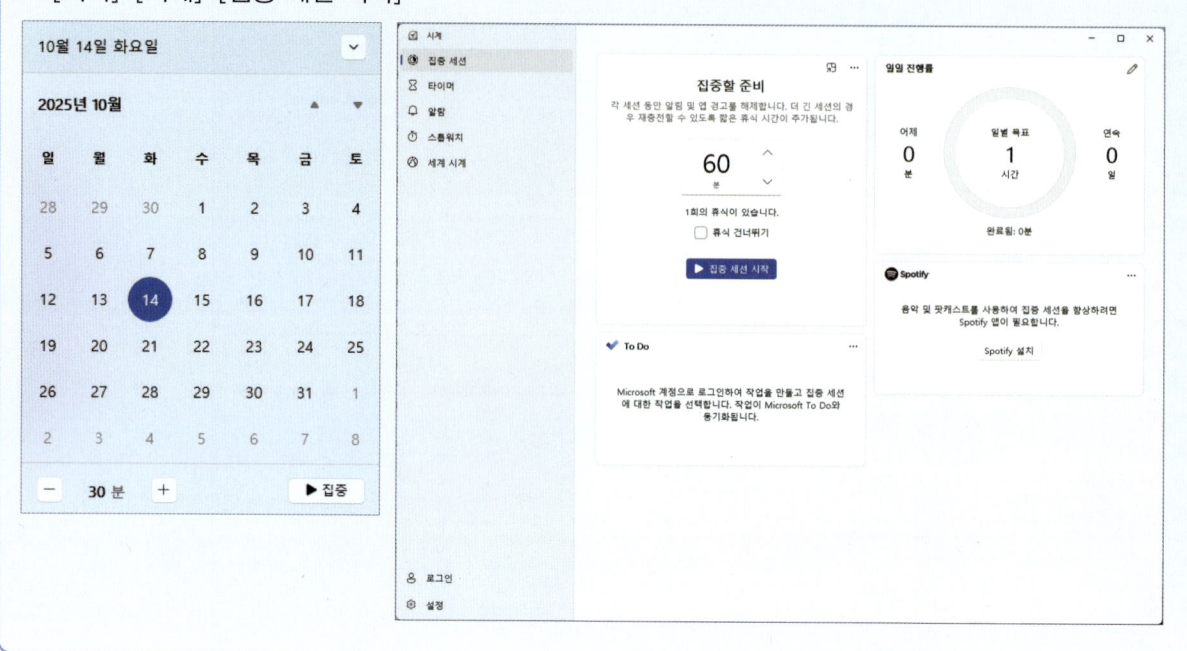

03 집중 세션을 시작하면 화면에 현재 진행 중인 구간 번호와 남은 시간이 타이머 형태로 표시됩니다. ▌▌(일시 중지) 버튼을 눌러 세션을 멈출 수 있으며, 일시 중지 상태에서 ↺(다시 설정) 버튼을 선택하면 세션을 종료하고 다시 설정할 수도 있습니다.

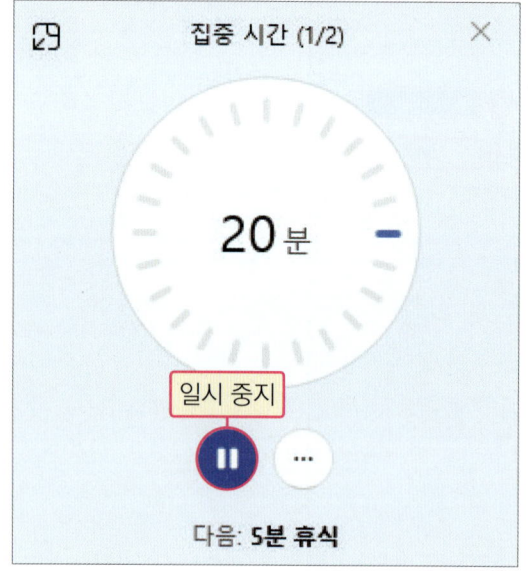
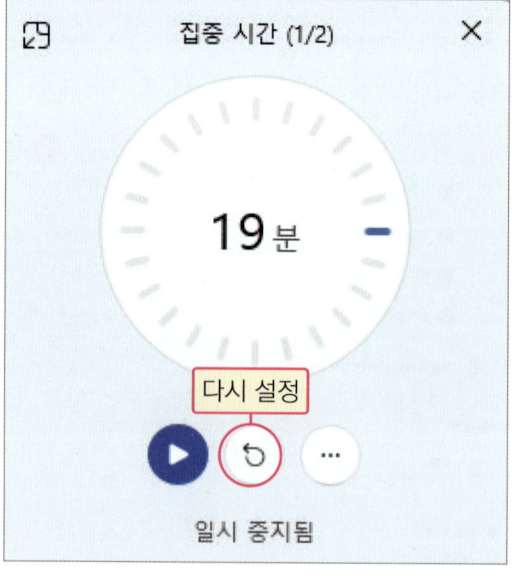

04 집중 시간이 완료되면 알림음과 함께 휴식 시작을 알리는 메시지가 표시되고, 타이머가 휴식 시간으로 전환됩니다.

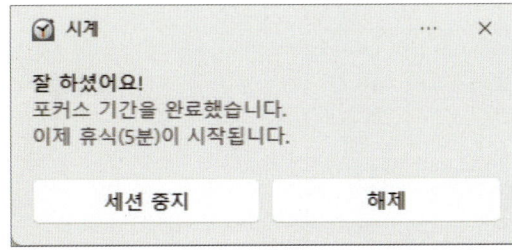

알림 센터의 '방해 금지' 모드로 지정한 시간에 알림을 받지 않을 수도 있습니다.

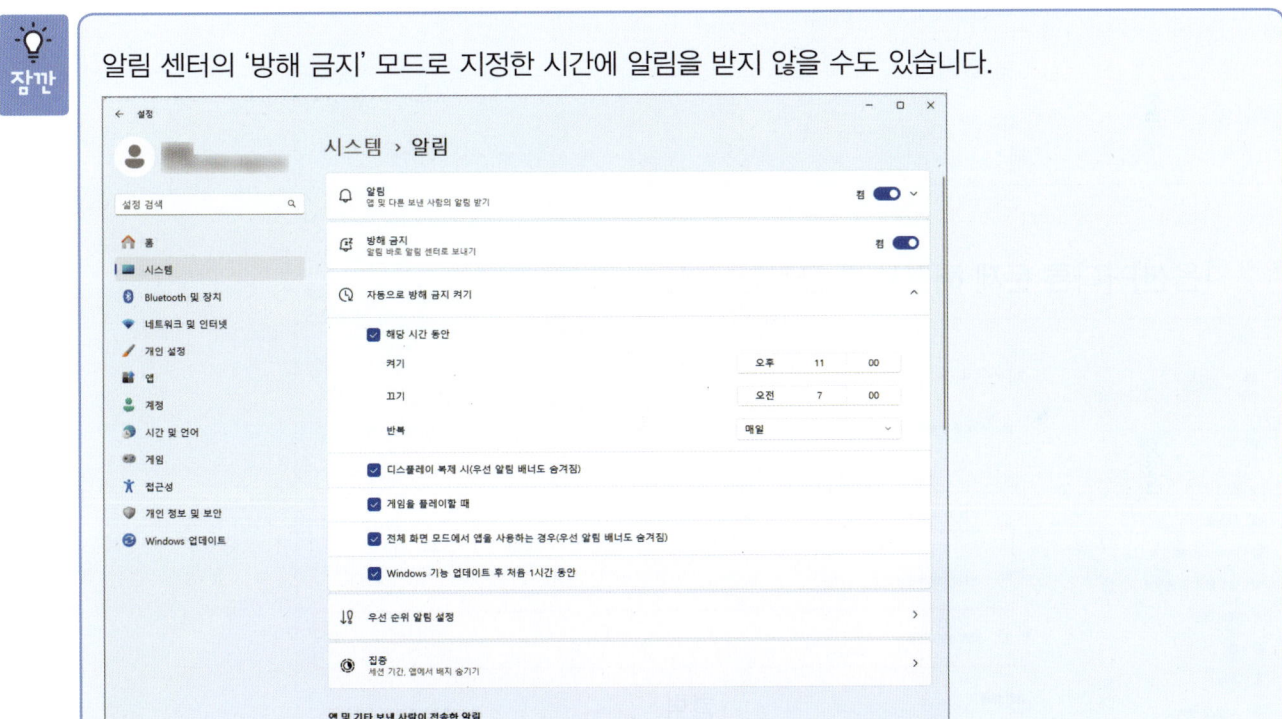

▶ 문제 해결사

01 [시작(⊞)]-[설정]-[시스템]-[문제 해결]을 클릭합니다.

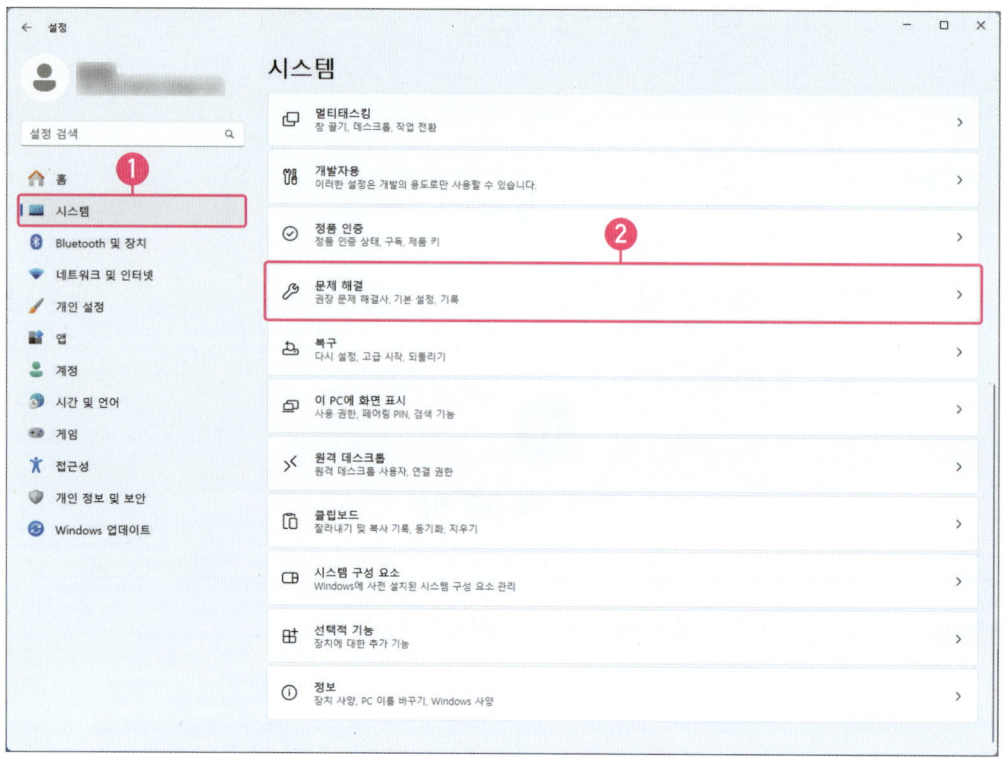

02 [옵션]-[다른 문제 해결사]를 클릭합니다.

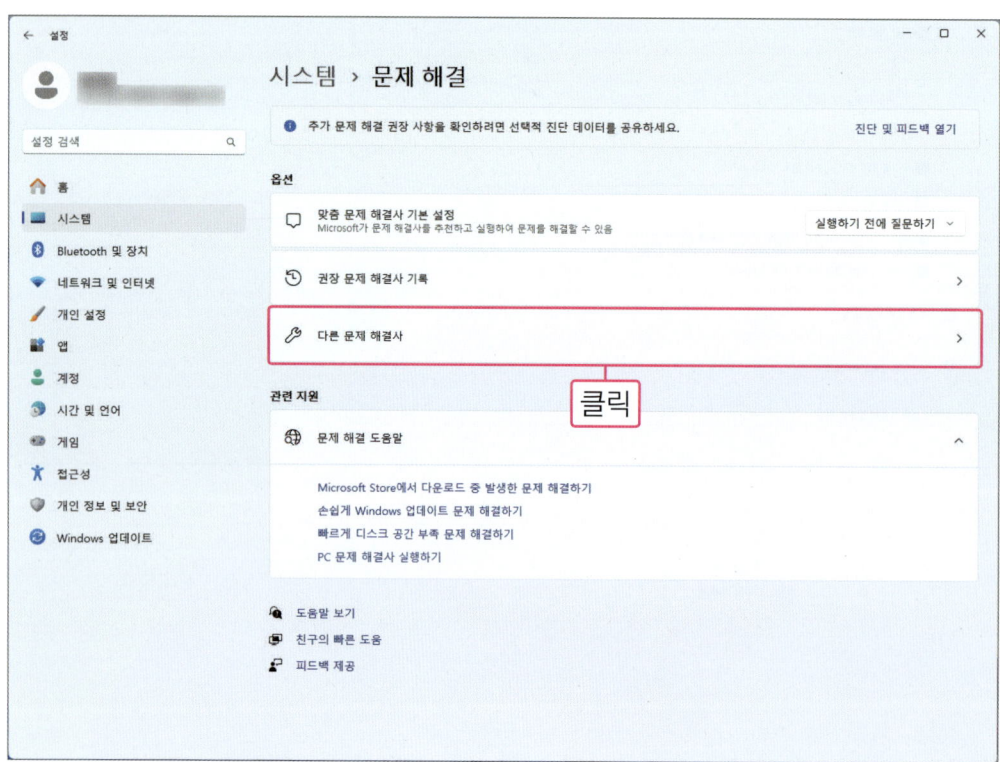

03 문제가 발생하면 [다른 문제 해결사]에서 진단할 수 있습니다. 현재 프린터와 관련해 문제가 있다면 [프린터]의 [실행] 버튼을 클릭합니다.

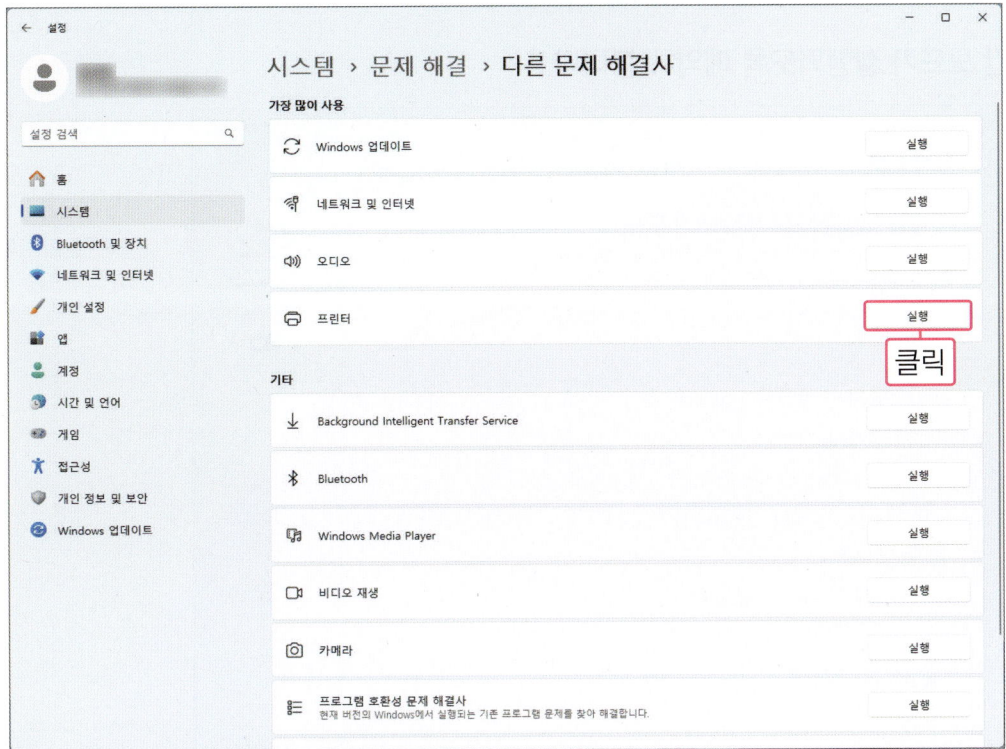

04 자동으로 문제를 검사합니다. 검사가 끝나고 윈도우가 알려주는 방법대로 문제를 해결합니다.

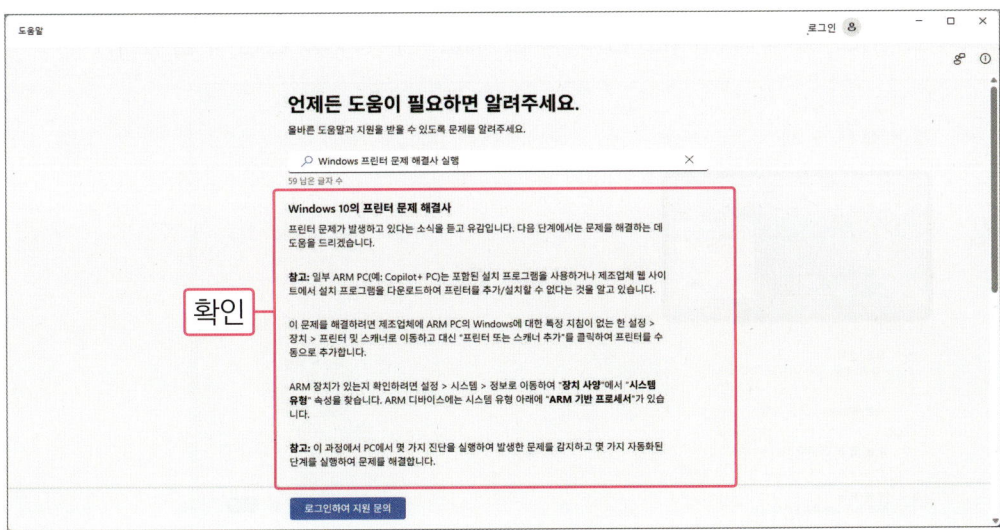

응용력 키우기

01 일몰에 맞춰 야간 모드가 실행되도록 예약해 봅니다.

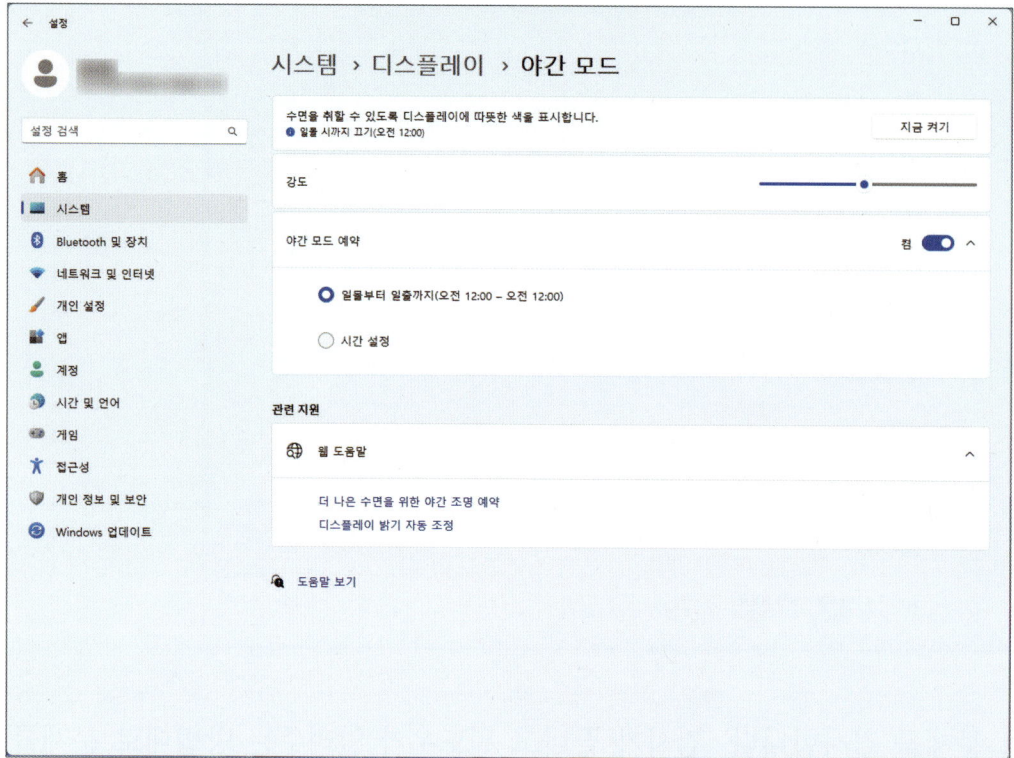

02 [기본 Windows 모드 선택]은 '다크'로, [기본 앱 모드 선택]은 '라이트'로 변경해 봅니다.

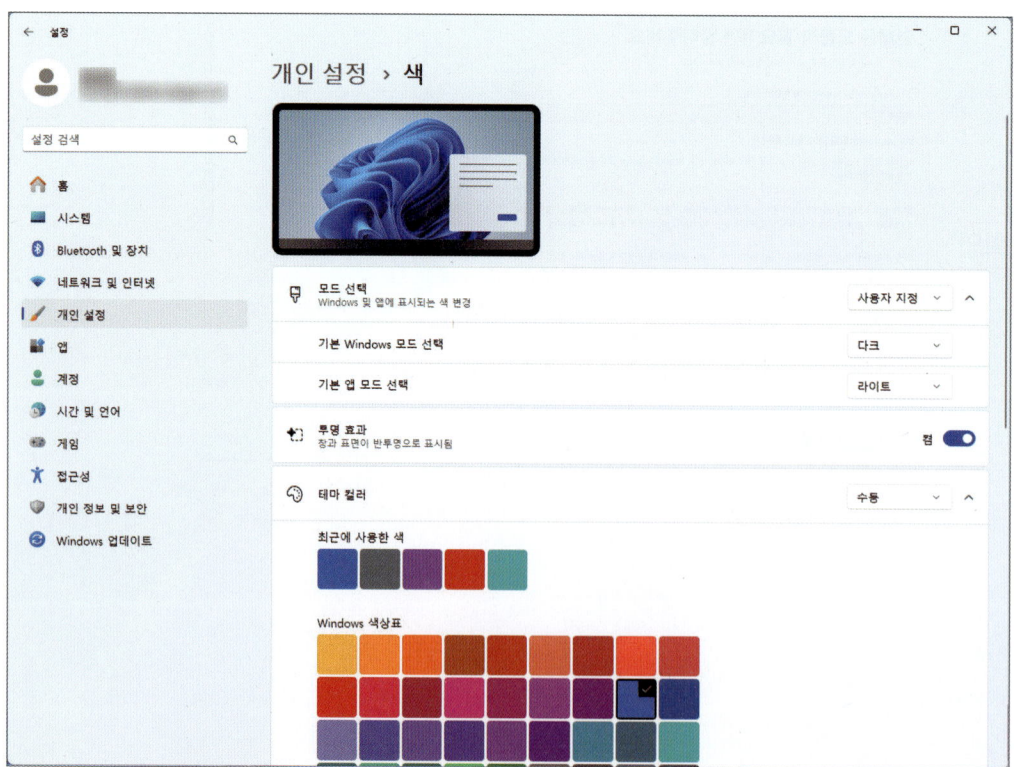

03 집중 세션에서 [집중 시간]을 '45분'으로 설정하고 일일 목표를 달성해 봅니다.

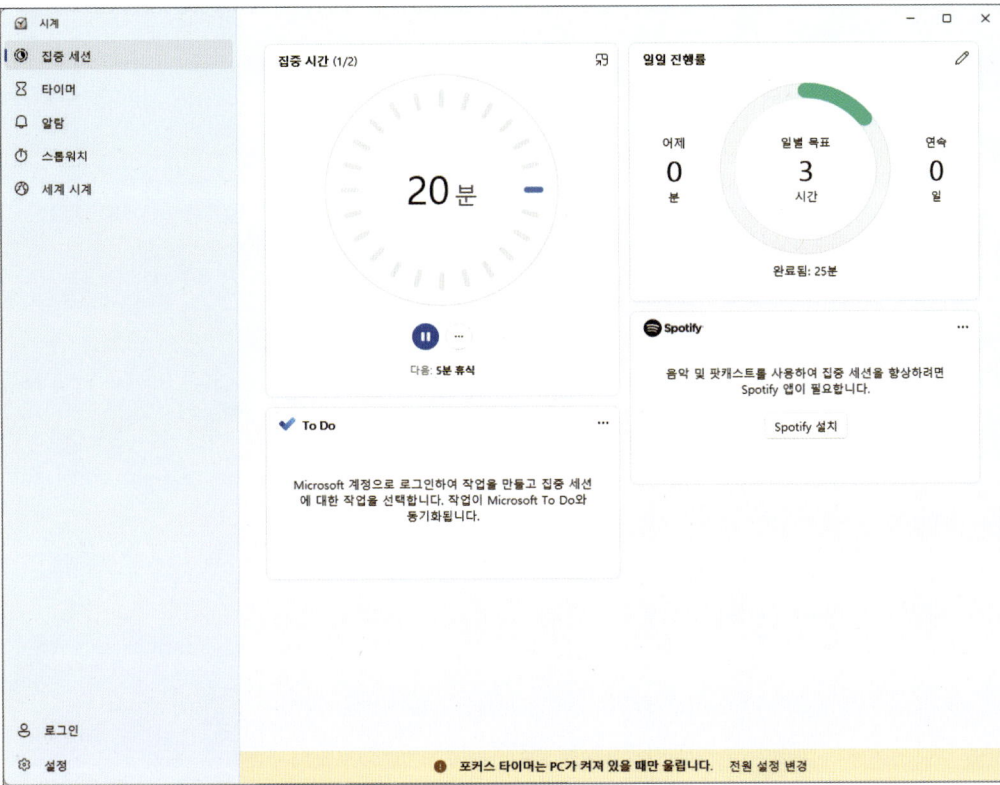

04 컴퓨터에 다른 이상이 없는지 문제 해결사로 점검해 봅니다.

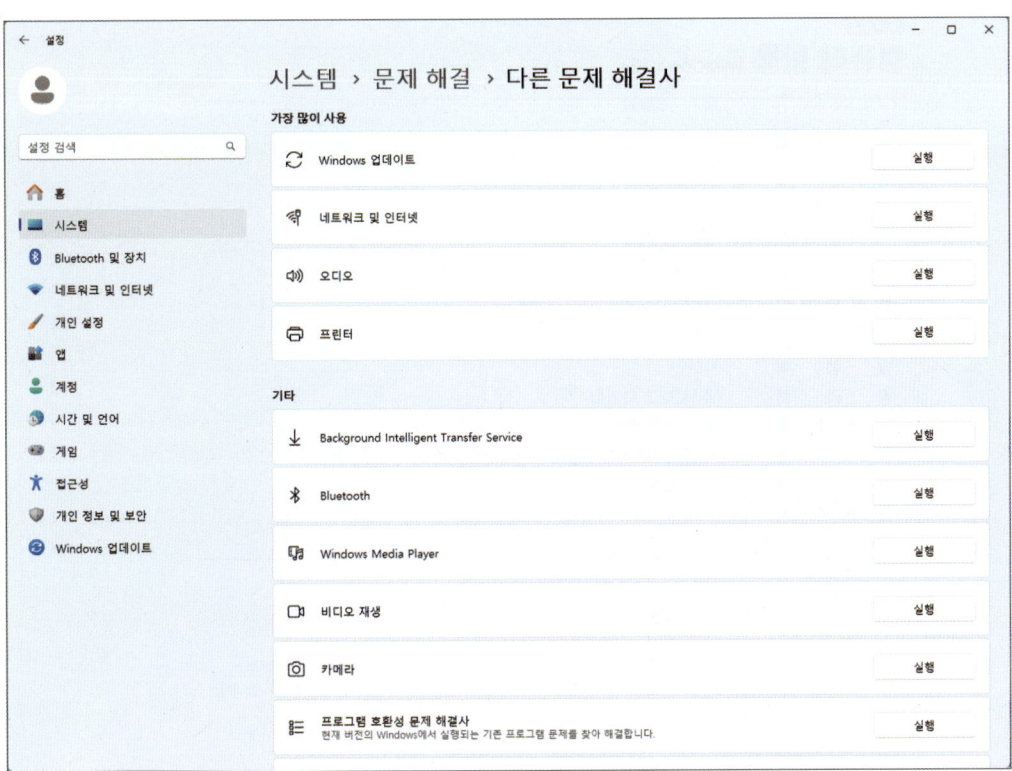

할 수 있다!
컴퓨터 활용 (Windows 11)

초 판 발 행	2025년 12월 03일
발 행 인	박영일
책 임 편 집	이해욱
저 자	IT교재연구팀
편 집 진 행	홍지현
표 지 디 자 인	김도연
편 집 디 자 인	김지현
발 행 처	시대인
공 급 처	(주)시대고시기획
출 판 등 록	제 10-1521호
주 소	서울시 마포구 큰우물로 75 [도화동 538 성지 B/D] 9F
전 화	1600-3600
홈 페 이 지	www.sdedu.co.kr
I S B N	979-11-434-0444-2(13000)
정 가	12,000원

※이 책은 저작권법에 의해 보호를 받는 저작물이므로, 동영상 제작 및 무단전재와 복제, 상업적 이용을 금합니다.
※이 책의 전부 또는 일부 내용을 이용하려면 반드시 저작권자와 (주)시대고시기획·시대인의 동의를 받아야 합니다.
※잘못된 책은 구입하신 서점에서 바꾸어 드립니다.

시대인은 종합교육그룹 (주)시대고시기획·시대교육의 단행본 브랜드입니다.